라캉과 한국영화

라캉과 한국영화

김소연 엮음

도서출판 b

❏ 일러두기

다음 글들은 아래의 지면에 처음 실렸던 원고를 수정, 보완한 것임을 밝힙니다.

_김소연, 「정신분석적 영화이론의 새로운 가능성에 관하여」, 『문학과 영상』, 8권 3호, 2007년 12월.
_박제철, 「영화 감각을 윤리적 행위로 '반복하기'」, 『영화언어』, 2003년 가을호.
_하승우, 「<역도산>: '열정적 애착'과 '탈-애착' 사이에서」, 『영화언어』, 2005년 여름호.
_박제철, 「행위로 기억하기: 2000년대 초반 한국영화와 트라우마의 반복강박」, 『대중서사연구』, 14호, 2005년 12월.
_김소연, 「복수는 나쁜 것?: 박찬욱의 복수 연작의 주체성에 관한 정신분석적 접근」, 『영상예술연구』, 8호, 2006년 5월.

차 례

라캉과 영화의 만남을 예비하며

너희가 정신분석을 믿느냐?

아직은 덜 여문 자기고백 하나. 마치 홀린 듯한 느낌이다. 정신분석학에 한 발을 들여놓은 그 우연한 순간 이후, 나머지 발은 언제 빠지는 줄도 모르게 빠져버렸다. 그래서일까. 누군가가 내 동료에게 '너는 정신분석을 믿나?'라고 물었다 했을 때, 나 역시 찔끔 어딘가를 꼬집히는 느낌이 들었던 것은. 이렇게 나의 책장을 온통 프로이트와 라캉과 지젝과 주판치치 등등으로 채워 넣게 된 것은 과연 '믿음'의 한 표현인 것일까? 그럴 수도 있겠다. 하지만 그것이 혹여 '믿음'으로 보일 수도 있다고 해서, 복사본 책을 끼고 세미나실로 향하는 내 발걸음과 성경책을 끼고 새벽기도에 가는 신자의 발걸음을 같은 종류의 것이라 말할 수는 없으리라. 설령 그와 내가 기도하는 바가 똑같이 '세계평화와 인류의 행복'이라고 할지라도, 그와 내가 인식하

7

는 세계와 인류의 상황이 다르고 그와 내가 희망하는 평화와 행복의 상태가 다를 것이기 때문이다.

그렇다. 정신분석은 다르다. 어떻게? 우선 정신분석은 마법의 거울이 아니다. 정신분석은 저 깊숙한 마음속 온갖 고통의 진원을 들여다보아줌으로써(요컨대 정신을 분석함으로써) 그 고통을 위무하거나 해소해주는 수단이 아니다. 또한 정신분석은 만능 접착제도 아니다. 정신분석은 겉돌거나 헛도는 사람들을 기어이 관계의 망 속에 끌어다 붙여놓는 역할과는 상관이 없다. 아니, 어쩌면 그 반대다. 정신분석은 세계를 탈탈 털어 거기에 붙어살던 사람들을 제자리(라고 믿어지던 그곳)에서 낱낱이 떼어내면서 비로소 평화와 행복을, 심지어 사랑을 이야기한다. 그러니 그 곤혹스런 지향을 일러 '죽음 충동'이라 칭하지 않았던가. 그러나 그것이 죽을 길인 줄을 알면서도 그 길에 들어서는 이의 뒷모습은, 아니, 그 뒷모습조차도, 상투형을 무릅쓰건대 눈부시게 아름답다. 불행하게도 더 이상 영웅을 기대할 수 없는 시대에, 정신분석은 이렇게 각자의 안에 손톱만큼씩은 깃들어 있을 영웅성/주체성을 쑤셔댄다. 당연히 난감한, 하지만 자극적인 매혹이다.

영웅성/주체성이 부재하는 시대의 또 다른 징표는 온갖 형태의 사명의식과 투신이 그저 가능한(그것도 한물간) 생활양식들 중의 하나로만 치부되는 현상이다. 그래서일까. 논리의 수준에서나 일상의 수준에서 체감되는 담화 방식의 변화가 있으니, 짐짓 거리두기의 외양을 취하지 않고는 유의미한 발화자로서 취급되기가 한층 힘들어졌다는 것이다. 물론 여기서의 거리두기란 한때 모더니스트들이 애용했던 전략적 낯설게 하기와는 하등 상관이 없는 말이다. 오히려

서문

그것은 일종의 '쿨한' (척하는) 태도와 연관된 것이다. 세상만사와 나의 이해관계 사이에, 나의 실존적 조건과 나의 언표행위 위치 사이에 어떤 불가능한 거리를 설정하는 태도 말이다.

'나'의 경험과 나의 선택과 나의 성향이 '우리'의 경험과 선택과 성향으로 둔갑하여 '너'를 향한 노골적인 포섭의 의욕으로 철철 흘러넘치는 말하기의 방식이 지배하던 시절도 있었음을 회고할 때, 이토록 무덤덤한, 심지어 심드렁한 자유주의의 도래는 확실히 현저한 변화다. 그리하여 말하기의 숨바꼭질은 시작되었다. 주어의 색깔을 은근히 감추고 한껏 '매개된' 방식으로 발화해야만 담화의 네트워크 속에서 살아남을 수 있다는 것은 이제 처세의 지혜 같은 것이 되어 있는 것이다. 본시 근대 과학의 운명 자체가 주관성의 배척을 뿌리로 삼는 것이기는 했으나, 온전히 객관적이고 공정하고 합리적인 언표행위 위치란 불가능하다는 것이야말로 구조주의 이후의 합의가 아니었던가. 그러니 무슨무슨주의자라는 딱지를 붙이는 일이 불길하고도 불결한 반민주적 도전인 듯 감각되는 이런 문화적 분위기는 어딘가 께름칙하다. 그것은 그 어떤 초월적 존재나 이념(즉 대타자)도 신뢰하지 않으려는 이른바 '후근대'의 시대정신과, 특정한 이데올로기적 색채의 전경화를 경계하는 콤플렉스 사이에 낀 주체(성)의 위축을 방증하는 현상으로 보인다.

그러나 정신분석의 또 다른 매혹은 그렇게 사라질 뻔한 '나'의 자리를 당당히 담화 속에 되살려놓는다는 것이다. 물론 이것은 정신분석이 '대서사'와 '소서사' 간의 위계의 전복에 관한 이제는 진부해진 주장을 되풀이한다는 뜻은 아니다. 대서사와 소서사, 혹은 사회와 개인 중 어느 한 쪽에 무게중심을 두는 것은 정신분석의 종착점이 아니다. 오히려 이러한 이분법을 효과적으로 무너뜨렸다는 것에 정신분석의 진정한 가치가 있다. 정신분석 안에서 개별자는 분명 온갖 사회-상징적 질서의 증상들이 분출하고 폭발하는 장인 것이 사실이지만 그 분출과 폭발의 방식은 특수하거나(남성 편) 혹은 단독적이기(여성 편) 때문이다. 하지만 이것을 '보편성과 특수성의 변증법적 결합'과 같은 상투어구로 수렴하지는 말자. 정신분석의 논리 안에서 특수성("특수화된 보편자")이란 보편성의 하위 종이자 언제나 보편성의 불완전한 실현일 수밖에 없는 것이 아니라 보편성의 구성과 작동을 가능케 하는 '하나', 즉 보편성을 향해 나아가려는 힘과 동시에 태어나되 보편성으로부터 빠져나가는 '하나'로서의 '예외'와 통하는 개념이고, 단독성("보편적 단독성")이란 보편성의 규정을 받지만 그러나 보편성 속에 내재하면서도 보편성을 '비-전체'로 만드는 '하나'와 통하는 개념이기 때문이다.[1] 결국 남성 편이 됐든 여성 편이 됐든 보편적 질서는 더 이상 그 총체화의 위력을 발휘할 수 없으며 '하나'는 어떤 식으로든 전체에 대해 개체로서의 고유한 존재가치를 확보할 수 있게 된다. 이제 개인 주체는 사회적 힘의 자장 속에 온전히 겹쳐들어가지 않음에도 불구하고 그 예외성 혹은 단독성을 통해 오히려 사회적 힘의 보편적 작용방향과 범위를 폭로하는 계기로서 존재할 수 있는 것이다. 이렇게 '나'의 이야기는 곧바로 '우리'의 이야기를 여는 열쇠가 되는 것이니, 개인(개별성)과 사회의 관계를 '억압'이나 '소외'의 문제틀로 푸는, 따라서 궁극적으로 양자

---

1) 이에 관해서는 알렌카 주판치치, 「구멍 뚫린 시트의 사례」, 『성관계는 없다: 성적 차이에 관한 라캉주의적 탐구』, 김영찬 외 엮고 옮김, 도서출판 b, 2005, 222-24쪽 참조.

의 상호의존 관계를 청산하지 못하는 낭만주의적 관점으로부터의 돌파구를 찾는 이에게 이 열쇠는 당연히 긴요한 것이지 않겠는가.

원하고 청하오니 제발 주체가 되시라

그렇다면 이 '나'란 어떤 존재인가. 정신분석 안에서 이해되는 '나'는 고유한 병리적 증상의 소유자다. 돌이켜보면 내가 정신분석에 서서히 빠져들었던 이유는 어쩌면 이것이 아니었나 싶다. 애초에 모든 인간은 병리적일 수밖에 없다는 확언 말이다. 그것은 역설적이게도 이상한 해방감과 치유의 효과를 동반하는 것이었다. 내 존재의 역사를 어지럽혀온 모든 얼룩들이 자정의 대상이 아니라 성찰의 대상으로 바뀌면서 이윽고 그 역사 전부가 어떤 긍정의 기운 안에 품어지는 느낌이었다할까. 물론 이처럼 '지금 그대로의 나'를 편안하게 카우치에 누울 수 있게 해주는 것에서 그 소임이 끝난다면 정신분석은 더없이 달콤하기만 한 학문이리라. 그러나 정신분석은 무릇 인간이란 대타자의 욕망에 의해 '소외'될 수밖에 없는 존재라고 말해주는 것에서 그치지 않는다. 정신분석은 인간이 어떻게 대타자의 욕망으로부터의 '분리'를 성취하고 진정 '주체'가 될 수 있을지를 가르침으로써 그 카우치를 돌연 바늘방석으로, 심지어는 전기의자로 바꾸어버린다. '원하고 청하오니 제발 주체가 되시라', 완강한 정언명령과 함께 정신분석이 그 윤리적 본령으로 접어드는 순간이다.

'하오면 주체가 된다는 것은 무엇입니까. "분리"는 정녕 어떻게

가능하겠습니까', 반문이 없을 수 없다. 그리고 이 대목에서 즉각
또 하나의 정언명령이 떨어진다. '너의 욕망을 양보하지 말라.' 다시
말해 언제나 너의 욕망을 조직하고 통제해온 대타자의 욕망과는
구분되는 너 자신의 특수한 욕망을 타협 없이 추구하라는 말이다.
사실 누군가가 자신의 욕망을 타협 없이 실현하고자 한다면 그 파괴
력은 예측 불허이지 않겠는가. 크게는 남녀평등이나 환경보호에서
부터 작게는 교복 자율화나 보신탕을 즐길 자유까지가 '문자 그대로'
추구된다면 기존 질서의 안녕과 평화가 얼마나 표피적인 데 불과했
는지가 노출되는 것은 시간문제다. 그러므로 자신의 욕망을 포기하
지 않는 인간은 언제 어디서나 불온하고 위협적일 수밖에 없다. 하지
만 그렇다고 해서 이것이 '우리 모두 다 같이 괴물이 되자'는 식의
얘기는 아니다. 최근 들어 정신분석학자들은 주체와 도착증자의 행
위/행동의 차원을 구분하며, 아울러 무조건적인 욕망의 고집이 어떻
게 고전적 주체와 후근대적 주체에게서 각각 상이한 윤리적 의미를
띠게 되는지에 관해서도 잊지 않고 언급하고 있다. 한 마디로 말해
더 이상 주인의 담화가 작동하지 않는 후근대에 와서는 욕망의 심급
에서의 충실성만으로는 윤리적 행위를 실현할 수 없다는 것이다.
그리하여 이제 정신분석은 욕망의 추구가 어떻게 '환상'과 결탁해
있는지, 따라서 결국은 어찌하여 욕망의 주체가 전적으로 자율적일
수는 없는지를 지적하면서 '충동'의 논리를 향해 한 걸음 더 파고들어
간다.

자, 여기서 드디어 영화와 정신분석을 이어주는 핵심 고리 중 하나
인 환상 개념이 나왔다. 환상이 주체를 욕망의 논리에 눌러앉히는
매개라면, 그러나 정신분석의 최종심급은 욕망을 통과하여 충동의

서문

주체화를 실현하는 데 있다면, 정신분석은 궁극적으로 환상을 깨뜨리려는 노력의 일환인가? 환상이란 기필코 거부되어야만 하는 어떤 것인가? 전통적으로 영화가 꿈, 환상 혹은 환영illusion 같은 개념들과 함께 계열화되어왔다는 점을 떠올릴 때 이 질문은 특히 유의미하다. 그렇다면 대답은? 그것은 '예스'이기도 하고 '노'이기도 하다. 우선 예스인 이유. 기본적으로 환상이란 타자(어머니)가 남근phallus을 갖고 있지 않다는 사실(대타자의 결핍), 그리고 주체 자신도 타자(어머니)의 욕망의 대상인 남근을 가질 수 없다는 사실(거세 콤플렉스)을 가리는 베일로서 형성되는 것이다. 타자(어머니)와의 일체감과 그 속에서 누리던, 충동의 직접적 만족으로서의 향유jouissance를 포기하는 대신 주체는 이제 그것을 대체하는 욕망의 대상과 향유의 양식을 구성함으로써 '정상적인' 주체화(상징화)의 길을 걷게 된다. 이때 주체가 욕망의 수준에서 구성하는 향유의 방식이 바로 '환상 시나리오'다. 그러므로 정신분석적 의미에서의 환상이란 현실과 구별되는 비현실적, 비실체적인 어떤 것이 아니다. 환상은 주체가 주체화의 과정을 거치면서 포기한 저 충동의 실재를 중핵 삼아 세계를 현실로서 구성할 수 있게 해주는 틀과도 같은 것이며 따라서 주체에게 현실은 곧 환상이다.

그런데 이 환상 시나리오를 가동시키는 주체의 욕망이란 사실은 대타자의 욕망이 주체 자신의 욕망인 것처럼 무의식적으로 각인된 것이라는 점에서 근본적으로 소외된 욕망이다. 따라서 분석 치료는 궁극적으로 분석 주체가 거세 사실과 대타자의 결핍에 대하여 환상으로써 '방어'하는 대신 자신의 근본 환상을 '횡단'할 것을 목표로 한다. 잠깐, 여기서 환상을 '횡단'한다는 것을 단순히 환상을 인식하는 것, 혹은 환상과 거리를 두는 것으로 이해하지는 말자. 그것은 환상 '너머로' 나아가는 것을 의미하는 바, 그 넘어섬은 환상을 구축하고 지탱해주는 무의식적 욕망을 '의식적'으로 떠맡는 것을 의미한다. 그리고 이러한 떠맡음은 주체가 대타자의 욕망으로부터 자유롭지 못했던 자신의 욕망의 고유성을 회복하고 그 욕망이 상징계 내에서 용인되도록 끝까지 고집하는 것을 통해서만 가능하다. 요컨대 욕망의 심급을 넘어 '그것(이드)'이 있던 곳에 가기 위해서 필히 요청되는 것은 다시금 '욕망의 양보 없는 추구'인 것이다.

아울러 기억해야 할 점은 실재의 수준에서 가능했던 저 완전한 향유와 그 향유의 대상이 상징계의 수준에서 욕망의 대상으로 대체되었다 하더라도 그러한 대체를 통해 주체가 여전히 똑같은 만족을 누릴 수는 없다는 점이다. 상징화의 과정은 언제나 실재의 공백을 둘러싸고 이루어지는 까닭에, 주체가 상징계의 회로 속에 머무는 한, 아무리 이런저런 욕망의 대상들 사이에서 끊임없이 미끄러지며 궁극적인 만족을 염원한다 해도 그 대상들은 주체에게 결코 공백을 메우는 순간, 즉 완전한 향유의 순간을 가져오지 못한다. 아니, 역설적이게도 주체가 원하는 것은 궁극적으로 그 욕망의 대상에 닿지 못하고 거리를 유지함으로써 욕망의 실현을 지연시키고 욕망의 수준에 계속해서 남아 있는 것이다. 욕망의 수준을 넘어선다는 것은 그러한 욕망을 출현시켰던 근본 환상을 무너뜨린다는 뜻이고, 그러한 환상의 틀이 무너진다는 것은 대타자 또한 실은 결핍을 갖고 있음을 깨닫게 된 주체가 그 동안 대타자의 욕망에 응답하여 구성했던 환상의 스크린을, 그리고 그 스크린의 격자에 맞춰 구성해왔던 현실을 완전히 새롭게 재구성해야 하는 끔찍한 상황에 직면한다는 뜻이기

때문이다. 그러므로 주체가 자신의 환상 시나리오를 다시 쓰는 것,
아니, 아예 그 환상을 가로지른다는 것은 거의 천지개벽에 가까운
일이다. 그럼에도 불구하고 지금까지의 논리대로라면 충동의 심급
으로 넘어가기 위해서 환상은 천지개벽의 충격을 무릅쓰고서라도
필히 부정되어야 하는 어떤 것임에는 틀림없다. 이것이 바로 우리의
첫 번째 대답이 '예스'인 이유다.

영화, 그저 허구일 뿐이라고?

하지만 현실과 실재의 경계 혹은 경첩으로서의 환상 특유의 위치
는 또 다른 대답인 '노'를 준비한다. 어째서 그러한가? 그것은 일차적
으로 환상이 '주체적인' 욕망의 소산인 한, 그 욕망은 동일성의 지배
를 뚫고 주체가 사회-상징적 그물망으로부터 한발 물러나 현실에
어떤 이질성과 차이를 도입하게 하는 계기로 작용할 수 있기 때문이
다. 물론 욕망의 주체는 계속해서 새로운 욕망의 대상을 뒤쫓음으로
써 결코 결핍의 만족에 도달하지 않은 채 욕망의 심급 안에 머물기를
선택한다. 이처럼 주체의 욕망은 철저히 환유의 논리에 의존하고
있기에 기존의 의미화 연쇄를 벗어날 수도, 완전히 새로운 질서를
창안할 수도 없다. 그러므로 환상을 통해 도입되는 차이들 또한 상징
계 내에 안정되게 재배치됨으로써 기존의 상징적 질서 자체를 더
완강하게 유지시키는 데 기여할 가능성이 다분하다. 그러나 그러한
근본적인 한계에도 불구하고 적어도 '가능한 변화들'을 새롭게 현실
에 도입하는 계기라는 측면에서만 보면 환상의 입구는 분명 헤테로

토피아를 향해 한 걸음 내딛기 위해 열린 문임에 틀림없다. 하여, 꿈을 꾸는 자 덕분에 비로소 그 꿈의 실현을 도모하는 자가 있게 될지니, 이런 건전하고도 상식적인 논리에 발맞추어 마침내 온갖 허무맹랑한 대중영화들조차도 정당화가 가능해진다.

하지만 환상의 더욱 능동적인 기능은 '욕망의 미장센mise-en-scene'으로서의 환상이 '실재의 스크린'일 수 있는 가능성과 연관된다. 환상은 근본적으로 주체 자신의 존재의 결핍과 대타자의 결핍의 가리개로서 만들어진 것이며, 따라서 그 환상의 구조 속에서 주체는 결핍과 정면대결하기보다는 그 결핍의 자리를 대신 채우는 욕망의 대상-원인(대상 a)을 뒤쫓게 된다. 그런데 이 대상 a는 한편으로는 상징계 안에 존재하는 것이기도 하고 주체의 상상과 결부된 것이기도 하지만 궁극적으로는 상징적, 상상적 그물망으로는 온전히 포획되지 않는 실재적인 것이기도 하다. 따라서 욕망의 대상의 이러한 실재적 차원으로 인해 환상을 통한 주체의 '방어'와 '회피'는 항상 깔끔한 승리를 거둘 수가 없다. 마치 아무리 신의 전지전능함을 믿고 또 믿어도 내 삶의 비극성에 대한 소외감이 끝내 다 해소되지는 않듯이, 아무리 누군가를 사랑하고 또 사랑해도 나와 그/녀의 차이의 격돌이 끝내 완전무결한 통일성으로 귀결하지는 않듯이 말이다.

환상과 연동하는 욕망의 논리 속에 구조적으로 내재하는 이러한 실재의 잉여는 예기치 못했던 순간에 드러나 현실의 조화로운 밑그림을 일그러뜨리곤 한다. 바로 '실재의 침입'이라 불리는 순간들이다. 그런데 만일 이 실재의 섬뜩한 침입과 그것이 초래한/초래할 결과가 우리의 현실 속에서 적나라하게 전경화된다면 어떨까? 이러한 가정의 실현을 가능하게 해주는 매개가 있으니, 온갖 환영 혹은

환상의 산물로 치부되어온 허구fiction의 산물들이 그것이다. 역설적
이게도 '그저 허구일 뿐'이라는 알리바이는 현실보다 더 현실적인re-
aler than reality 어떤 것, 즉 실재를 전시하는 스크린의 존재를 보장해
주게 되는 것이다. 이런 식으로 정신분석 안에서는 현실과 환상의
자리바꿈이 이루어진다. 우리가 (객관적) 현실이라고 믿어온 것은
환상의 소산이며 우리가 환상의 영역이라고 치부하던 허구는 현실이
그토록 애써 배척했던 실재가 상연되는 무대가 되는 것이다. 그러므
로 이처럼 현실과 실재의 경계선에서 상징적 현실의 허구성을 상기
시키는 동시에 또 다른 진실인 실재와의 대면으로 이끄는 것이 환상
(성)의 또 다른 기능이라면, 환상이란 기필코 거부되어야만 하는가라
는 앞서의 질문에 대해 우리의 대답은 '노'일 수밖에 없다.

　'욕망의 미장센' 혹은 '실재의 스크린'으로서의 환상 개념 그 자체
가 이미 암시하고 있듯이, 무엇보다도 시각적 이미지의 조합으로
이루어져 있다는 점에서 영화는 그 어떤 장르보다도 정신분석적
환상 개념과의 접점이 뚜렷한 장르다. 한 마디로 영화란 실재가 상연
되는 시공간이요, 영화 보기의 체험이란 관객을 실재 앞으로 소환하
여 난감한 윤리적 질문에 노출시키는 계기에 다름 아닌 것이다. 물론
이것이 모든 영화를 '실재의 얼룩'의 확대경으로 간주할 수 있다는
얘기는 아니다. 영화라는 거울 혹은 창에 비친 대상은 상징계와 상상
계, 실재계 모두와 결부되어 있기 때문이다. 다시 말해 영화는 관객에
게 상징계의 규범을 일러주기도 하고 상상적 나르시시즘의 투사로
이끌기도 하며 섬뜩한 실재적 상황과 대면하는 순간을 열어젖히기도
하는 것이다. 어쩌면 그렇기 때문에 영화는 더더욱 흥미로운 분석대
상이 된다. 영화에는 당대 대중들의 감각과 사고와 소망이 복잡한

비율로 용해되어 있으며, 그렇기 때문에 영화를 (정신)분석함으로써 우리는 동시대의 (무)의식적 증상들을 훨씬 더 생생하고 깊숙하게 이해할 수 있기 때문이다.

사실 정신분석을 영화비평과 접목시키려는 시도는 어제오늘 일이 아니다. 라캉 자신은 문화적으로 모더니즘 예술의 우산 아래 있었던 사람이었기에 미술, 연극, 소설 등 고급예술 텍스트들을 주로 분석하곤 했다. 하지만 68혁명 이후 70년대에 이르러 영화비평은 라캉주의 정신분석을 받아들였고 라캉은 영화연구의 발전사에서 빼놓을 수 없는 이름이 되었다. 물론 잘 알려져 있다시피 전기 라캉의 이론에 의존한 이 시기의 정신분석적 영화비평은 그 다양한 이론적 한계로 인해 지속되지 못했으며, 그 결과 한동안 정신분석과 영화연구의 동행 관계는 깨진 듯 보였던 것도 사실이다. 그러다가 90년대로 들어와 슬라보예 지젝이 후기 라캉의 재조명을 선도하기 시작했고 그 과정에서 다양한 영화 텍스트들을 징검다리로 삼음으로써 정신분석과 영화비평의 접속은 새로이 활기를 띠기 시작했다. 물론 지젝의 무게중심이 '영화'의 분석보다는 '라캉'의 소개 쪽에 가 있으며 따라서 그의 분석 사례들을 과연 '비평'이라 부를 수 있을 것인지를 의심하는 평자들의 견해가 전혀 근거 없는 것은 아니다. 그럼에도 불구하고 지젝(을 비롯한 슬로베니아 학파 연구자들)이 선보였던 텍스트 분석 사례들은 어떻게 영화를 매개로 후기 라캉을 전유할 것인가의 문제는 물론이고 어떻게 후기 라캉을 매개로 영화를 전유할 것인가에 대해서도 의미 있는 대답을 들려주고 있음을 부인할 수 없다. 더군다나 단순히 지젝의 모방에 그치지 않고자 하는 연구자라면 기왕 존재하는 빈틈이 오히려 의욕의 창구가 될 수도 있으리라.

후근대의 공기와 한국영화의 호흡법

이 책은 후기 라캉을 중심으로 하는 정신분석과 영화 텍스트들 사이에서의 이러한 질문과 대답에 대한 공감 속에서 씌어진 글들을 추려모은 것이다. 물론 처음부터 머리를 맞대고 한 권의 책으로 엮어 내기 위해 기획, 연구, 집필된 것은 아닐지라도 필자들의 관심과 관점의 원천은 서로 그리 멀지 않다. 요컨대 한국영화를 꼼꼼히 읽어 냄으로써 글로벌 자본주의의 공기 속에서 동시대의 한국인들은 어떤 숨소리를 내며 살아가고 있는지, 그것이 어떤 이유로 (비)주체적, (비)윤리적인지를 밝혀보자는 것이다. 이를 위해 대다수의 글들이 상세한 캐릭터 분석을 시도하고 있는데, 이러한 우연의 일치는 라캉주의 정신분석이 '주체'에 관해 갖는 궁극적 관심과 조응하는 현상일 것이다(물론 형식적 층위에서 나타나는 '증상들'에 좀더 집중해서 본격적으로 파고드는 글을 '낚을' 수 없었던 것은 여전히 엮은이의 아쉬움 중 하나로 남아 있다). 아울러 엮은이의 소망 중 하나는 이 책이 온갖 낯선 용어와 도식들이 출몰하며 난삽하기로 악명 높은 라캉의 정신분석 이론에 조금이라도 더 편안하고 차분하게 접근하는 데 보탬이 되었으면 하는 것이었다. 따라서 글들의 배치 순서를 정할 때에도 라캉주의 이론의 지도를 그려나가는 데 도움이 되리라고 여겨지는 순서를 함께 고려했다.

이쯤에서 독자들이 궁금해질 수도 있는 것. 그렇다면 여기 실린 글들이 드러내려는 것은 라캉주의에 의해 전유된 영화비평인가, 영화비평에 의해 전유된 라캉주의인가? 이미 지적했듯 지젝의 선례는 전자에 가까우며, 그 부작용으로 라캉주의와 영화비평 간에 마치 어떤 헤게모니 쟁탈전이라도 가능할 듯한 비생산적 상상을 낳았다. 하지만 후자라고 해서 더 현명하고 효율적인 선택인 것도 아니다. 두 문제의식은 모두 라캉을 영화비평가의 자아이상으로, 라캉주의를 영화비평의 궁극적/잠정적 준거로 환원해놓고는 그것을 선택할 것인가 말 것인가의 문제로 오도하기 때문이다. 물론 그 결과는 오직 박탈감 혹은 반발심뿐일 것이다. 그러므로 라캉주의와 영화비평의 만남에서 핵심은 라캉, 지젝, 주판치치 등을 동원해서 한국영화의 결을 더 섬세하게 읽어내는 것도, 한국영화를 동원해서 라캉주의를 더 편안하게 읽어내는 것도 아니다. 결과적으로 그러한 효과가 당연히 수반되는 것이라 하더라도 말이다. 라캉주의와 영화비평의 만남에서 핵심은 영화 속에서 조우한 어떤 것과 라캉주의에서 조우한 어떤 것의 섬뜩한 필연적 일치에 있다. 아니, 좀더 판을 크게 벌려보자면, 한국사회에서 조우한 어떤 것과 한국영화에서 조우한 어떤 것, 라캉주의에서 조우한 어떤 것의 섬뜩한 필연적 일치에 있다. 이러한 일치에 힘입어 우리에게는 마침내 스스로 말하기 시작한 진리의 목소리가 들려올 것이다.

　마지막 고백. 솔직히 말해, 이러한 문제의식을 갖고 있는 것과 그것을 이 책 전체에 걸쳐 잘 살려내는 일을 일치시키는 데 이르렀는지까지는 장담 못하겠다. 여전히 남아 있는 빈틈과 균열, 구멍들이 많을 것이다. 그것을 현 단계 라캉주의 영화비평의 한계라는 식으로 뭉치고 에두르는 것은 가장 반라캉주의적인 어법이리라. 그럼에도 불구하고 이 책을 편집하는 과정에서 엮은이 자신이 여기 실린 글들로부터 배운 바 크거니와, 그러한 발견의 기쁨이 다소라도 공감되고 공유되기만을 바랄 뿐이다.

서문

우선 1부에서는 후기 라캉이 어떻게 새로운 영화이론의 조타수로서 기용될 수 있을 것인가에 관한 고민들을 정리해보았다. 알튀세르-전기 라캉-브레히트를 잇는 70년대 영화이론의 독주가 80년대로 넘어가면서 패주의 양상으로 바뀐 이래로 그간 영화연구는 밑그림을 그리기보다는 세부묘사에 치중하는 경향이 있었다. 그리하여 각개 격파의 수준에서는 다양한 성과들이 없지 않았으나 전반적인 탈이론의 태도는 탈정치화의 태도와 상통하는 것이기도 했다. 하지만 지금이 시점에서 후기 라캉을 영화이론적으로 전유한다는 것은, '라캉의 재탄생'이 주체와 윤리라는 문제의식을 재도입하려는 노력인 것과 마찬가지로 다시금 영화 만들기와 영화 보기를 변혁의 관점에서 조망한다는 뜻이다. 물론 이때의 변혁이란 단순히 사회체제의 전복을 가리키는 것이 아니라 주체성의 차원에서 시작되는 훨씬 더 근본적이고 궁극적인 변화를 가리킨다.

이러한 맥락에서 김소연의 글 「정신분석적 영화이론의 새로운 가능성에 관하여」는 우선 어떻게 새로운 영화이론의 재구성이 가능할지, 전기 라캉을 참조해서 이루어졌던 영화장치 이론의 한계들을 어떻게 후기 라캉의 전유를 통해서 극복할 수 있는지를 진단하려는 시도다. 이를 위해 필자는 라캉의 '거울 단계' 이론에 대한 콥젝과 돌라르의 재독해를 소개하며, 이 재독해가 어떻게 영화를 상상계의 표상으로 한정하지 않고 실재의 표상과 연결시켜주는지, 그럼으로써 어떻게 관객이 텍스트의 이데올로기적 호명을 '위반'할 가능성을 보장하는지를 설명한다. 아울러 필자는 지젝의 영화학적 개입을 참조하는 가운데, 영화가 실재의 표상이 되는 것과 실재가 영화적 표상이 되는 것이 결코 별개의 것도, 상호모순적인 것도 아님을 해명한다.

요컨대 새로운 정신분석적 영화비평의 과제란 다양한 영화적 표상들 혹은 증상들의 (무)의식적 동기와 그 향유의 방향을 드러내는 것이라는 주장이다. 하지만 이러한 분석의 일차적인 목표는 단순히 텍스트의 보편적 의미작용 체계를 확립하는 것이 아니라 그 의미작용이 관객의 (예외적) 욕망을 개입시켜 완성되는 과정을 포착하는 데 있다. 이는 새롭게 규정되는 '증상적(징후적) 독해'가 재현의 정치학을 넘어 관람성의 정치학과 접속하는 것이라는 뜻이다. 하지만 새로운 정신분석적 영화비평은 이러한 관람성의 정치학을 궁극적으로는 '여성 편'의 인식으로 반전시킬 것을 전제한다는 점에서 관람성의 정치학까지도 넘어서는 지점에서 그 고유 영역을 확보해야 하리라고 필자는 전망하고 있다.

　박제철의 「영화-감각을 윤리적 행위로 '반복하기'」는 오늘날 디지털 테크놀로지에 힘입어 영화들이 부쩍 더 물질적, 감각적인 측면을 강화하고 있으며 그에 조응하여 관람성 논의도 이미지가 관객의 신체에 미치는 해방적 효과에 주목하고 있다는 지적에서 출발한다. 하지만 그의 의문은 과연 이러한 체화된 관람성이 진정 전복적인 효과를 성취할 수 있는가, 오히려 정치적, 윤리적 교착에 빠지게 되지는 않는가 하는 것이다. 필자는 난포착성의 이미지와 잔혹한 이미지를 각각 강조하는 체화된 관람성 이론의 두 경향 중 전자는 대타자에게로 윤리적 책임을 미루는 페티시즘적, 멜랑콜리적 애착으로, 후자는 숭고의 미학에 의존하여 초자아적 윤리로 퇴각하는 마조히즘적 태도로 귀결한다고 지적한다. 결국 양자 모두는 보편성의 구성적 예외로서의 관람성에 의존한다는 점에서 정치적으로 이데올로기적이며 윤리적으로는 무책임하다. 그러므로 관람성의 체화성

서문

뿐만 아니라 윤리성까지도 회복하기 위해서는 불가분의 잔여로서의 불가능한 실재 이미지를 상징화하려는 노력으로 이론(비평)을 재정식화해야 한다고 필자는 주장한다. 물론 이러한 노력은 한 편의 영화 안에서 완결될 수 없으며 영화에서 영화로, 영화에서 현실로, 관객에서 관객에게로 연장되며 '반복'되어야 한다. 비평의 임무는 영화적 실재를 윤리적 행위로 반복시키려는 집요한 시도가 되어야 한다는 것이다.

2부는 구체적인 텍스트 비평들로 이루어져 있다. 70년대의 정신분석적 영화비평과 90년대 이후의 정신분석적 영화비평이 공유하는 것이 있다면 그것은 바로 '이데올로기 비판'을 향한 사명감일 것이다. 알다시피 70년대의 정신분석적 영화비평은 지배 이데올로기의 결을 거스르는 텍스트의 징후들(증상들)을 찾아냄으로써 매끄러운 의미작용의 허위를 폭로하는 이른바 '징후(발견)적 독해'에 주력했었다. 이에 덧붙여 90년대 이래의 정신분석적 영화비평은 이데올로기가 향유jouissance를 구조화하는 방식을 읽어내고자 한다. '향유'란 상징화 이전에 가능했던, 생물학적, 성적 필요의 완전한 만족과 연결된 것으로서, 상징화된 주체에게는 근본적으로 금지되어 있는, 그럼에도 불구하고 끊임없이 추구되는 즐거움이다. 이데올로기 이전, 의미의 장 너머에 있는 이 향유는 환상 속에서 구조화됨으로써 의미의 장 안으로 들어오게 된다. 이데올로기 비판을 위한 영화비평의 또 다른 과제는 영화 텍스트 안팎에서 바로 이 향유가 함축되는 방식을 밝혀내는 것이다. 이러한 독해의 과정을 우리는 '향유의 중핵의 추출'이라고 부를 수 있을 것인데, 이때의 향유란 텍스트 안에서만 조작되고 산출되는 것이 아니라 관객과의 상호작용 속에 놓여 있는 것이기

도 하기 때문에 새로운 정신분석적 영화비평은 자연히 텍스트의
경계를 넘어 관람성의 욕망까지도 논의하지 않을 수 없다. 다음의
글들을 이러한 영화비평의 시연을 위한 일련의 시도들로 읽어주기
바란다.

맨 먼저, 정혁현의 글 「그녀의 목에 걸린 가시」는 <밀양>의 분석이
다. <밀양>은 그다지 두드러지는 흥행 요소가 없어 보였음에도 의외
로 많은 이들의 관심을 끌어모았으며 언론의 호평이 이어졌던 영화
다. 그러나 이 영화만큼 관객들의 심한 동상이몽 속에서 환영받았던
영화도 드물 것이다. 기독교인들은 어느 결에 '아멘!'을 외치면서,
비기독교인들은 냉소를 머금은 채 이 영화를 관람했다. 그만큼 이
영화가 보여준 의미의 층이 겹겹이었다는 뜻일 게다. 그 자신 성직자
로서 라캉주의의 기독교 신학적 전유를 도모하고 있는 정혁현의
글은 이러한 맥락에서 그 누구보다도 이 영화의 의미의 층을 해부하
는 작업에 노련하게 접근한다. 필자는 <밀양>을 환상 속에 안주하려
는 신애의 세 번의 퇴행적 시도의 역사로 읽어낸다. 신애는 남편의
죽음과 아들의 죽음이라는 실재적 경험에 대해 새로운 환상의 구조
를 재구축하는 방식으로 대응한다. 그리고 그 환상 속에서 그녀는
끊임없이 자신을 타자의 욕망의 대상이 되는 자리에 위치시키고
있다. 하지만 범인을 용서하는 데 실패한 후 그녀는 신에게 보여주려
는 반항의 몸짓 속에서 드디어 자신의 이상적 자아를 해체한다. 급기
야 죽음의 고비를 넘기고 돌아오는 길, 이제 환상을 횡단하고 삶의
새로운 국면으로 들어선 주체가 된 신애의 삶은 더 이상 폐쇄적인
나르시시즘적 욕망에 갇혀 있지 않다. 그러므로 필자가 보기에 신애
에게 '밀양'이란 환상의 실패 속에서만 그 존재가 인지되는 '신',

24

즉 실재와의 만남의 은유에 다름 아니다.

하승우의 「<역도산>: '열정적 애착'과 '탈-애착' 사이에서」는 <역도산>이라는 영화가 '역도산'이라는 역사적 인물의 진정한 역사화에, 즉 역도산의 외상적 중핵의 가시화라는 과제에 과연 성공했는가, 그리하여 역도산의 상징적 죽음에 제대로 도달했는가를 질문하는 글이다. 필자의 대답은 부정적이다. 이 영화는 역도산의 외상적 타자성을 그려내기는커녕 그것을 부인하기 위해 또 다른 환상 논리를 개입시킨다는 것이다. 필자에 따르면 <역도산>의 환상은 사드적인데, 이는 역도산의 영웅성이 자신을 대타자의 향유의 대상-수단으로 설정하는 그의 도착성에서 비롯되기 때문이다. 따라서 역도산의 도착성이 히스테리화하면서 그 순간에 폭력으로써 분출되는 그의 무력감은 윤리적 '행위act'가 아니라 무책임한 '행위로의 이행passage to act'일 뿐이다.

한편 <역도산> 혹은 '역도산'의 환상의 또 다른 성격은 '민족/대상'을 향한 '열정적 애착'과 연관되어 있다. 영화는 표면적으로 역도산의 세계성을 강조하는 듯 보이지만 사실 그 배경에는 내셔널리즘적 감수성이 멜랑콜리의 형태로 은밀하게 배어 있다. 영화는 애초부터 부재하는 대상인 민족을 상실한 대상으로 취급하는 이중부정을 통해 민족에 대한 환상을 유지시켜주고 있는 것이다. 그럼에도 불구하고 <역도산>은 재일 조선인 '역도산'이 일본 내셔널리즘의 형성을 위한 우연적인 중핵으로서 자리잡았던 과정을 보여줌으로써 민족이 어떻게 '상상된 공동체'일 수밖에 없는가를 증언한다. 아울러 이 영화는 역도산의 어머니를 '원초적으로 부재한 대상'으로 묘사함으로써 어머니를 향한 역도산의 '탈-애착'을 드러낸다. 그렇다면 역도산은 이를 통해 민족이라는 환상을 횡단한 것일까? 필자는 <역도산>이 열정적 애착과 탈-애착 사이에서 모호하게 부유하는 가운데 한일 합작영화의 가능성과 한계를 동시에 보여주고 있다고 결론짓고 있다.

김정선의 「<해안선>, 기괴한 영웅담 혹은 자기-희생의 도착적 기만」은 법의 무능이라는 실제적 지식을 다루는 사회 구성원들의 신경증적 혹은 도착증적 전략을 중심으로 <해안선>을 분석하는 글이다. 필자는 특히 주인공 강 상병의 변화에 주목하는데, 이는 그가 다른 부대원들이나 주민들과는 다른 경로로 '주체'의 실패를 구현하기 때문이다. 우선 영화의 전반부에서 그는 실제적 지식과의 '거리두기' 대신 상징적 믿음과의 '과잉동일화'를 통해 물신적 부인의 구조(나는 [법의 실패를] 잘 알고 있다. 그럼에도 불구하고 [법의 가치를] 믿는다)를 구현하는 인물이다. 하지만 군인으로서의 상징적 위임에 열정적으로 매달리게 했던 이러한 과잉동일화는 '민간인 오인사살' 사건을 초래했고, 모두에게 '실재의 침입'과도 같았던 이 사건의 결과 그는 졸지에 군체제의 내속적 결여를 체현하는 존재가 되어버린다. 이후 강 상병을 내쫓으려는 군부대의 조치나 부대에서 사건 이전의 생활을 지속하고자 하는 장 상병의 노력은 모두 실제적 지식을 부인하기 위한 노력이다.

영화의 후반부는 강 상병의 도착적 전략을 상연하고 있다. 그는 이제 큰타자가 말하는 바를 성취하기 위한 도구로 자기 자신을 희생하는 것이다. 그가 군부대를 공격함으로써 군인들의 무능력을 드러내는 것은 따라서 법의 편에 선 강 상병의 처벌이자 응징이다. 하지만 이 지점에서 필자는 강 상병을 순수한 도착증자가 아니라 도착적 전략을 구사하는 신경증자라고 주장한다. 이는 그의 도착적 선택이

죄의식에서 나왔기 때문이다. 따라서 그는 자신을 타자의 향유의 도구로 헌납하는 자기희생의 장면을 통해 실재적 차원에서는 '고통 속의 쾌락'을 즐기면서 초자아의 법에 복종하고 있다. 결국 <해안선>은 이처럼 기괴한 '영웅 없는 영웅담'의 외관 속에서 타자에 대한 복종을 더욱 대담하게 수행하는 "거짓 위반"을 보여준다고 필자는 결론짓는다.

박제철의 「행위로 기억하기: 2000년대 초반 한국영화와 트라우마의 반복강박」은 2002년 이래 한국영화들이 트라우마의 반복강박을 통해 신경증적 주체의 위기를 전시하고 있다는 전제 하에, <살인의 추억>, <올드 보이>, <생활의 발견>이 그러한 반복강박에 대해 취하는 각각 다른 제스처를 분석하는 글이다. 필자는 먼저 프로이트에 의존하여, 주체는 트라우마가 반복되는 상황에서 충동의 고착을 확고하게 억압함으로써 신경증적 구조를 유지하거나 아니면 충동 고착을 긍정함으로써 도착증적 구조로 이행하는 두 가지 선택지를 통해 반복강박을 벗어나고자 한다고 설명한다. 그에 따르면 <살인의 추억>은 폭력적 공권력이라는 트라우마의 반복강박을 재현하되 그것을 끝까지 해소시키지 않는 영화, <올드 보이>는 기억을 지우는 방식으로 충동의 억압을 재확증하는 영화, <생활의 발견>은 충동의 반복강박을 더 이상 트라우마화시키지 않음으로써 도착증적 구조로 이행하는 영화에 각각 해당된다. 그렇다면 반복강박을 벗어나는 다른 길은 없는 걸까? 이와 관련하여 필자는 라캉의 성구분 공식을 참조하여 제3의 경로를 조명한다. 그것은 고착을 통한 대상의 긍정도, 억압을 통한 대상의 거부도 아닌, 대상의 '거절'의 길이다. 앞의 둘은 남성적 방식, 마지막은 여성적 방식에 상응한다. 그런 의미에서 <올

드 보이>와 <생활의 발견>에서 트라우마를 해결하는 방식은 여전히 남성적인 길에 머물러 있다는 것이 필자의 비판이다.

김소연의 「복수는 나쁜 것?: 박찬욱의 복수 연작의 '주체성'에 관한 정신분석적 접근」은 <복수는 나의 것>, <올드 보이>, <친절한 금자 씨>의 주인공들을 '욕망'과 '충동'의 관점에서 분석하면서 그 윤리적 한계를 조망하는 글이다. 우선 필자는 90년대 중반 이후 한국 영화가 현실을 전시하는 리얼리즘적 상상력으로부터 실재를 전시하는 장르적 상상력으로 이행해갔음을 지적하면서 박찬욱의 복수 연작을 그러한 변화의 연장선상에서 맥락화한다. 그런데 필자의 근본적인 관심은 이러한 실재의 전시가 라캉주의적 관점에서 욕망과 충동, 남성편과 여성편 중 어느 쪽의 논리에 따라 이루어지고 있느냐 하는 것이다. 결론만 말하자면 박찬욱의 복수 연작은 세 편 모두가 '욕망'의 심급만을 보여주는 데 그쳤다는 것이다. 특히 <친절한 금자 씨>는 연작의 마지막 편이자 여성 주인공을 내세운 작품으로서 복수 연작을 논리적으로 완성하리라고 기대되었지만 오히려 이전 작품들의 상대주의적 반성의 효과마저도 불러일으키지 못했다고 필자는 비판한다. 이 영화들은 '복수'라는 소재를 통해 윤리적 문제의식을 전개하고 있음에도 불구하고 윤리의 최종심급을 보여주는 데는 실패했다는 것이다. 그럼에도 불구하고 영화에서 지연된 과제는 관객에게로 이전되어야 마땅하며, 이를 통해 이 영화들이 환기시킨 윤리적 과제는 유보 없이 계속되어야 한다고 필자는 주장하고 있다.

마지막으로, 감사할 분들을 기억하며 이 글을 마치고 싶다. 우선 머릿속에서만 가능했던 이러한 기획이 실제로 한 권의 책이 될 수 있도록 기운을 북돋아준 도서출판 b의 이성민 기획위원에게 깊은 우정과 감사를 전한다. 필히 본받아야 할 헌신성으로 인문서적 출판의 난국을 묵묵히 받아안고 계신 조기조 사장님께는 존경의 인사를 바친다. 여기 실린 몇몇 글들은 애초에 엮은이가 잠시나마 편집위원으로 이름을 올렸던 『영화언어』의 지면을 통해 선보였거나 선보이기 위해 씌어진 것이었다. 다시금 복간이 요원해진 안타까운 잡지 『영화언어』의 발행인 이용관 교수님과 편집위원 대표 김영진 교수님께도 빚진 마음으로 감사의 인사를 보내드린다. 아울러, 옥고를 보내주신 필자 여러분 모두, 졸고를 읽어주실 독자 여러분 모두와는 서로 등이라도 토닥이며 따뜻한 인사를 나누고 싶다. 『라캉과 한국영화』가 (무)의식적으로 서로를 잇는 오작교가 되었으면 좋겠다.

2008년 3월 27일
엮은이 김소연

1. 라캉/영화/이론

정신분석적 영화이론의 새로운 가능성에 관하여

김소연

1. 들어가며

영화 <D워>의 평가를 둘러싸고 드러났던 영화인들과 네티즌 간의 반목은 이른바 '전문가'의 권위가 얼마나 무의미한 것이 되어 있는가를 여실히 보여주었다. 물론 평론가들의 견해가 더 이상 대중들의 영화 선택의 준거로서 기능하지 못하게 되어버렸다는 것은 잠시잠깐의 풍문이 아니다. 그러므로 386과 포스트386간의 세대전이라고까지 부풀려졌던 <D워> 공방은 이러한 풍문이 마침내 그 실체를 드러내는 순간과도 같았다. 사정이 이렇게 된 원인을 어디 한두 가지로 줄일 수 있으랴. 그것은 크게 보면 90년대 이래로 급격히 이루어진 정치적, 사회적, 문화적 '패러다임'의 지각변동에 따른 이른바 '후근대post-modern'적 시대상황 때문일 터이고, 작게는 정보가 지식을 압도하게 된 디지털 시대의 담화 유통구조 때문일 터였다.

왜 새삼 이 얘기를 꺼내는가. 다소 비약일지는 모르겠지만, <D워> 논란은 대중평론과 대중들 간의 거리가 이론과 지식 전문가들 간의 거리와 정확히 대칭을 이루고 있지 않은가 하는 인식을 자극했기 때문이다. 대중들이 대중평론을 거리낌 없이 버렸듯이, 지식 전문가들 역시 이론적 토대에 관한 채무의식으로부터 홀가분해진 것이 아닌가 하는 말이다. 물론 여전히 각종 잡지의 영화평론들에는 이런저런 인문학 용어와 개념들이 어색함을 무릅쓰고 출몰하고 있고, 전문연구자들 또한 여전히 이런저런 인문학 서적들을 뒤적이며 인용의 묘를 구사하고 있다. 적어도 아직은 이론의 권위가 바닥을 친 형국은 아닌 듯 보인다. 그러나 이론에 대한 접근이 이론 본연의 사용가치보다는 이처럼 교환가치의 차원에서 이루어지고 있는 현상 자체가 이론의 소외를 반증한다. 이제 이론의 위상은 한때 모든 영화연구의 모체로 간주되면서 누렸던 주도적, 지배적 위치에서 내려와 다양한 선택지 중의 하나로서 위축되어 있는 것이다.

이러한 변화의 의미는 양가적이다. 한편으로 그것은 영화(학) 고유의 텍스트와 컨텍스트에 대한 집중도를 높이는 가운데 다양한 관심들을 중심과 주변의 구분 없이 영화연구의 당당한 의제로 등록시키는, 영화연구의 민주화라 불러도 좋을 법한 결과를 낳았다. 하지만 다른 한편으로 그것은 실증주의적, 형식주의적 연구방법론의 득세와 함께, 그동안 영화학이 공들여 구축해온 정치성을 무력화함으로써 영화학이 당대의 역사와 현실에 담론적 급진성과 함께 개입할 가능성을 차단하는 결과를 초래하기도 했다. 사실, 영화연구의 영역에서 이루어진 이러한 변화는 크게 보면 90년대라고 하는 전 세계적인 패러다임 변동기를 통과하면서 나타난 시대정신의 변화와 무관하지 않은 것이니, 그 득실을 사회학적 층위에서 상세히 따져 묻는 일은 이 글에서 논의할 수 있는 범주를 넘어선다. 그러므로 여기서는 다만 이러한 변화가 영화이론의 영역에서는 70년대의 라캉-알튀세르적 패러다임의 시대가 끝나면서 촉진된 것임을 확인하면서, 어떻게 새로운 정신분석적 영화이론의 재구성을 통해 영화학의 비판능력을 다시금 제고할 수 있는지를 검토해보고자 한다.

2. 사라진 '영화 장치' 이론의 전설

정신분석적 영화이론의 '새로운' 가능성을 이야기할 수 있다 함은 자동적으로 낡은 정신분석적 영화이론의 존재를 전제한다. 그러므로 낡은 이론과 대비해서 무엇이 과연 새롭게 구성될 수 있는지를 짚어나가기 위해서는 우선 간략하게나마 이전 시기 정신분석적 영화이론의 윤곽을 더듬어볼 필요가 있다.

68혁명 이후 서구의 인문학이 구조주의와 더불어 좌경화되면서 1970년대 내내 서구의 영화학은 '이론'의 지배하에 있었다. 데이비드 로도윅이 "정치적 모더니즘"[1])의 시대라고 부르는 이 시기의 새로운 영화이론은 알튀세르적인 마르크스주의와 라캉적인 정신분석학, 소쉬르에서 퍼스에 이르는 기호학의 성과를 결합한 것이었다. 이는 이론 자체로서도 상당히 풍성했을 뿐만 아니라, 프랑스의 『카이에

---

1) D. N. Rodowick, *The Crisis of Political Modernism: Criticism and Ideology in Contemporary Film Theory*, Berkeley, Calif.: University of California Press, 1994, p. viii.

뒤 시네마*Cahier du cinéma*』, 『시네티크*Cinétique*』, 영국의 『스크린』 같은 잡지를 통해 다양한 필자들이 참여함으로써 이루어진 하나의 거대한 물결과도 같은 것이었다. 흔히 알튀세르-라캉주의적 패러다임에 입각한 영화이론으로 소개되는 이 70년대의 이론은 이후의 여타 '이론들'이 그것을 계승하든 반박하든 모두 이 이론에 뿌리를 두고 있다는 점에서, 즉 이 이론이 다른 작은 이론들을 어떤 식으로든 지배하고 있다는 점에서, 그리고 이론에 모든 컨텍스트와 텍스트의 상위개념으로서의 위상을 부여하고 있었다는 점에서 대문자 이론 Theory으로 불려 마땅한 것이었다.

영화와 사회, 인간 주체의 관계를 더욱 변혁적 전망 속에서 사고하고자 했던 이 이론은 요컨대 영화학이 이데올로기적 지배에 저항하는 과학으로서 위치설정될 수 있으며 따라서 지배 이데올로기가 개별 영화들 속에서 작동하는 양식과 구조를 해명해내고 그에 대한 저항의 양식과 구조를 지원할 수 있다는 신념에 기초하여 구축된 것이었다. 이러한 입장은 일차적으로 바쟁André Bazin의 리얼리즘론에 대한 비판에서 출발했다. 바쟁은 영화가 현실을 있는 그대로 보여줌으로써 관객으로 하여금 현상학적 진실에 이르게 할 수 있다는 믿음을 갖고 있었다. 하지만 이와 달리 70년대 이론가들은 (주류 상업)영화가 결코 현실을 있는 그대로 재현하는 투명한 매체가 아니며 영화에서 재현되는 현실은 카메라를 중심으로 하는 영화 장치cine-matic apparatus의 원근법적 속성으로 인해 부르주아적 주체의 중심적 위치를 가정하는, 따라서 부르주아 사회의 지배 이데올로기에 침윤될 수밖에 없는 '환영'이라고 보았다. (주류 상업)영화의 문제는 현실의 왜곡된 재현과정을 '자연스러운' 것으로 연출하는 기만적인 테크놀로지를 구사한다는 데 있다는 것이었다.

그러므로 이 자연스럽게 보이도록 만들어진, 다시 말해 절개선을 감추고 연속성을 유지하도록 '봉합suture'된 재현의 결과물을 해체하는 것, 그리하여 주체가 텍스트에 의해 무의식적으로 '호명'되는 과정에서 스스로를 통일체로 상상할 수 있게 해주는 의사-동일시의 계기를 가시화함으로써 이데올로기의 작동 지점들을 밝혀내는 것이야말로 모든 이론가와 비평가의 임무라는 것이 이 시기 영화이론의 핵심 주장이었다. 한편 이 시기 이론가들은 (주류 상업)영화가 덮어버린 사회적, 역사적 '진실'을 폭로하고, 소외와 현혹을 유발하는 텍스트적 실천의 효과를 무력화시키는 비평작업뿐만 아니라 이러한 봉합작용을 폭로하는 양식의 고무와 추구에도 힘을 기울였다. 그러한 노력을 수렴하여 개념화된 '대항 영화counter cinema'란 최대한 봉합을 억제하거나 과도하게 봉합의 지점을 드러내는 형식으로써 관객의 '오인'을 방해하는 영화에 붙여진 이름이었다.

하지만 70년대 영화이론은 관객을 지배 이데올로기로 물들이는 주범이 영화 텍스트의 형식이라고 보았기 때문에 자연히 대안적 형식의 추구로 내달렸으며, 그 결과 형식주의의 궁지에 봉착할 수밖에 없었다. 이러한 형식주의의 한계는 텍스트(형식)의 지배력을 관람-주체보다 선차적인 것으로 전제하는 텍스트-중심적인 사고의 당연한 결과였다.2) 뿐만 아니라 그러한 텍스트를 접하는 관객은 영화의

---

2) 토니 베네트는 텍스트라는 형식적 개념에 기초한 주체 이론이 왜 실패할 수밖에 없는지를 이렇게 요약한다. "텍스트는 전적으로 되풀이 가능한 것이다. 일련의 물질적 기보법들로서 텍스트는 상이한 컨텍스트들에 각인될 수도 있으며 또한 어떠한 컨텍스트도—그 텍스트가 비롯된 컨텍스트를 포함하여—항상, 그리고 모든 컨텍스트들 속에 그 의미를 특정화시키거나 고정시킴으로써 텍스트를 에워쌀 수 있

형식 속에 각인된 이데올로기를 단순히 반영하기만 하는 존재로서 가정되었다. 결국 이 이론은 관객성을 영화 경험에 앞서 언제나-이미 성, 인종, 계급, 민족적 정체성에 의해 결정되어 있지 않은 투명한 존재로서 추상화했으며 그 결과 근본적으로 관람-주체를 수동적 위치에 놓았다는 비판을 피할 수 없었다.

물론 이 시기 영화이론이 제출하고 실천했던 '증상적(징후적) 독해'3)라는 비평원리는 분명 어떤 텍스트의 표면적인 형식적 적합성과 지배 이데올로기적 경향의 이면에서 그것과는 모순된 내적 긴장과 분열의 증상을 포착하는, '결을 거스르는' 독해의 가능성을 타진하려는 노력이었다. 하지만 이 이론의 형식주의적 태도와 순응적 관객성 개념은 대안적 형식을 구사하는 영화들을 우선적으로 특권화하면서 대중 영화를 소외시켰고 엘리트적 비평가들을 전복적 독해의 주체로서 차별화하면서 대중 관객을 소외시켰다. 고급/저급의 위계적 이분법은 그 당연한 귀결이었다. 이처럼 모더니즘적 가두리 안에 머물러 있던 70년대의 정신분석적 영화이론은 80년대 이후 외적 공격과 내적 자기비판에 시달려야 했다. 이후 이 이론은 다양한 방식으로

다"(Tony Bennet, "Text and Social Process: the Case of James Bond", *Screen Education* 41 [겨울/봄호 1982], p. 6. D. N. Rodowick, *The Crisis of Political Modernism: Criticism and Ideology in Contemporary Film Theory*, p. 284에서 재인용). 폴 윌먼의 입장도 이와 비슷하다. "영화들은 예측할 수 없게 독해된다. 다소 이데올로기적인 공간 속으로 후퇴될 수도 있고 다양한, 심지어는 모순적인 비판적 기획들을 위해 동원될 수도 있다"(Paul Willemen, "Notes on subjectivity", *Screen* 19.1 [1978년 봄호], p. 55. D. N. Rodowick, 앞의 책, p. 285에서 재인용).

3) 증상적(징후적) 독해에 관한 70년대 이론의 관점을 보여주는 문헌으로는 Jean-Louis Comolli, Jean Narboni, "Cinema/Ideology/Criticism", *Cahiers du Cinéma 1969-1972: The Politics of Representation*, ed. Nick Browne, Cambridge: Harvard University Press, 1990 참조.

자기부정을 거듭하며 출로를 모색했으나4) 결국에는 이론적 자원의 고갈과 함께 사그라지고야 말았다.

3. 라캉을 넘어 라캉을 향해

그렇다면 이와 같이 알튀세르-라캉-브레히트를 잇는 삼각형의 토대 위에 건설된 "좌파 이데올로기적 형식주의 그룹"5)의 영화이론에서 라캉주의 정신분석은 어떤 쓰임새와 함께 도입되었던가. 잘 알려져 있듯이 라캉의 이론은 크게 전기와 후기로 구분된다. 처음 십 년간의 세미나에서는 라캉이 프로이트의 저작들을 선택해서 그것을 주해하는 데 충실했다면, 1964년에 진행된 열한 번째 세미나에서 그는 "프로이트를 넘어서면서도 프로이트 속에 남아 있는 …… 프로이트 자신이 의식하지 못했던 것을 프로이트의 저작 속에서 찾아내"6) 그 자신의 고유한 도식과 개념들을 구축하려는 시도에 본격적

---

4) 70년대 대이론은 이후 인지심리학적, 역사적, 민족지학적 접근 등에 의해 두루 비판받아야 했으며 정신분석적 영화이론 내부에서도 '개정'의 노력이 이어졌다. '환상' 개념과 연동하는 '욕망'의 잠재적 전복성을 이론화함으로써 영화 장치 이론의 관람성 모델을 비판하는 일군의 논의에 관해서는 박제철, 「영화 관람성의 무의식과 주체에 관한 정신분석적 연구: 관람성의 이데올로기적 기능으로부터 관람성의 윤리적 행위로의 이행」, 중앙대 석사학위 논문, 2003, 33-55쪽 참조.

5) Carl Plantinga, "Notes on Spectator Emotion and Ideological Film Criticism", *Film Theory and Philosophy*, eds. R. Allen and M. Smith, Oxford: Oxford University Press, 1997, p. 377.

6) Jacques-Alain Miller, "Context and Concepts", *Reading Seminar XI: Lacan's Four Fundamental Concepts of Psychoanalysis*, eds. R. Feldstein et al., New York: State University of New York Press, 1995, p. 8.

으로 착수함으로써 훗날 '후기 라캉'이라 불리게 될 어떤 '단절
cut/break'의 문턱을 확실하게 넘어서게 된다.[7] 하지만 이러한 단절은
1959-60년에 행해진 '정신분석의 윤리'에 관한 세미나에서 보여주었
던 이론적 강조점의 변화와 함께 이미 개시된 것이었다. 한 마디로
그 변화란 "상상계와 상징계 사이의 균열로부터 (상징적으로 구조화
된) 현실에서 실재계를 분리하는 경계로"[8] 강조점을 옮기는 것이었
다. 60년대 전까지 라캉은 증상을 구성하는 병리적 특질들인 상상계
를 상징화하는 것이 '분석'을 통해 가능하리라고 생각했으나, 60년대
로 접어들면서부터는 온전한 상징화가 불가능한 증상의 잔여물로서
회귀하는, 상징화에 저항하는 실재의 심급을 적극 이론화하기 시작했
던 것이다. 이러한 변화는 라캉의 이론체계 전체의 무게중심을 이동시
키는 결과를 낳았다. 요컨대 그것은 "지젝의 표현에 따르면 욕망의
변증법에서 희열jouissance의 불활성으로, 암호화된 메시지로서의 증
상symptom으로부터 향유로 충만된 문자로서의 징환sinthome으로, 언
어처럼 구조화된 무의식으로부터 그 심장부의 사물Thing, 상징화에
저항하는 희열의 중핵으로의 이동"[9]을 동반하는 변화였다.

---

7) 이러한 맥락에서 숀 호머는 라캉이 파리 정신분석학회를 떠나 설립했던 프랑스
   정신분석학회(SFP)가 국제정신분석협회(IPA)의 허가를 받지 못하고 그 자신도 IPA
   에서 파문당하면서, 생트안 정신병원에서 고등사범학교로 장소를 옮기고 임상의나
   정신분석가 대신 학생, 정치적 행동주의자들, 철학자들, 작가들, 문화실천가들을
   대상으로 열었던 '세미나 XI'이 "어떤 의미에서 그의 새로운 방향에 대한 첫 번째
   공개 성명서였다"고 주장한다(숀 호머, 『라캉 읽기』, 김서영 옮김, 은행나무, 2006,
   29쪽).
8) 슬라보예 지젝, 『삐딱하게 보기: 대중문화를 통한 라캉의 이해』, 김소연 외 옮김,
   시각과언어, 1995, 10쪽.
9) 주은우, 「라깡과 지젝: 슬라보예 지젝의 라깡-헤겔-맑스주의」, 『라깡의 재탄생』,
   김상환·홍준기 엮음, 창작과비평사, 2002, 556-57쪽.

1. 라캉/영화/이론

영화이론이 정신분석과 절합되는 낡은 방식과 새로운 방식의 차
이는 정확히 라캉 이론의 이러한 전환을 반영한다. 70년대의 정신분
석적 영화이론은 60년대 이전의 라캉을, 90년대의 정신분석적 영화
이론은 60년대 이후의 라캉을 참조하고 있기 때문이다. 70년대 영화
이론을 정신분석과의 만남으로 이끌었던 것은 '거울 단계'[10]에 관한
라캉의 논문이었다. 1936년에 일부 공개되었다가 1949년에 IPA 국제
회의에서 재발표된 이 논문은 알튀세르-라캉주의적 패러다임에 입
각한 영화이론의 초석과도 같았다. 어떻게 주체가 이미지를 자기와
혼동하는 오인과 소외의 결과로서 쾌락의 경험과 아울러 '상상적'
정체성의 획득에 이르는지를 규명하는 이 이론은 보드리Jean-Louis
Baudry에 의해 영화이론의 맥락으로 유입되었다. 거울과 스크린을
유비관계로 볼 때, 영화 이미지의 연속적 흐름은 텍스트에 대한 관객
의 상상적 지배라는 오인을 낳으며, 이러한 오인의 구조는 관객이
영화를 매개로 해서 지배 이데올로기와 맺는 무의식적 관계 속에서
도 그대로 이어진다는 것이었다. 영화를 상상계와 연관시키는 이러
한 입장은 이후 보드리 자신과 메츠Christian Metz에 의해 비판/보충되
면서 상징계 내에서 영화가 차지하는 위치에 대한 부연설명으로
이어지기도 했다. 하지만 영화 관람을 '꿈꾸기'의 상태와 등가화한다
는 점에서 이들의 이론은 기본적으로 상상계와 상징계의 균열을
겨냥하는 것이었다.[11]

---

10) 거울 단계란 어린 아이가 6-18개월 사이에 자신의 거울 이미지를 통해 비로소
   자신의 육체에 대한 불연속적인 인식에서 벗어나 통합된 자아의 감각을 확립하게
   되는 시기를 가리킨다.
11) 보드리와 메츠의 영화이론에 관한 일목요연한 약술로는 로버트 랩슬리 · 마이클
   웨스틀레이크, 『현대 영화이론의 이해』, 이영재 · 김소연 옮김, 시각과언어, 1995,

그런데 여기서 우리는 이상한 부정교합을 발견한다. 라캉은 이미 60년대 이후로 입장을 쇄신했음에도 불구하고 왜 70년대의 영화이론은 여전히 50년대의 라캉을 뒤쫓고 있었던가. 이는 이 시기의 장치 이론이 '이데올로기적 국가기구ISA' 및 '호명interpellation' 개념을 중심으로 하는 알튀세르의 이데올로기 이론에 크게 빚지고 있었기 때문이었다. 이데올로기적으로 호명되는 주체에 관한 알튀세르의 이론은 주로 50년대로 한정된 라캉의 논의를 참조하고 있었다. 요컨대 그것은 자아이상과의 상징적 동일시의 몰인지를 대가로 이상적 자아와의 상상적 동일시의 재인지가 가능해진다고 하는 라캉의 동일시 이론으로써 해석 가능한 것이었다.[12] 50년대 라캉주의 정신분석의 목표는, 이상적 자아의 재인지를 훼방함으로써 '몰인지되는 타자로서의 자아이상'에 그/녀가 의존해 있음을 폭로하고 그 자아이상을 수정하게 하는 것이었다. 이러한 논리의 구조는 환영주의적 영화를 매개로 한 지배 이데올로기의 침투를 대안적 형식이나 비평적 개입에 의해 방해함으로써 사회 변혁에 기여하고자 했던 70년대 영화이론의 목표와 정확히 대칭을 이루고 있었다. 그러나 이러한 변화 혹은 변혁의 기획은 궁극적으로 자아이상의 존재 자체에 대한 부인에 이르지는 못했다는 점에서, 상징적 질서의 보편성을 탈구시켜 비전체not-all로 만드는 데까지 나아가지는 못하는 '닫힌' 사고의 산물이었다.

하지만 후기 라캉에 이르면 자아이상과의 상징적 동일시는 그

111-20쪽 참조.

12) 라캉의 동일시 이론이 알튀세르에게 전유되는 방식에 관한 상세한 설명은 박제철, 앞의 논문, 7-13쪽 참조.

잔여이자 부산물로서 '욕망의 대상-원인 a', 즉 완전히 상징화될
수 없는 '증상의 실재'를 산출하는 것으로 설명된다. 요컨대 상징계
는 실재의 중핵을 둘러싸고 구조화되어 있다는 것이다. 그렇다면
'상징적 대 상상적'의 개념쌍 대신 '상징적 대 실재적'의 개념쌍을
도입하는 과정에서 상상적인 것은 완전히 사라지는 것인가? 최근
지젝은 거울 단계에 관한 부스비의 논의에 힘입어 '상상적 대 실재적'
의 개념쌍이야말로 "라캉의 이론적 건축물 전체에 대한 열쇠"13)가
될 수 있다고 설명함으로써 상상적/실재적/상징적이라는 삼항조의
좌표를 재설정했다. 거울 이미지, 즉 상상적 자아에 대한 인간의
소외된 고착은 "신체적 충동들의 다형적이고 혼돈된 발아(실재적
이드)"와의 사이에 환원 불가능한 간극을 초래하며, 상징적인 것은
"상상적 동일화로 인해 배제된 신체적 충동들의 실재를 상징적 대리
물들을 통해 비추려는, 언제나 파편적이며 궁극적으로 실패할 수밖
에 없는, 주체의 시도"라는 것이다.14) 그러므로 상상적인 것과 실재
적인 것 간의 긴장이야말로 '본래적'인 것이며 상징적인 것은 이러한
긴장과 관련하여 '이차적'인 것일 수밖에 없게 된다. 그것은 "신체적
충동들의 다형적 풍부함의 배제를 통해 열리게 된 공백"15) 속에서만
자리잡을 수 있는 것이기 때문이다.

　이러한 모든 설명들을 참조할 때, 라캉주의적 관심의 최종적 착지
점은 역시 '실재적인 것'의 지위와 관련되어 있음을 알 수 있다.

---

13) 슬라보예 지젝, 『부정적인 것과 함께 머물기』, 이성민 옮김, 도서출판 b, 2007,
　　341쪽.
14) 같은 곳.
15) 같은 곳.

그리고 이처럼 실재의 차원으로 관심을 이동하게 됨으로써 라캉주의 정신분석은 이론적으로 전혀 다른 국면에 접어들게 된다. 우선 상징계의 폐쇄적 전체성이 그 중심의 공백을 배제함으로써 이루어진 가장이었음이 드러나게 되고, 그에 따라 주체도 상징적 질서 속에서의 완전한 소외 대신 자신의 잉여 향유를 가능케 하는 무의식적 욕망을 환상의 장면으로 구성할 '자유'의 계기와 만날 수 있게 된다. 물론 이 자유 또한 기표 사슬 내에 존재하는 것이라는 점에서 환상의 주체는 궁극적으로 허위성을 면할 수 없는 주체이다. 따라서 라캉주의 정신분석은 욕망의 심급을 넘어 충동의 심급으로 나아갈 것을 추구한다. 이제 자신의 환상을 횡단하고 상징적 질서의 중심의 공백이자 그 질서가 실패하는 지점인 증상의 실재와 동일시하는 '충동의 주체화'가 요청되는 것이다. 욕망의 주체가 무의식적 욕망의 차원까지도 기존의 기표 사슬에 종속되어 있는 것과는 달리, 충동의 주체는 상징적 질서의 공백을 점유하는 주체이기에 진정 '새로운' 주체성의 차원을 열 수 있다는 점에서 라캉의 인식론을 '열린' 것으로 바꾸어놓는다. 90년대 이래로 정신분석적 영화이론이 취하고자 했던 것은 바로 이 열린 라캉주의의 급진적 통찰력이었다.

4. 꿈의 스크린에서 실재의 스크린으로

그렇다면 후기 라캉의 사유는 어떻게 영화이론을 위해 전유될 수 있는가. 이를 살펴보려면 특히 콥젝과 지젝(을 비롯한 슬로베니아 학파)의 연구에 주목할 필요가 있다. 다시 '거울 단계'로 돌아가 얘기를 시작해보자. 후기 라캉을 도입함으로써 어떻게 새로운 관람-주체 이론을 구성할 수 있는가에 관해 일찍이 뛰어난 성찰을 선보였던 콥젝에 따르면 주체가 거울 앞에서 나르시시즘적 환희를 느끼는 이유는 자신의 이미지에 만족해서라기보다는 오히려 자신의 존재가 그 이미지의 불완전함을 초과한다고 믿기 때문이다.[16] 그리고 이러한 초과 혹은 과잉(으로서의 대상 *a*)이야말로 주체가 표상representation에 대해, 나아가 표상을 (이데올로기적으로) 지배하는 '법'에 대해 부조화와 부적응, 위반의 관계를 맺을 수 있는 근거이다. 이처럼 "법이 아니라 법 안의 오류, 즉 법이 궁극적으로 은폐할 수 없는 욕망"[17]을 자신의 것으로 취하기 때문에 법을 넘어설 수 있는 존재로서 주체를 가정하는 것은 70년대 영화이론이 가정하던, 표상에 의해 이데올로기적으로 호명되는 관람-주체의 수동성을 돌파할 가능성을 열어놓는다. 욕망의 주체는 적어도 표상에 의해 온전히 장악되지 않는 잉여로서의 대상 *a*라고 하는 도달 불가능한 목표를 양보 없이 추구할 가능성을 갖는 자유의 주체일 수 있기 때문이다.

콥젝이 거울-표상과 시선의 주체 간의 구조주의적 권력관계를 전복시킴으로써 관람-주체의 '주체성'을 이론적으로 보장해주었다면, 지젝은 거울-표상의 실재적 차원을 강조함으로써 재현물의 인식적 효과를 부각시킨다. 그런데 여기서 우리는 콥젝이 문을 열고 지젝이 문턱을 넘어온 라캉주의 영화이론의 전개과정이 시간적으로는 90년대 초중반에서 2000년대 초중반으로, 이론적으로는 욕망의 주체

---

16) Joan Copjec, *Read My Desire: Lacan against the Historicists*, Cambridge, MA: MIT Press, 1994, p. 37.

17) 같은 곳.

에서 충동의 표상으로 강조점이 이행하는 과정이었음에 주목해야
한다. 90년대 콥젝과 2000년대 지젝의 차이를 이해하기 위해서는
역사적 접근방식이 필요하다. 요컨대 당시 콥젝의 글쓰기는 70년대
의 장치 이론과 80년대의 페미니즘적 영화이론을 겨냥할 수밖에
없었고, 최근 지젝의 글쓰기는 대중문화가 압도적으로 지배하는 현
실을 겨냥해야 했을 것임을 감안해야 하는 것이다.

　그러므로 오늘날 정신분석적 영화이론을 재구성하고자 할 때 가
장 폭넓은 참조의 틀을 제공해주는 인물은 단연 지젝이라고 할 수
있다. 로버트 스탬 같은 영화학자는 지젝을 가리켜 "모든 것이(혹은
적어도 가장 증상적인 문화적 인공물들이) 라캉의 진리를 증명해준
다"고 믿는 "똑똑한 번역학자exegete"라는 식으로 평가절하하기도
하지만,[18] 후기 라캉이 이른바 '후근대'라 일컬어지는 동시대의 각종
정치적, 역사적, 문화적 사건들 혹은 증상들을 해석하는 데 어떻게
기용될 수 있는지에 관한 지젝의 탁월한 철학적 해명과 문화적 예증
은 적어도 영미권에서 라캉을 홀연히 해동시킨 열기의 원천이었다.
이처럼 철학자 지젝의 면모가 워낙 인상적이다보니 영화학에 대한
그의 기여는 그간 상대적으로 주변화되어 있었던 것이 사실이다.[19]
그러나 그가 개입함으로써 정신분석적 영화이론의 역사는 그 어느

---

18) Robert Stam, *Film Theory: An Introduction*, Malden, MA: Blackwell Publishers, 2000,
　　p. 251.
19) 아이러니하게도 지젝은 국내에서 한때 철학자가 아니라 문화비평가로 여겨지고
　　있었다. 이는 그가 써낸 여러 권의 문화비평서들이 먼저 국역된 탓이 아닐까 한다.
　　『삐딱하게 보기: 대중문화를 통한 라캉의 이해』(김소연 외 옮김, 시각과언어, 1995),
　　『당신의 징후를 즐겨라: 할리우드의 정신분석』(주은우 옮김, 한나래, 1997),『진짜
　　눈물의 공포』(오영숙 외 옮김, 울력, 2004) 등이 영화연구 분야와 연관된 지젝의
　　대표적인 저작들이다.

때보다도 강력한 충격을 받았다. 그리고 그 충격은 무엇보다도 영화 텍스트를 '상상적인 것의 허위적false 현실화'가 아니라 '실재의 허구적fictional 상연'으로 이해할 수 있게 해준 데서 비롯되는 것이었다.

여기서 영화가 어떻게 실재와 연관되는가를 이해하기 위해서는 무엇보다도 실재 개념의 정확히 이해가 요구된다. 라캉에게 실재란 "사유의 그물에 잡히지는 않지만 의식 외부에 실재적으로 존재하는, 결코 부정될 수 없는 존재의 질서"20)이다. 따라서 주체에게 실재는 '파악될 수 없는 것'인 동시에, 언제든 귀환하여 그 질서가 사실은 주체의 환상을 매개로 구성된 것임을 폭로함으로써 상징적 질서를 탈구시킬 수 있는 위협적인 존재이다.21) 그러므로 라캉이 "실재는 꿈 너머에서 찾아져야만 한다. 즉 꿈이 감싸왔던 것, 우리에게 감추어 왔던 것 너머에서…… 찾아져야만 한다"22)고 말할 때 우리는 '꿈'이 지시하는 것을 '현실reality'로 읽어낼 수 있어야 한다. 이처럼 현실을 꿈으로 의역하는 것은 영화장치 이론을 그 근저에서부터 침식할 새로운 질문으로 이끈다. 70년대의 이론가들은 영화를 꿈의 스크린으로 간주함으로써 영화가 현실이 아닌 환상의 재생산에 복무한다고 비판했지만, 이제 현실 자체를 꿈으로 간주할 수 있다면 도대체 '영화

---

20) 홍준기, 『라캉과 현대철학』, 문학과지성사, 1999, 208쪽.
21) 흔히 범하기 쉬운 오류는 실재를 상징계의 이면이나 너머에 있는 어떤 것으로 간주하는 것이다. 그렇게 되면 현실과 실재의 관계는 이데올로기와 현실의 관계에 관한 전통적 관념을 용어만 바꿔치기한 것에 불과하게 된다. 하지만 라캉주의적 실재는 현실의 이면이나 너머에 어떤 실정적 실체로서 존재하는 것이 아니다. 실재는 상징적 현실과 뫼비우스의 띠의 앞면과 뒷면처럼 연결되어 있으며, 그 띠가 꺾이는 지점에서만, 즉 상징계 내부의 실패나 공백이 드러나는 순간에만 출현한다.
22) Jacques Lacan, *The Four Fundamental Concepts of Psycho-Analysis*, ed. Jacques-Alain Miller, trans. Alan Sheridan, Harmondsworth: Penguin Books, 1977, p. 60.

란 무엇인가? 이렇게 해서 우리는 또 다시 바쟁의 '원론적' 문제의식 속으로 내던져지고야 말았다.

이 질문에 2000년대의 버전으로 대답하기 위해서는 지젝이 역설하는 '가면의 변증법'을 경청할 필요가 있다. 지젝에 따르면 "우리가 '진정한 자신'이라고 가정하는 것에서보다 가면에 더 많은 진리가 있"으며 진리가 표명되는 방식은 "허구를 가장"하는 것이다.23) 요컨 대 우리는 이미 승인할 수 없는 억압을 감추고 살아가고 있기 때문에 우리의 사회적 정체성 자체가 이미 하나의 '가면'이며, 이 억압된 태도들을 드러낼 수 있을 때는 바로 그것을 '그저 게임으로 하는 것임'을 조건으로 할 때, 즉 우리의 '실제-삶'을 통제하는 규칙들이 일시적으로 보류되어 있을 때라는 것이다.24) 이처럼 허구가 진리와 직결될 수 있는 통로가 열리게 되면 재현물로서의 영화의 위상 또한 전격적으로 달라진다. 영화는 더 이상 현실에서의 억압을 가리는 환영의 커튼이 아니라 억압되고 배척된foreclosed 적대와 트라우마를 투사하는 실재의 스크린일 수 있게 되는 것이다.

라캉은 "실재는 사고accident, 소음, 현실의 작은 요소, 즉 우리가 꿈을 꾸고 있지 않다는 증거에 의해 재현될 수도 있다"25)고 설명했다. 그렇다면 영화 보기란 관람-주체를 지배 이데올로기라는 꿈에 빠뜨

---

23) 슬라보예 지젝, 『이라크』, 박대진 외 옮김, 도서출판 b, 2004, 190쪽.

24) 예를 들어 쌍방향 게임에서 가학증적 살인자이자 저항할 수 없는 유혹자로서의 정체성을 취하는 컴퓨터광의 경우, 그는 그것이 그저 게임임을 알고 있기 때문에 역설적으로 자신의 진정한 자아를 드러낼 수 있다는 것이고, 반대로, '진짜'를 보여준 다는 것을 표방하는 각종 '리얼리티 쇼'는 오히려 자기 자신을 연기하는 허구적인 인물들을 보여주는 것에 불과하다는 것이 지젝의 설명이다.

25) Jacques Lacan, 앞의 책, p. 59.

리는 경험이 아니라 오히려 그 꿈에서 깨어날 수밖에 없도록 만드는 소음의 경험이고 표면상 매끄럽던 현실의 질서를 일거에 무너뜨리는 사고의 경험일 수도 있지 않겠는가. 지젝이 "만일 우리의 사회현실 자체가 상징적 허구나 환상에 의해 유지된다면 영화예술이 궁극적으로 성취하는 것은 내러티브 허구 속에 현실을 재창조하는 것, 허구를 현실로 이(오)해하도록 우리를 유인하는 것이 아니라 반대로 우리가 현실 자체의 허구적 측면을 분별하게 만드는 것, 즉 현실 자체를 하나의 허구로 경험하게 만드는 것"26)이라고 주장할 때 염두에 두었던 것도 바로 이러한 '충격 효과'였음에 틀림없다.

아울러 여기서 우리는 관람-주체의 편에서 이루어지는 욕망의 개입을 관람-대상의 편에서도 가정할 수 있게 해주는 라캉의 지적을 상기해야 한다. 라캉은 "욕망은 대상의 가장 잔혹한 지점에서 이미지로 상상된 상실에 의해 꿈속에서 현시된다. 이 진정 유일무이한 조우가 일어날 수 있는 것은 오직 꿈속에서이다"27)라고 주장한 바 있다. 이는 영화 관람의 경험을 여전히 꿈꾸기와 유비관계에 놓는다 하더라도, 그 꿈이야말로 욕망의 실재를 전시하는 유일한 시공간일 수 있다는 의미로 연장해서 해석 가능한, 다시금 '가면의 변증법'을 떠올리게 하는 대목이다.

그렇다면 과연 '모든' 영화는 실재의 표상으로 간주될 수 있는 것일까? 이 질문에 대답하려면 거울 단계에 관한 '새로운' 논의의 도움을 받을 필요가 있다. 거울 단계에 비추어 자아와 거울상 간의 분신double 관계를 이론화하는 믈라덴 돌라르의 설명을 들어보자.

---

26) 슬라보예 지젝, 『진짜 눈물의 공포』, 2004, 135쪽.

27) Jacques Lacan, 앞의 책, p. 59.

영상은 영상의 주인보다 더 근원적이다. …… 이것은 라캉의
거울 단계 이론이 겨누는 바다. …… 나의 "자아-정체성"은 나의
분신으로부터 온다. …… 분신은 자아의 본질적인 부분을 구성한
다. 분신은 이드로부터 분출되는 억압된 욕망을 실어나른다. 또한
분신은 초자아의 전형적인 적의와 더불어, 주체가 그의 욕망들을
실어나르지 못하게 한다. 한 번에 그리고 동시에 말이다.[28]

돌라르의 주해대로라면 거울상은 나르시시즘적인 자아-정체성
을 구성할 수 있게 해주는 '상상적'인 것인 동시에 주체의 억압된
욕망의 실재를 체현하는 '실재적'인 것이고 아울러 주체의 욕망을
훼방하는 초자아적 형상이라는 점에서는 '상징적'인 것이기도 하다.
그러므로 보드리와 메츠처럼 영화를 거울상과 유비관계에 놓는다면,
우리는 돌라르에 힘입어 영화적 표상은 때로는 상상적인 것이고
때로는 상징적인 것이며 때로는 실재적인 것이기도 하다는 결론을
도출할 수 있다.
　어쩌면 일견 이런 결론은 코에 걸면 코걸이, 귀에 걸면 귀걸이
식으로 영화의 사회적 기능과 역할을 무책임하게 탈중심화하는 것처
럼 보일 수도 있다. 하지만 여기서 우리가 놓치지 말아야 할 핵심은
이로써 비로소 영화는 '실재'의 스크린일 수도 있게 되었다는 사실이
다. 그래서 지젝은 "예술적 '아름다움'은 실재적 사물, 상징화에 저항
하는 사물의 심연이 외양하는 가면"[29]이라고, 그리고 이 가면이 위협

28) Mladen Dolar, "At First Sight" in *Gaze and Voice As Love Object*, eds. Renata Salecl and Slavoj Žižek, Durham, NC: Duke University Press, 1996, p. 137.
29) 슬라보예 지젝, 『신체 없는 기관』, 이성민 외 옮김, 도서출판 b, 2006, 284쪽.

적인 이유는 그것이 그 뒤에 진짜 얼굴을 감추고 있어서가 아니라
"가면 안의 유령이라는 제3의 현실"30)을 낳기 때문이라고 단언한다.
플라톤적인 질서 속에서 예술은 분명 이념의 사본인 현실을 또 다시
베낀 사본에 불과하지만, 라캉적인 질서 속에서 예술은 현실이 아닌
이념과 직접 경쟁할 수 있는 더더욱 위협적이고 치명적인 위치에
놓일 수 있다는 것이다.

5. 실재는 어떻게 영화적 표상이 되는가

이러한 사고를 기반으로 그 동안 지젝은 영화 텍스트를 비롯한
수다한 문화적 산물들이 수행해온 가면으로서의 역할과 그것이 낳는
제3의 현실을 분석해왔다. 물론 지젝은 새로운 정신분석적 비평의
원리에 관해 일목요연하게 정리해주는 친절함을 베풀지는 않는다.
하지만 여기저기에 분산되어 있는 그의 비평적 언급들을 집약해보면
그것들을 관통하는 한결같은 목표가 존재함을, 그것은 바로 영화를
비롯한 문화적 산물들 속에서 실재가 외양화되는 다양하고도 구체적
인 경로와 양상을 드러내는 것임을 발견하게 된다. 물론 이때의 다양
성과 구체성이란 문자 그대로의 의미에서 이해해야 하는 다양성과
구체성이다. 지젝이 선보였던 분석 사례들은 내러티브의 반복적 구
조31) 인터페이스 스크린이 미장센에 도입되는 방식,32) 응시의 오점

---

30) 같은 책, 301쪽.

31) 내러티브 구조에서의 '반복'의 의미에 관해서는 『진짜 눈물의 공포』, 175-80쪽
　　참조.

을 만들어내는 카메라 워킹과 몽타주의 결합,33) 비가시음성체acous-
mêtre의 존재와 역할,34) 욕망 혹은 충동에 의해 규정되는 캐릭터의
특징 등 영화의 재현 양식 전반을 두루 건드리는 한편으로, 쇼트
단위의 세부로까지 정교하고도 집중적으로 파고들기 때문이다.

그런데 지젝의 이러한 분석 방식은 실재와 영화가 서로에게 연루
되는 방식에 관해 좀더 복잡한 의문을 야기한다. 앞에서 우리는 후기
라캉을 전유함으로써 영화가 '실재의 표상'일 가능성이 확립되었다
고 이야기했는데, 지젝의 접근법은 실재가 '영화적 표상'이 되는
방식들을 열거하고 있기 때문이다. 얼핏 그 얘기가 그 얘기 같이
들릴 수도 있겠지만 엄밀히 말해서 이 둘은 결코 동어반복적이지
않다. 전자는 실재적 표상으로서의 영화가 사회적 현실과의 관계
속에서 어떻게 적대와 트라우마를 전시하는 역할을 수행하는가를,
후자는 영화 속의 실재적 표상이 내러티브 현실과의 관계 속에서
어떠한 역할을 수행하는가를 탐문하는 것이기 때문이다. 일견, 전자
는 영화에 관한 70년대 식의 존재론적 질문을 이어가려는 노력으로,
후자는 영화 텍스트의 형식적 구조에 빗대어 라캉주의 정신분석의
구조를 예증하려는 노력으로 보인다. 아마도 이런 점으로 인해 그
동안 지젝의 영화학적 개입은 오롯이 영화학적 성과로서 수렴되지

---

32) 인터페이스 스크린이 어떻게 실재가 침입하는 공간이 될 수 있는가에 관해서는
    같은 책, 70-94쪽 참조.
33) 이 문제와 관련해서 지젝이 주로 분석하는 작가는 알프레드 히치콕이다. 『삐딱하게
    보기』, 232-43쪽 참조.
34) acousmêtre는 불어의 acousmatique(소리의 원천을 볼 수 없는 채로 들리는 소리)와
    être(존재)를 합성한 시옹Michel Chion의 신조어이다. 비가시음성체 개념을 활용한
    영화 분석 사례를 보려면 『삐딱하게 보기』, 166-68쪽 참조.

못한 채, 라캉의 진리를 증명하기 위해 영화를 동원할 뿐이라는 반응을 낳기도 했던 것이리라.

그렇다면 이러한 두 종류의 문제틀은 완전히 별개의 것인가? 혹은 말을 바꾸어, 전자의 문제의식만이 진정 비판적인 것이며 후자의 문제의식은 라캉주의에 대한 자족적 폐쇄성만을 노출하는 것인가? 대답은 물론 'No'이다. 전자만을 비판의식과 결부시키는 이러한 가정은 사실 우려스럽기까지 한 것인데, 이는 영화적 허구가 실재의 스크린일 수 있다는 의미를 오직 내용적인 수준에서만 규정하려는 태도를 은연중에 전제하고 있기 때문이다. 다시 말해 비판적 관심의 대상을 영화제작자filmmaker의 의식적 선택의 소산인 이야기의 '소재'로만 한정하면서 영화를 또 한번 사회적 현실의 모사물의 지위로 강등시킬 위험이 있기 때문이다. 역설적이게도, 무의식을 배제하고 실재를 실정적 실체로 오해하도록 이끄는 이러한 귀결은 얼마나 반反정신분석적, 반라캉주의적인가.

이러한 모순을 피하기 위해서는 '가면' 그리고/혹은 '스크린'의 형식적 층위를 상기할 필요가 있다. 앞에서도 지적했지만 실재를 인식하기 위해서는 상징화 혹은 의미화가 실패하는 지점이나 순간에 주목하는 길밖에 없다. 실재는 오직 상징적 현실의 순행을 훼방하는 내부의 오점이나 얼룩, "현실 자체의 맹점이나 기능장애", "현실 자체의 내재적 분할"35)로서만 드러나기 때문이다. 그런데 이러한 실재의 개입이 예술적 혹은 문화적 산물을 매개로 이루어질 때 그 현현의 양태는 디에게시스diegesis적 현실과 '형식적 절차'의 결합 양상과

---

35) 알렌카 주판치치, 『정오의 그림자』, 조창호 옮김, 도서출판 b, 2006, 121쪽.

결부된다. 이러한 맥락에서 지젝은 '병리적인' 리비도 경제를 어떻게 제시할 것인가와 관련하여 현대영화사의 세 국면을 구분한다. 아직은 형식이 히스테리적 내용이나 여타의 내용에 의해 오염되어 있지 않은, 따라서 디에게시스적 내용이 아무리 병리적이더라도 '객관적' 내러티브의 중립적 거리에서 묘사되는 영화가 리얼리즘 영화라면, 그 첫 번째 부정은 모더니즘 영화들, 즉 히스테리적 내용이 급기야는 형식을 '오염'시켜 영화의 '공식적' 디에게시스 내용을 침식함으로써 형식의 잉여가 그 자체의 이야기를 서술하는 것처럼 보이는 영화들이고, 리얼리즘의 부정의 부정은 추상영화들, 즉 일관된 디에게시스적 현실을 통한 우회를 아예 포기하고 병리적 내용을 직접적으로 묘사하는, 그리하여 불활성의 형식적 잔여만을 남겨놓는 영화들이라는 것이다.[36]

물론 이러한 세 국면의 구분은 내용의 형식적 추상화 정도에 따라 위계를 설정하기 위한 것은 아니다. 오히려 지젝은 이 세 국면을 구분하는 것이 '불가능'하다고 일축함으로써 대중문화에 대한 정신분석적 독해를 통해 당대의 담화 형성과정에 개입할 수 있는 통로를 열어놓았다. 어쨌든 지젝의 이와 같은 논의에서 얻을 수 있는 힌트는 요컨대 실재의 침입이란 직접적으로 디에게시스적 현실에 반영되는 것이기도 하지만 다양한 형식적 절차로도 구현된다는 것이다. 영화가 사회적 실재의 표상일 가능성은 실재가 영화적 표상일 가능성과 이런 식으로 맞통해 있는 것이다. 그렇다면 "증상에서 상징적 성분을 제거"[37]하는 것에 다름 아닌 정신분석적 작업이란 내용의 층위에서

---

36) 슬라보예 지젝, 「코기토와 성적 차이」, 『성관계는 없다』, 김영찬 외 옮김, 도서출판 b, 2006, 154쪽.

뿐만 아니라 형식의 층위에서도 동시에 가능한 것이지 않겠는가. 또한 '증상적(징후적) 독해'란 실재의 중핵을 둘러싸고 창안된 상징적 구성물로서의 영화가 드러내는 내용적, 형식적 증상들을 풀어헤쳐 그 속에서 운반되는 무의식적 향유를 드러내는 작업이라 할 수 있지 않겠는가.

이와 관련해서 제기할 수 있는 마지막 질문은 그렇다면 새로운 정신분석적 영화이론에 기반을 두고 이루어질 수 있는 형식 분석이 70년대식의 형식주의적 분석과는 어떻게 차별화될 수 있는가일 것이다. 이에 답하기 위해서는 앞에서 열거했던, 실재가 형식화되는 다양한 경로(반복적 내러티브, 인터페이스 스크린, 응시의 오점을 만드는 시네마토그라피, 비가시음성체 등)에 대한 지젝의 구체적인 분석 사례들을 참조할 필요가 있다. 지면 관계상 요점만 간추리자면, 실재가 표상되는 이러한 형식들이 지젝의 관심을 끈 이유는 그 형식들이 필히 관객들을 일정한 방식으로 호명하리라고 가정되기 때문이 아니라, 실재의 침입을 가시화하는 이러저러한 형식들 자체가 관객의 (무)의식적 욕망과 이러저러한 방식으로 상호작용함으로써 의미화되고 있다는 분석을 가능케 하기 때문이다. 따라서 지젝에게는 특정 유형의 형식이 일관되게 특정한 방향으로 작용한다는 식의 고집은 없다. 다만 그는 개별 영화와 개별 형식이 관객의 욕망을 개입시키면서 작동하는 다양한 방식을, 즉 "주체의 발화 행위 위치가 그 과정 속에 포함되고 새겨지는 방식"[38]을 분석하기 위해 다양한 사례를

---

37) Paul Verhaeghe & Frédéric Declercq, "Lacan's Analytic Goal: *Le sinthome* or the Feminine Way" in *Re-inventing the Symptom—Essays on the Final Lacan*, ed. Luke Thurston, New York: Other Press, 2002, p. 63.

그 매개로서 포착할 뿐이다. 일상 담화 속에서 실재가 침입하는 순간
이 정형화될 수 없듯, 영화 텍스트 속에서도 실재의 침입은 유형화와
예측이 불가능한 방식으로 이루어지기 때문이다. 그렇다면 텍스트
의 결정력뿐만 아니라 관람성의 개입을 의미 생산의 구성적 요소로
간주하는 태도야말로 보편성과 그 구성적 예외 간의 역설적 관계에
관심을 기울이는 변증법적인 접근의 태도일 것이다. 물론 텍스트의
보편적 영향을 중심에 놓는 '재현의 정치학'과 관람-주체의 특수성
을 우선적으로 부각시키려는 '관람성의 정치학'의 이율배반을 궁극
적으로 극복하기 위해서는 예외의 존재를 확인 혹은 승인하는 데서
멈추지 말고, 이러한 예외 또한 예외 없이 기존의 재현적 구조에
종속되어 있다는 것, 그러나 그 재현적 구조가 반드시 전부는 아니라
는 '열린' 태도로 나아가야 하겠지만 말이다.[39]

---

38) 『진짜 눈물의 공포』, 30쪽.
39) 재현의 정치학과 관람성의 정치학의 이율배반적 관계에 관한 이러한 통찰은 박제철
의 석사논문 『영화 관람성의 무의식과 주체에 관한 정신분석적 연구』(중앙대, 2003)
에서 이미 제시되었으며 필자도 이에 힘입은 바 크다.

영화-감각을 윤리적 행위로 '반복하기'

박제철

1

현실, 진실, 각성 등 한때 영화를 비롯한 대중적인 시각 표상들이 가져야 할 덕목으로 손꼽혔던 어휘들은 이제 그 반향을 점차 상실해가고 있다. 인터넷을 통해 대다수의 정보가 공공연히 유통되는 시점에 우리에게 은폐된 영역은 거의 남아 있지 않은 것처럼 보인다(몰카의 범람은 사적 영역의 급격한 축소를 야기했다). 그 모든 의미심장한 사건들은 이제 우리가 의혹의 눈길로 탐사해야 하는 노고 없이도 TV 뉴스, 인터넷의 각종 공유 공간들을 통해 쉽게 접할 수 있다. 이렇게 시각 표상들에서 현실, 진실, 각성이라는 요청이 급격히 시들해져가고 있는 반면 그 자리에 다른 요청들이 부상하기 시작한다. 감각sensation, 충격, 전율, 공포 등이. 이 용어들은 단연 최근의 영화 관람의 성격을 묘사하는 키워드들이기도 하다. 그런데 관람성의 그런 특징들은 크게 두 가지, 분명히 구분되어 보이는 양상들로 나뉜다.

먼저 관람이 관객의 내밀한 사적 기억을 환기시켜 그 속에 내장된 강렬한 삶의 에너지들과 접촉하는 계기가 되는 경우이다. 거의 모든 것이 개방되고 노출되는 경향이 진전됨에 따라 간신히 잠재되어 있는 사적 기억은 오늘날 탈색되고 단조로운 일상이 주는 무감각에 비해 그만큼 더 희망, 갈등, 실패 등으로 얼룩진 역동적이고 생기 넘치는 감각들의 저장고와도 같다. 최근 제3세계에서 혹은 디아스포라들에 의해 서구 중심적 근대성에 대한 반성 속에서 제작되는 탈식민주의적 영화들은 주로 이런 경향을 띤다. 또한 1990년대 중반 이후 급증하기 시작한 과거 재현 혹은 기억의 문제에 천착하는 한국영화들도 마찬가지다.[1]

감각이 다소 매개적이거나 잠재적으로 경험되는 첫 번째 경향과 대조적으로 공공연하게 압도적이거나 과잉적인 감각의 향연과 직접, 외현적으로 조우하는 관람성 또한 최근 눈에 띄게 증가하는 양상 중 하나이다. 이것은 극영화뿐만 아니라 우리의 현실에 대한 표상들의 주된 경향이기도 하다. 9.11 테러, 이라크 전쟁 등의 시각 표상들은 정보, 현실, 의미로서보다는 충격적이고 전율을 느끼게 하는 우리 시대의 가공할만한 스펙터클들로 다가온다.[2] 또한 현실의 표상이

---

[1] 이에 대해서는 문재철, 「영화적 기억과 문화적 정체성에 대한 연구」, 2002, 중앙대학교 박사학위 논문을 참조할 것. 여기서는 1990년대 중반 이후 과거 재현에 몰두한 경향의 일련의 한국 영화를 '포스트 코리안 뉴 웨이브'로 분류, 명명하고 그것들의 갖가지 역사적, 주체적 함의를 밝히고 있다.

[2] 새로운 세기에 접어든지 얼마 안 돼 발생한 끔찍한 두 역사적 사건의 표상들은 사실 '의미', '진실'로서의 가치를 전달하지 않는다. 그 사건들을 둘러싼 그 모든 컨텍스트들은 더 이상 비밀이 아니며 공공연하게 알려져 있기 때문이다(테러에 대한 수사 과정이나 이라크 전쟁 이면의 미국의 이해관계는 거의 투명하게 드러나

1. 라캉/영화/이론

주는 자극의 강렬함에 경쟁이라도 하듯 영화는 점점 더 센세이셔널하거나 폭력적이거나 외설적인 행위들을 다루면서 더 큰 충격과 전율로 관객을 몰아가는 경향을 보인다. 이런 경향은 앞의 경향과 달리 오늘날 서구(할리우드, 유럽) 영화들에서 종종 볼 수 있다.

최근의 관람성의 감각 강조 경향은 관람성 이론의 지형에도 근본적인 변화를 몰고 왔다. 전통적으로 관람성 이론은 기호학, 정신분석, 후기구조주의적 텍스트 개념에 기초해 전개되어왔다. 물론 어느 정도의 유동성, 양가성이 허용되었지만 이런 전통에서 관객-주체는 보통 인지, 해석하는 존재로 환원되고 영화는 의미를 내포한 텍스트로 간주되기 일쑤였다. 이런 발상 하에서 관람은 언어적 텍스트의 독해와 등치되고 이미지가 갖는 감각적 특성들은 거의 무시되곤 했다. 감각을 강조하기 시작한 관람성 논의들은 전통적 이론들이 무시하고 있었던 측면들을 부각시키기 시작했다. 관객은 인지적 존재라기보다 무엇보다 신체적 존재이며 영화는 텍스트라기보다 물질적인, 감각적인 이미지라는 것이다. 따라서 이제 관람성은 이미지가 신체에 충격을 주거나 각인됨으로써 발생하는 신체 효과로서 파악된다. 이런 연유로 이런 관람성 이론들은 곧잘 '체화된embodied 관람성 이론'이란 범주 하에 묶인다.

체화된 관람성 이론들은 단순히 오늘날의 관람성의 현상을 기술하는 중립적 설명틀로서 스스로를 제시하지는 않는다. 그것들은 오히려 감각적 경험으로서의 관람성이 정치적으로 전복적인 저항의

있다.). 오히려 그 표상들의 효과는 작곡가 칼-하인츠 스톡하우젠이 9.11테러를 "사상 최고의 예술 작품"이라고 발언한 것이나 미국의 이라크 전쟁의 주요 작전명이 "충격과 공포(Shock and Awe)"라는 데서 찾아야 할 것이다.

계기를 마련한다는 점을 강조하면서 그런 경험의 증식을 장려한다. 이에 의하면 오늘날 사회는(특히 서구사회는) 사물들의 추상화로 특징지어지는 근대화를 거치면서 극도로 표준화되고, 경직화된 제도, 절차 등으로 조직되어왔다. 이 과정에서 주체는 그 신체의 우연성, 유동성이 모두 증류되는 탈체화disembodiment 과정을 겪고서 추상적인 인지적 실체로 곧잘 환원된다. 하지만 극도의 감각에 노출되는 관람의 과정을 통해 주체는 신체를 회복할 기회를 갖게 되고 나아가 그런 제도, 절차의 통제적 규격화에 저항하는 해방적 실천들을 수행할 수 있다는 것이다.

하지만 그런 체화된 관람성 그 자체가 근본적으로 전복적인 효과를 성취할 수 있는가라는 물음이 제기될 수 있다. 첫 번째 양상에서: 사적 기억의 환기를 통한 잠재적 감각성은 지배적인 공적 역사의 적실성에 대해 계속 의문을 제기할 수 있게 하지만 한편으로 그것은 공적 역사를 견딜 수 있게 하는 보완물로서 기능하지는 않는가? 다시 말해 사적 기억의 감각의 정치학은 공적 역사를 그 근저에서 무효화하는 데 이르지 않고 단지 그것의 부분 부정을 통해 타협하려는 시도에 머무는 것은 아닌가? 두 번째 양상에서: 과도하고 압도적인 감각의 노골적인 전시가 그 특징인 영화들은 보통 윤리적으로 사악한 존재들, 인권 유린의 현장(살인, 강간, 폭력 등)들로 가득하다. 따라서 이런 영화들이 퍼부어대는 감각들은 지독히 강렬하고 때론 매혹을 선사하기도 하지만 동시에 역겨움, 경멸 등과 같은 내적 반발감 또한 형성하지 않는가? 보수적인 관객들에게 그런 경험은 최소한의 통제, 규제, 검열의 필요성의 알리바이가 될 수 있다는 것만이 문제는 아니다. 표현의 자유라는 원칙을 존중하는 관용적인 관객조차 그 자유는

1. 라캉/영화/이론

자신의 삶에 직접적인 영향을 주지는 않는 '표현' 속에 국한되기를 바라는 '탈체화된' 심미화aestheticization에 빠지는 것이 더 문제이다.

이 글은 이런 정치적, 윤리적 교착 상태를 돌파하기 위해 (라캉 후기) 정신분석적 관점에서 체화된 관람성을 재정식화려는 시도이다. 그것은 좀처럼 무대화되지 않는 두 가지 작업을 겨냥하고 있다. 하나는 체화된 관람성 논의들이 보통 회피하거나 비난하는 정신분석적 접근이 그런 관람성의 이해에 어떻게 기여할 수 있는지 밝히는 데 있다. 체화된 관람성 이론들은 전통적인 관람성 이론들이 해석학적 열정에만 사로잡힌 나머지 감각, 신체, 이미지에 무관심하다는 비판과 더불어 발상의 참조점을 기호학, 정신분석학 등에서 베르그송, 벤야민, 들뢰즈(-가타리)로 전환했다. 하지만 최근 슬로베니아 라캉 학파를 중심으로 재정식화되는 라캉 정신분석적 관점은 의미작용, 상징적 질서의 논리와 관련하여 감각, 신체, 이미지에 주의를 기울인다. 뿐만 아니라 그 관점은 윤리를 실재의 차원에서 재정식화함으로써 오늘날 전복적이라고 간주되는 실천들에서 배제하고 있는 요소를 조명할 수 있게 해준다.3) 그것은 바로 '반복으로서의 윤리적 행위'이다. 이 점에서 이 글은 체화된 관람성에서 배제된 그 차원에 기초하여 영화 관람의 혁명적 정치학을 재정초하려는 작업이기도 하다. 이것은 무효화되어 있는 현실, 진실, 각성을 그 실재의 차원에서 재부각시키는 것과도 같다.

---

3) 이 작업의 가장 이례적이고 탁월한 성취는 알렌카 주판치치, 『실재의 윤리』(이성민 옮김, 도서출판 b, 2004)이다. 주판치치는 라캉의 정신분석을 칸트가 실패한 (그러나 자리를 남긴) 실재의 윤리를 혁명적으로 구원하려는 시도로 봄으로써 과거의 칸트와 현재의 라캉을 단락시키고 있다.

2

의미작용적 관람성에서 체화된 관람성으로 강조점의 헤게모니가 이동할 수 있었던 것은 20세기 말부터 여러 영역에서 불어닥친 변화의 바람 덕분에 가능했다. 철학에서 베르그송 등 생명철학과 메를로 퐁티의 현상학의 부상은 구조주의에까지 깊게 스며든 관념론적 전통과 거리를 두고 생명체, 세계의 생동감 있는 운동, 생성에 대한 관심이 부활할 수 있게 했다. 또한 사회적 재현에 있어 검열, 규제의 전반적인 완화 경향은 그 전까지 가능하지 못했던 자극적이고 과도한 이미지들이 표출될 수 있게 했다. 뿐만 아니라 테크놀로지와 관련하여 혁명적인 디지털 문화가 확산됨에 따라 그런 강렬한 이미지들은 더욱더 양적으로 팽창하고 개개인의 삶 구석구석까지 침투할 수 있게 되었다. 이 가운데 가장 많은 주목을 받은 이미지들이 엽기물, 포르노와 같은 가장 이색적이고 끔찍하고 역겨운 류라는 것은 두말할 필요도 없다. 비교적 최근에 일어난 이런 변화, 특히 시각문화의 급속한 팽창과 강렬함은 단지 최근에 발생한 것이라기보다는 19세기의 시각문화의 특색이기도 했다는 조나단 크래리의 문화사적 연구는 무엇보다도 체화된 관람성 이론에 가장 강력한 토대를 제공했다. 그것은 영화라는 테크놀로지의 발생적 기반을 기존 통설과는 다른 곳에 정초시킬 수 있게 했기 때문이다.

1970년대 영화 장치cinematic apparatus 이론으로 분류된 일련의 논의들은(보드리, 메츠, 멀비 등의 논의) 거의 공통적으로 영화의 테크놀로지적 기원을 콰트로첸토기의 단안 원근법에서 찾았다. 여기서 원근법은 조망하는 주체를 세계에 대해 전지적, 초월적인 중심에 설정하고 세계의 사실적인 환영을 산출하는 표상 관습으로 간주된다. 그리고 이런 관습은 카메라 옵스큐라와 사진 카메라를 거쳐 영화에 이르는 동안 더욱 더 사실적인(영화에 이르러서는 현실의 움직임까지도 포함하게 된다) 환영을 생산하고 그에 따라 조망 주체에게 더욱 더 초월적인 지위를 부여한다는 것이다. 하지만 크래리는 시각문화가 르네상스에서 현재까지 특정한 방향으로 발전해왔다는 이런 전통적인 견해를 거부하고 19세기에 근본적인 단절이 있었다는 점을 부각시켰다. 즉 "카메라 옵스큐라의 비실체적인 관계들로부터…… 인간 육체 안에 재배치되는" 주관적 시각으로 강조점이 이동했다는 것이다.4) 그리고 무엇보다 그런 "변화는 17-8세기의 기하학적 광학에서 19세기…… 생리학적 광학으로 이동해가는 과정에서" 그 조짐을 발견할 수 있다는 것이다.5) 이렇게 보면 영화는 기하학적 광학에 입각한 원근법, 카메라 옵스큐라의 후손이라기보다는 생리학적 광학에 입각하여 제작된 페나키스티스코프(잔상 현상을 이용)나 입체경(양안의 시차를 이용) 등의 후손으로 볼 수 있게 된다. 영화 관람은 기하학적으로 구성된 추상화된 세계에 대한 조망이 아니라 복잡한 생리학적 메커니즘이 개입된 "불투명성과 시각의 육체적 밀도"의 경험으로 간주된 것이다.6)

근대성의 시각 경험의 두드러진 특징은 르네상스기의 단안 원근법에 기초한 추상적 시각이 아니라 이렇게 불안정한 체화된 경험이라는 크래리의 주장은 현재까지도 시각문화사에 대한 이해에 있어

---

4) 조나단 크래리, 『관찰자의 기술』, 임동근 외 옮김, 문화과학사, 1999, 34쪽.

5) 같은 곳.

6) 같은 책, 223쪽.

거의 정설로서 받아들여지고 있다.7) 그럼에도 불구하고 조운 콥젝이
날카롭게 지적했듯이 크래리의 논지는 두 가지 점에서 곧바로 관람
성의 체화에 적용되는 데에는 한계가 있다. 먼저 생리학적 신체가
인간 본연의 신체와 등치될 수 있는가의 문제가 있다. 크래리는 물론
그 등치를 당연시하고 있지만 그럴 경우 인간의 시각은 자연에 속한
여타 동물의 시각과 구별되지 않고 인간의 시각이 갖는 고유의 문화
성은 설 자리가 없게 된다. 이를테면 인간의 시각문화는 원숭이의
그것과 별다르지 않은 것이 된다. 프로이트는 자극-반응의 고정된
방식(생리학이 해명하는)에 따르는 자연의 본능적 신체와는 근본적
으로 구분되는 인간 고유의 충동drive적 신체를 원인이 불명확한
"내부 자극"과 연관시켰다.8) 그것은 단지 음식, 물의 섭취에 의해
해소되는 본능적인 내적 욕구(배고픔, 목마름)로 환원되는 것도 아니
다. 라캉이 말하듯이 충동적 신체는 "원인과 그것이 영향을 주는
것 사이에 항상 잘못된 뭔가가 있는 곳",9) 즉 인과 사슬의 '간극'에
위치한다. 시각에서도 그런 충동적 신체가 존재하며 라캉은 그것을
정해진 인과 사슬에 따르는 시선look과 구분하여 '응시gaze'라고 명
명했다.

크래리의 논지의 두 번째 문제점은 콰트로첸토 기 원근법에 대한
그의 이해방식에 있다. 그는 그것이 조망 주체를 추상화, 탈체화하는

7) 대표적으로 다음을 보라. 마틴 제이, 「모더니티의 조망 체제」, 『21세기 문화 바로
   보기』, 이영철 엮고 옮김, 시각과언어, 1996.

8) Joan Copjec, *Imagine There's No Woman: Ethics and Sublimation*, Cambridge, MA:
   MIT Press, 2002, pp. 180-182.

9) Jacques Lacan, *Four Fundamental Concepts of Psychoanalysis*, ed. Jacques-Alain Miller,
   trans. Alan Sheridan, New York: Norton, 1981, p. 22.

모델이며 19세기에 와서 생리학적 시각 모델에 의해 대체된다고
보았다. 하지만 콥젝은 장치 이론에서부터 만연해 있는 이런 발상은
근본적으로 재고될 필요가 있다고 본다. 라캉이 세미나 XI과 XIII에
서 시사한 바에 의하면 "르네상스 원근법은 [오히려] 시각 충동의
정확한 공식, 즉 추상적 시각의 공식이 아니라 체화된 보기seeing의
공식을 제공한다"[10])는 것이다.

크래리의 견해와는 달리 르네상스 원근법은 두 가지 단독적 요소
속에서 본연의 인간적 의미에서 체화된 시각을 환기시킨다. 그 중
하나는 좀더 특수한 것으로서 '왜상'이다.[11]) 그것은 정면으로 봐서는
불가해한 유령 같아 보이는 대상(가령 한스 홀바인의 그림 <대사들>
아래 부분에 있는 해골 같은 형상)으로서 자연스러운 본능적 시각의
자극-반응 사슬을 적어도 일시적으로 중단시킨다. 그와 동시에 주체
는 그것을 분명한 존재자로 파악할 수 있게 해줄 어떤 비스듬한
입지점, 즉 응시를 상상하기 마련이다. 놓쳐서는 안 되는 것은 이런
왜곡이 원근법에 외적인 우연적 요소가 아니라 원근법 자체에 이미
내재된, 항상 실현될 준비가 된 요소라는 점이다. 원근법은 우리가
모든 것을 보는 어떤 하나의 관점을 전제하기에 그 관점에서 볼
때 명확하게 보이지 않도록 위치하는 무엇인가가 출현할 가능성은
항상 있다는 것이다.

반면에 왜상과 같은 것이 존재하지 않는 것처럼 보인다 하더라도
원근법적 재현 모델은 이미 그 고유한 형식 속에서 그것에 상응하는
요소를 포함하고 있다. 그것은 소실점이다. 크래리에게 소실점은

---

10) Copjec, 앞의 책, p. 185.
11) 이 요소에 대해서는 콥젝이 상세한 논의를 펼치지는 않았다.

통상 조망 주체의 자리를 나타내는 것으로서 그의 추상성, 초월성, 중심성을 함축한다고 간주된다. 하지만 이런 견해는 소실점이 주체가 아무것도 보지 못하는 지점을 가리킨다는 사실을 간과한다. 원근법 형식에서 소실점은 데자르그의 사영 기하학의 공리—"평행선은 무한에서 만난다"—에 따라 가정된 무한의 지점으로서 원근법 체제 자체의 공리로서 기능한다. 말하자면 소실점은, 조망 주체가 그 지점에서 무엇인가를 식별할 수 있는 그런 지점이 아니라 순수하게 형식적으로 가정된 지점에 불과하다. 여기서 주체는 보고는 있지만 아무것도 보지 못한다. 즉 왜상과 마주했을 때와 마찬가지로 여기서도 자연스러운 시각의 자극-반응 사슬이 마비된다. 따라서 소실점은 원근법적 재현 체제 내에서 시각 충동이, 체화된 시각이 출현하는 지점인 것이다.12) 요컨대 소실점은 르네상스적 원근법 모델이 불가피하게 포함할 수밖에 없는 순수 응시 지점이다.

　　크래리가 19세기 시각문화의 특이성을 다방면에 걸쳐 세세한 자

---

12) 콥젝에 따르면 르네상스 원근법은 카메라 옵스큐라가 기초한 고전적인 유클리드 기하학이 아니라 사영 기하학에 기초하며 크래리의 가장 큰 오류 중의 하나는 이 둘을 혼동한 것이다. 데자르그Girard Desargues는 사영 기하학의 가장 중요한 공리 중 하나를 제안함으로써 원근법을 정초하는 데 크게 기여했다. 그것은 "평행선은 무한에서 만난다"는 것이다. 이 공리는 무한성을 유한성 내에 포함시킴으로써 "원근법에 형식을 부여하는 방법이 더 이상 그림 바깥의 어떤 점도 참조하지 않고서 작동"할 수 있게 한다(Joan Copjec, *Imagine There's No Woman: Ethics and Sublimation*, p. 188). 콥젝이 지적하지는 않은 한 가지를 덧붙이자면 이 공리는 프레게가 『산수의 규칙』에서 자연수 계열이 현실 속 대상을 참조하지 않고서도 연역될 수 있도록 한 공리, 즉 무에 다름 아닌 0이 '하나의' 개념이라는 것과 정확히 동등하다. 데자르그는 그 어떤 외부의 현실을 참조하지 않고서도 원근법을 통해 다른 모든 것을 재현하기 위해서는 주체가 결코 볼 수 없는 무한을 유한한 공간 내에 표시해야 한다는 것을 명시하고 있는 것이다.

료들을 통해 밝힌 것은 바로 이어지는 사진, 영화라는 테크놀로지가 지닌 강렬한 감각, 체화성에 보다 더 주목하도록 했다는 점에서 더 없이 중요한 시발점이 된 연구임에는 틀림없다. 좀더 안정적인 제도 화의 시기인 고전적 할리우드 시기에 집중되어 있었던 관람성 연구 경향으로부터 벗어나 영화사 초기(19세기 말-20세기 초)의 관람성으 로 관심의 눈을 돌릴 수 있게 된 것도 그런 연구가 미친 여파라고 할 수 있기 때문이다. 하지만 크래리의 체화된 시각 개념은 근본적으 로 오도적인 이항대립에 기초해 있고, 그 점은 체화된 관람성에 대한 오해로 이어질 우려가 있다. 이는 기하학 대 생리학이라는 대립에서 출발해서 기호학 대 생리학, 의미 대 지각 등으로 이어지는 대립쌍의 계열이다. 하지만 본연의 인간적인 의미에서 체화된 시각은 기하학 (기호학)적이지 않은 것만큼이나 생리학적이지도 않고, 의미가 아닌 것만큼이나 지각도 아니다. 그것은 법칙의 종류와 무관하게(기하학 이건 생리학이건) 그 인과 사슬이 중지되는 계기 속에서 나타나는 충동적 시각이다. 이 점은 체화된 관람성을 이해하는 데 굳이 기호학 적 지평을 피할 필요는 없다는 걸 뜻한다. 중요한 것은 기호학적 법칙에, 즉 의미작용에 장애가 발생하는 계기를 어떻게 다룰 것인가 에 달려 있다.13)

---

13) 이 점에서 거시 세계에 미시 세계를(혹은 몰적인 것에 분자적인 것을) 대립시키는 구도를 전제하고 전자에 기호학을, 후자에 생리학을 대응시키는 것은 오도적이다. 이런 대립을 유효화하려면 거시적 기호학 대 미시적 기호학 등이라는 대응이 되어야 한다. 영화는 기호학의 대상으로 삼기에는 지나치게 비분절적이지 않느냐는 의혹 또한 그런 오인에서 비롯된다. 이에 대해 움베르토 에코가 영화는 삼중분절된다고 반박한 것은 영화는 기호학의 대상이 될 수 없는 것이 아니라 그것을 위한 미시적 기호학이 필요하다는 것을 지적하는 것이다.

3

사실 체화된 관람성 이론들은 관람 신체 개념이 생리학에도 기호
학에도 환원되지 않는다는 점을 분명히 한다. 이는 무엇보다 그 이론
들이 영화적 경험을 기술할 때 (자연적) 지각perception과 구분되는
의미에서(혼용하는 경우도 간혹 있지만) 감각sense/sensation, 충격,
견인attraction, 매혹fascination 등(앞으로 '감각'으로 통칭할 것임)의
용어를 사용하는 데서 알 수 있다. 주요 이론적 참조점인 베르그송
혹은 들뢰즈에 의하면 지각이 반사작용과도 같은 자극-반응 사슬에
의해 설명되는 생리학에 따르는 현상이라면 감각은 평형을 유지하는
자연적 순환 고리에 생긴 파열, 간극과도 같다. 또한 감각은 의미작용
사슬이 중단되는 지점에서 발생한다고 할 수도 있다. 들뢰즈, 가타리
의 논의에 기반해서 (자연적) 지각은 "이중분절에 종속되어 있는"[14]
것인 반면 감각(혹은 영화적 지각)은 "이중분절의 양면을 붕괴시킨
다"는 스티븐 샤비로의 제안은 이 점을 말해준다.

하지만 감각 등의 용어를 공유함에도 불구하고 체화된 관람성
이론은 외관상 화해 불가능해 보이는 두 가지 다른 형태로 나누어진
다. 이는 영화의 각각 다른 유형의 이미지에 상응한다. 먼저 난포착성
의elusive, 아련한 흔적과도 같은 이미지가 있고 그것은 사물의 원형
(에 대한 기억)을 환기시킨다. 다른 하나는 포르노나 호러에서 종종
볼 수 있듯이 압도적이고 과도하고 때로는 역겨움을 유발하는 노골
적이고 잔혹한 이미지이다. 이 둘 모두 체화된 관람성과 감각으로서

---

14) Steven Shaviro, *The Cinematic Body*, Minneapolis: University of Minnesota Press, 1993,
p. 27.

의 영화를 말하지만 각각은 너무도 다른 유형의 경험을 가리키고 있는 것처럼 보인다. 전자의 입장에 서 있는 로라 막스는 후자의 입장의 대표격인 샤비로가 옹호하는 영화가 "자아와 영화의 근본적인 차이를 유지하는", "추돌적인propulsive 혹은 돌출적인projectile" 특성을 띤다고 그를 비판하기까지 한다.15) 이런 분열은 어떤 것이 고유한 관람성의 체화 경험인지를 따져서 가려야 하는 문제일까? 이를테면 둘 중 어느 것이 들뢰즈나 베르그송 혹은 벤야민이 말한 감각, 충격 등에 적합한가를 따져야 할까? 오히려 이 둘 간의 분열은 전체로서의 체화된 관람성 이론이 빠져 있는 이율배반 혹은 교착상태의 증상으로 볼 수 있지 않을까? (후기 라캉의) 정신분석적 관점에서 그 이론을 재정식화해볼 때 이 점은 분명해진다.

먼저 정신분석에서 이미지는 어떤 지위를 갖는가라는 물음에서 출발하자. 철학사적으로 이미지는 이데아 혹은 관념에 비해 불안정하고 기만적이라고 천시되어온 플라톤 이래의 전통적인 관념론과 결별한 베르그송, 들뢰즈 등에 의해 중요한 것으로 복원되었다. 이들에 의하면 관념론의 전통은 지나치게 존재의 정태적 본질에 집중한 나머지 변화, 생성 같은 존재에 무관심했다는 것이다. 하지만 근대 이후 시각문화에 두드러진 현상은 바로 이런 존재가 점차 세계를 가득 채우기 시작했다는 것이며 그에 부응하여 이미지는 중요한 가치를 갖는 존재로 부상했다는 것이다. 통념에 의하면 정신분석 또한 플라톤적 전통의 연장선상에서 오인을 유발하는 허위적 존재로 이미지를 격하시키고 상상적인 것이라고 명명한 것으로 간주된다.16)

---

15) Laura Marks, *Skin of the Film: Intercultural Cinema, Embodiment, and the Senses*, Durham, NC: Duke University Press, 2000, p. 151.

하지만 종종 그 용어법이 좀 모호하긴 하지만 정신분석에서 이미지
는 상상적인 것으로 완전히 환원되는 것이 아니라 실재의 차원을
갖는다. 그리고 라깡에게 중요하게 보였던 것은 바로 후자 차원의
이미지였다. 이 점을 이해하기 위해서는 그가 상징적 질서 혹은 언표
의 작용을 파악하는 방식을 알 필요가 있다.

상징적 질서는 단순히 실정적인positive 존재들 사이의 관계망이
아니라 그 존재들이 하나의 '구성적 공백'을 둘러싸고 형성된 구조이
다. 그것은 무엇인가가 상징화의 가능성에서 배제되어 축출됨에 따
라 유지되는 구조라는 것이다. 하지만 그것이 단순히 아무것도 없다
고 말하는 것과 동일한 것은 아니다. '아무것도 아닌 것nothingness'이
있다고 말하는 것이 그것에 더 가깝다. 이 불가능성의 공백에 대한
라깡적 명칭은 '주체'이다. 그것은 항상 개별적인 언표의 부산물,
일종의 잔여로서 회귀한다. 프로이트가 말실수, 망각 등 증상이라고
부른 것이 여기에 속한다. 이 잔여는 채 언표되지 않은 무엇인가가,
즉 억압된 것이 존재한다는 것의 '지표'(퍼스적 의미에서)이기도 하
다. 이 말은 그것이 상징적 질서에 복종해야 하는 언표 과정에서
박탈당했지만 여전히 흔적, 여파로 남아 있는 향유, 즉 '잉여 향유'라
는 것과 같다. 라깡이 대상 a라고 부른 것이 바로 그것이다. 이렇게
라깡에게는 상징적 질서의 구성적 공백이자 이것이 상징화의 부산물
인 잔여로 회귀한 것을 가리키기 위한 차원이 필요했고 그것이 바로
그가 '실재'라고 부른 것이다. 시각적 표상의 장에서도 마찬가지의
구분들이 존재한다. 의미화되지 못한, 의미화의 잔여로서 존재하는

---

16) Shaviro, 앞의 책, pp. 15-16.

왜상, 오점과도 같은 요소가 있다. 따라서 이미지는 두 가지 차원을 갖는다고 볼 수 있다. 상징화된 이미지와 상징화의 잔여로서의 이미지, 즉 안정된, 의미를 갖는 차원(상상적 차원)과 무의미한 차원(실재의 차원)인 대상 a로서의 이미지.

상징적 질서를 지탱하면서 살아간다는 것은 프로이트가 말한 쾌락 원칙을 따른다는 것이다. 그것은 라캉의 재정식화를 따르자면 '가능한 한 향유하지 않는 것'이다. 그렇지만 그것은 전혀 향유하지 않는 것도 아니며 향유와 최소한의 거리를 유지하는 것을 말하는 것이다. 이러한 잡힐 듯 말 듯한 거리 속에 있는 향유가 대상 a인 잉여 향유이다. 그것은 난포착성의 존재이자 시간적으로 보자면 한시적temporary 존재, 즉 휘발성의 존재이다. 이 점에서 그것은 한물간 골동품, 폐허가 된 잔해를 가리키는, 벤야민이 말한 페티시나 아우라적 대상이라고 할 수도 있다. "아무리 가까이 있더라도 먼 것의 일회적 나타남"이라는 그의 아우라에 대한 정의에서 볼 수 있듯이.[17) 그것은 우리가 상징적 질서의 공식적인 삶의 과정 속에서 놓쳐버린, 억압한 향유나 우리의 진정한 욕망을 아련하게 환기시키는 대상이다. 그것은 프로이트가 말한 부인의 태도, "알고 있어, 하지만……"의 양가적 태도를 함축하고 있다. 이미 상실해버렸고 더 이상 존재하지 않는다는 것을 알고 있지만 여전히 그것에 대한 미련을 떨쳐버리지 못하고 그것의 흔적에 집착하는 태도 이것은 멜랑콜리의 전형적인 특징이기도 하다.

막스는 최근 탈식민주의적 경향을 보이는 영화들(그가 "간문화적

---

17) 발터 벤야민, 「기계복제시대의 예술작품」, 『발터 벤야민의 문예이론』, 반성완 엮고 옮김, 민음사, 1983, 204쪽.

영화"라 부르는 것) 속에서 이런 대상들이 출현하는 것에 주목한다. 그것들은 서구 중심의 근대화 속에서 상실되고 망각된 인종적으로 특수한 문화적 기억을 회복시킨다. 그녀에 의하면 지배적인 공적 역사에 저항하는 것으로서 억압되고 망각된 사적 기억이 출현할 수 있는 것은 바로 그런 대상들 덕택이다. 그녀가 언급하고 있지는 않지만 왕가위의 영화들이야말로 이런 난포착성의 페티시들로 가득 하며 멜랑콜리적 태도를 보여주는 전형이다. 무엇보다 그의 영화들 은 놓쳐버린 만남의 기회, 상실해버린 대상, 인물들의 잔상들에 주목 한다. 그의 영화의 트레이드마크와도 같은 스텝 프린팅, 슬로우 등의 스타일은 이미 사라진 대상의 흔적을 가능한 한 오랫동안 유지하려 는 몸부림 그 자체다. 뿐만 아니라 시계나 유효기간이 끝난 음식물 같은 대상이 그의 영화에 자주 등장하는 것도 이런 맥락에서다. <화 양연화>에서 차우(양조위 분)가 앙코르와트 서원의 돌벽 구멍에 대 고 비밀을 말한 뒤 지푸라기로 그 말을 가두어놓는 행위는 페티시의 탁월한 미학적 성취라고까지 말할 수도 있을 것이다.

비록 난포착성의 덧없는 잔여적 대상에 대해 애착을 갖는 것이 현재 주어진 냉혹하고 비인간적인 조직화된 삶을 반성할 수 있는 여지를 주기는 하지만 이와 같은 멜랑콜리적 애착은 윤리적으로 무책 임하며 정치적으로는 이데올로기적이라는 한계를 갖는다. 윤리적으 로 무책임한 것은 어떤 욕망 충족의 기회를 상실한 것에 대한 책임을 타자(이를테면 인종적, 성적 특수성을 무시하는 공적 권력)에게 돌리 기 때문이다. 상황이 어쨌든 현재의 만족스럽지 못한 자신의 삶은 자신이 결정하고 선택한 것이다. 또한 이런 애착은 자신의 공적인 역사, 삶에 대해 반어적 거리를 둘 수 있게 한다는 점에서 이데올로기

적 호명을 거부하는 것처럼 보이지만 슬라보예 지젝이 여러 번 강조했
듯이 그런 비동일시의 "거리 그 자체가 이데올로기이다".18) 이것을
명확히 이해하기 위해서는 상징적 질서가 '보편성과 그것의 구성적
예외'라는 논리에 의해 유지된다는 것을 분명히 할 필요가 있다.

상징적 질서의 법은 절대적이거나 무조건적인 요구로 이루어지지
않는다. 그것은 동시에 예외의 가능성을 열어둔다. 이를테면 상징적
질서의 요구는 '어떤 일이 있어도 그 일을 완수해야만 한다'의 형태를
띠지 않고 '……을 해야 한다. 단 피치 못할 사정이 있을 때는 예외다'
라는 식의 형태를 띤다. 이렇게 우리가 어떤 상징적 질서에 복종한다
는 것은 그것의 요구와 완전히 동일시한다는 것이 아니라 그것과
적절하게 거리를 둔다는 걸 뜻한다. 특히 문화적 다양성을 기본적으
로 인정해야 한다는, '관용', '정치적 올바름Politically Correct'을 윤리
적 미덕으로 간주하는 오늘날과 같은 포스트모던적 시대에 상징적
질서의 예외의 폭은 전례 없이 확장되어 있다. 하지만 이런 식의
예외적 거리는 상징적 질서의 기본틀을 그대로 유지하는 한에서
허용된다는 사실을 잊어서는 안 된다. 이를테면 동성애적 애착을
갖는 우리는 이성애적 가치를 옹호하는 제도, 관습, 규범들을 신뢰하
지 않으면서도 허용된 예외적 여지 속에서 향유의 맛을 보는 가운데
정작 그 제도, 관습, 규범 자체는 손상시키지 않은 채 방치시켜둔다.
멜랑콜리적 페티시에의 애착은 바로 이런 식으로 상징적 질서를
유지시키는 데 기여한다는 점에서 탁월한 이데올로기적 태도인 셈이
다.19)

---

18) Slavoj Žižek, *The Plague of Fantasies*, London: Verso, 1997, p. 20. 강조는 저자.
19) 오늘날 윤리적이고 전복적인 가치를 갖는다고 평가되곤 하는 멜랑콜리적 태도를

멜랑콜리적 애착은 상실한, 억압된 것에 몰두하지만 정작 그것이 정확히 "무엇인지 의식적으로 인식하지 못 한다"는 프로이트의 말에서 알 수 있듯이 그것을 완전히 유효한 기억으로 전환시키려 하지 않는 태도이다.[20] 이 점에서 그것은 애도의 태도와 구별된다. 애도는 상실한 것이 무엇인지를 타자들이 납득할 수 있도록 그것을 유효한 기억으로 표명하는 태도이기 때문이다. 따라서 특수한 사적 기억, 억압된 욕망을 공식 역사의 그늘 아래 희미하게 두는 멜랑콜리와는 달리 애도는 공식 역사 자체를 새롭게 대체한다는 점에서 정치적으로 유효하며 윤리적으로 책임 있는 실천이다. 1990년대 중반 이후 한국 영화들에서 두드러진 경향 중의 하나가 바로 애도의 과정으로서 억압되고 망각된 과거의 면면을 재현하는 것이었다. 폭발적으로 관객을 동원한 <친구>를 비롯, <박하사탕>, <동감>, <시월애>, <오버 더 레인보우>, <카라>, <번지점프를 하다>, <파이란> 등은 현재와 과거를 연결하는 내러티브 장치상의 다양성을 보여주지만 기본적으로 망각된, 혹은 공식적으로 억압된 특수한 사적인 기억을 다루고 있다. 이 영화들에서도 억압된 것의 지표인 페티시적 대상들은 존재한다. 그것은 주로 <박하사탕>의 '박하사탕', <동감>의 '무선 통신기', <시월애>의 '편지함' 등과 같이 이제는 한물간 골동품과도 같은 대상으로 나타난다. 또한 경우에 따라 그것은 <번지점프를 하다>, <친구>에서와 같이 병리적인 몸짓(새끼손가락을 펴고 잔을 드는

이런 식으로 전면적으로 재평가하는 것을 보려면, Slavoj Žižek, *Did Somebody Say Tatalitarianism?: Five Interventions in the (Mis)use of a Notion*, London: Verso, 2001, 4장을 참조할 것.

20) 지그문트 프로이트, 「슬픔과 우울증」, 『프로이트 전집 13』, 윤희기 옮김, 열린책들, 1997, 251쪽.

것)이나 무의미한 농담(조오련과 거북이의 수영 시합 퀴즈) 같은 형태를 띠기도 한다. 하지만 이 영화들은 단지 이런 대상들을 간직한 채 과거를 아련하게 환기시키는 데 그치지는 않는다. 최소한 그 과거를 유효하게 역사로서 상징화함으로써 상실한 것에 대해 애도하거나 어떤 경우는 실현되지 못한 과거의 소망을 현재에 실현하기까지도 한다(<오버 더 레인보우>, <카라>, <번지점프를 하다>).

하지만 억압된 사적 기억은 타자와의 거리감을 좁혀 서로가 서로를 원하는 그런 유토피아적 그림으로 귀결되지는 않는다. 욕망의 핵심부에 점차 다가감에 따라 우리는 환원 불가능한, 불가분의 얼룩, 잔여와 만날 수밖에 없다. <공동경비구역 JSA>는 억압된 기억 탐색에 치중하는 최근 몇 년간의 한국영화들 가운데 드물게 그런 잔여를 비교적 분명하게 부각시킨다. 영화는 대부분 JSA 북측 초소에서의 총격 사건의 억압된 진실을 사건 당사자들의 기억을 통해서 추적하는 것으로 이루어져 있다. 그것은 공식적 기록과는 달리 남북의 대립을 초월하여 인간의 동질성과 형제애를 확인하는 유토피아적 그림으로 판명되었다. 그런데 이런 화해무드의 그림 아래에는 화해 불가능한, 좁힐 수 없는 적대의 간극이 도사리고 있음이 판명된다. 그것은 무엇보다 마지막에 남측 병사 이수혁(이병헌 분)의 기억 중 하나가 잘못된 것이 아닌가 하는 의혹이 제기됨에 따라 표면화된다. 그것은 바로 자신이 북측 병사 정우진(신하균 분)을 살해했다는 것이다. 이는 이수혁이 동생처럼 아꼈던 것처럼 보이는 정우진에 대해 적대감을 떨쳐버리지 못했다는 것의 증거이다. 바로 여기서 만나게 되는 것이 체화된 관람성의 두 번째 유형과 그것에 상응하는 잔여적 이미지이다.

4

억압되고 상실된 욕망을 상징화하는 것, 즉 애도 작업이 난포착성의 페티시를 통해 상실을 부인하는 멜랑콜리적 태도보다 정치적으로 더 유효하고 윤리적으로 더 책임 있는 것이긴 하지만 이조차 결국은 정치적, 윤리적 교착상태에 봉착하게 된다. 타자와의 조화로운 관계 회복을 지향하는 욕망의 추구는 결국 그것을 불가능하게 하는 또 다른 잔여인 치명적인 실패, 망친 행위 앞에서 주춤거리게 된다. 그런 실패 행위는 더 이상 상징화될 수 없는, 즉 불가분의 잔여이다. 이것의 불가피성은 상징적 질서는 구성적으로 공백을, 즉 적대를 내포하고 있다는 데 있다. 라캉의 말처럼 상징적 질서에서 "성적 관계는 존재하지 않는다". 상징화될 수 없는, 불가분의 잔여가 있다는 말은 그 누구도 책임을 인정하지 않는, 그 누구에게도 귀속될 수 없는 그 무엇이 있다는 것이다. 이를테면 대구 지하철 참사와 같은 것이 여기에 해당된다. 물론 이에 대해 법적 책임은 안전 수칙을 어긴 기관사 등과 결정적으로 방화범에게 돌아갔지만 그들 또한 그 행위에 대한 '궁극적인' 책임을 떠맡지는 않을 것이다. 다들 자신이 그런 행동을 할 수밖에 없었던 사연들, 변명들이 있을 것이기 때문이다. 만약 이 참사가 방화 기도조차 없이 일어난, 가령 전적으로 누군가의 실수에 의한 사고라고 가정해보자. 그때 그 누군가는 거의 책임을 느끼지 못하고 그저 '나도 모르게'라고 말할 수 있을 뿐일 것이다.

프로이트는 기억의 상징화 과정인 분석이 끝난 후에도 분석수행자들analysand에게 여전히 어떤 잔여적 증상이 있다는 것에 곤혹감을 느꼈다. 그것은 그들이 자각하지도 못한 채 종종 되풀이하는 병리적 산물이었다. 문제는 그들이 그것을 자각하지도 못하고 책임을 지려고 하지도 않은 채 집요하게 계속 그것을 한다는 데 있었다. 프로이트는 결국 그런 증상의 해소는 불가능하다는 결론에 이르렀다.[21] 하지만 라캉은 바로 이런 분석의 한계는 그것의 윤리적 한계라고 파악했다. 프로이트는 분석을 받지 않았기에(그는 정신분석의 창시자이다) 결국 초자아의 윤리에 머물 수밖에 없었다는 것이다. 초자아의 윤리는 '자아이상Ego-Ideal'의 향유 박탈 명령(즉 거세 명령)에 반해 '향유하시오'라는 향유 명령이다. 그는 분석수행자들에게 항상 자신의 진정한 욕망을 추구하라고 했던 것이다. 하지만 그것은 자아이상의 명령의 이면으로서 그것을 보완할 뿐이다. 그것 역시 보편과 그것의 구성적 예외라는 논리에 따라 작동하기 때문이다. 향유하라는 것 또한 예외가 있는 명령으로, 너무 지나치게 향유해서는 안 된다(오버하지 마!)는 것을 함축하고 있는 것이다. 하지만 상징적 질서는 구성적 공백을 내포하고 있는 비일관적인 질서인 탓에 여기서 지나치게 향유하는 일은 '일어난다'. 이 행위는 초자아의 명령을 위반한 것이기에 분석수행자는 초자아에 대해 마조히즘적이 된다. 라캉은 초자아의 윤리가 결국 주체를 자신의 행위의 원인으로 간주하지 못하게 한다는 이유로 분석의 윤리적 방향을 수정했다. 그는 "향유하시오"

---

21) 분석이 끝난 후에도 남는 잔여 증상에 대한 프로이트의 생각은, 지그문트 프로이트, 「기억하기, 되풀이하기 그리고 훈습하기」(1917), 『끝낼 수 있는 분석과 끝낼 수 없는 분석』, 이덕하 옮김, 도서출판 b, 2004; 「쾌락 원칙을 넘어서」(1920), 「마조히즘의 경제적 문제」(1924), 『프로이트 전집 14』, 박찬부 옮김, 열린책들, 1997; 「끝낼 수 있는 분석과 끝낼 수 없는 분석」(1937), 『끝낼 수 있는 분석과 끝낼 수 없는 분석』 등을 참조할 것.

라는 쾌락 원칙에 불과한 명령을 "자신의 욕망에 대해 양보하지 말라"는, 쾌락 원칙을 넘어서라는 요구로 교체했다. 이는 실로 불가분의 잔여 증상인 향유를 주체가 떠맡는 걸 의미한다.

정신분석의 윤리의 이런 식의 재정식화는 아울러 프로이트의 '반복' 개념을 재정식화하는 것이기도 하다. 프로이트는 분석이 한계에 이른 후 무책임한 강박적 잔여 증상에 '반복'이란 표현을 씀으로써 그것에 수동성과 비윤리성의 함의를 부여했다. 하지만 라캉은 '반복'을 불가분의 잔여 증상을 주체가 떠맡는 것, 그것을 상징화하려는 요구로 재정식화함으로써 그것을 능동적이고 윤리적인 함의를 갖는 것으로 구원했다. 다시 말해 주체가 '원인'이 되는 본연의 윤리적 행위는 반복을 통해서만 가능하다는 것이다. 우선 상징화될 수 있는 행위는 주체가 궁극적 원인이 될 수 없다. 그것은 주체에 선행하는 상징적 질서 내에 이미 각인되어 있기 때문이다. 따라서 어떤 행위가 윤리적이려면 처음에는 상징화 불가능한 것으로, 즉 '실패한' 행위로 출현할 수밖에 없다. 주체는 단지 그것을 '겪는다'고 말할 수 있을 뿐이지, '행한다'고 말할 수는 없다. 하지만 이 행위를 기꺼이 반복한다면(여전히 겪는 것이 아니라), 그때 비로소 주체는 그 행위를 책임지는 원인이라고 할 수 있게 된다. 상징화라는 것이 기본적으로 반복 가능하게 하는 것이라는 점을 염두에 둔다면 불가능한 것의 그 반복은 불가능한 것의 상징화에의 요구이다. 그런데 이 요구를 수용하는 것은 기존의 상징적 질서를 완전히 무효화하고 근본적으로 새롭게 재분절, 재정초하는 것("무로부터의 창조")과도 같다. 따라서 이 요구는 정치적으로 혁명적인 동시에 윤리적으로 책임 있는 요구이다. 반복으로서의 윤리적 행위를 통해 우리는 상징적 질서의 구성적 공백에서 자신을 발견하게 된다. 그때 우리는 윤리적 주체로서 재탄생하는 것이다.

톰 거닝, 린다 윌리엄스, 미리엄 핸슨, 스티븐 샤비로 등 최근 많은 논자들은 영화 테크놀로지에서의 일대 혁명과도 같은 디지털화로 인해 영화 이미지는 가공할 만큼 충격적이게 되어가고 있고 그에 따라 관람은 강렬하게 체화된다고들 말하고 있다.22) 이들이 옹호하는 이미지는 상상할 수 없을 정도로 외설적이고 폭력적인 이미지라는 점에서 실재의 이미지의 두 번째 유형인 불가분의 잔여적 이미지라고 할 수 있을 것이다. 이중 특히 정치적으로 급진적인 경향을 보일 뿐만 아니라 체화된 관람성을 마조히즘적 관람성으로 정식화한다는 점에서 눈길을 끄는 것은 샤비로의 논의이다. 그는 이전의 마조히즘적 관람성 논의들(게일린 스터들러, 카자 실버만)23)이 모두 정신분석이 방어 메커니즘이라 부르는 것으로서의 마조히즘을 논하고 있다고 비판하면서 "영화적 경험의 마조히즘의 능동적이고 긍정적인 독해"를 제시한다.24) 그는 마조히즘적인 힘이나 신체는 "그것의 능력을 최대한 확장하고 현재화한다"는 의미에서 능동적이고 긍정

22) Tom Gunning, "The Cinema of Attractions: Early Film, its Spectator and the Avant-Guard", *Early Cinema: Space, Frame, Narrative*, eds. Thomas Elsaesser and Adam Barker, BFI, 1990; Linda Williams, "Corporealized Observers: Visual Pornographies and the "Caranl Density of Vision"", *Fugitive Images: From Photography to Video*, ed. Patrice Petro, Bloomington: Indiana University Press, 1995; Miriam Hansen, "Early Cinema, Late Cinema: Transformations of the Public Sphere", *Viewing Positons: Ways of Seeing Film*, ed. Linda Williams, New Jersey: Rutger University Press, 1995를 참조할 것.

23) 각각 Gaylin Studlar, "Machochism and the Perverse Pleasures of the Cinema", *Movies and Methods vol 2*, ed. Bill Nichols, Berkley: University of California Press; Kaja Silverman, *Male Subjectivity at the Margins*, New York: Routledge, 1992를 참조할 것.

24) Steven Shaviro, *The Cinematic Body*, p. 60.

적이라는 것이다.25)

그럼에도 불구하고 그는 불가분의 잔여를 여전히 '겪을 뿐', 그것
을 상징화하려는, 반복하려는 불가능한 요구를 고려에 넣지 않는다.
이 점에서 그런 체화된 관람성은 여전히 윤리적으로 무책임하며
정치적으로 유효하지 않다. 따라서 그는 그토록 정치적으로 전복적
인 것으로 찬사해마지 않는 조지 로메로의 좀비 영화들이나 데이비
드 크로넨버그의 영화들이 함축할 가능성이 있는 정치적, 윤리적
문제제기에 대해 적절히 대응하지 못하는 듯하다. 이를테면 좀비
영화들에서 좀비는 인종적, 성적 타자들에 대한 부적절한 묘사가
아니냐는 '정치적으로 올바른' 진영에서 제기할법한 의혹이나 크로
넨버그 영화들은 기술만능주의에 대한 경고가 아니냐는 생태주의
진영에서 제기할 법한 의혹에 대해서 말이다. 이런 문제제기에 대한
그의 무력함은 그의 관람성 개념이 여전히 탈정치화된 미학적 수준
에 머물러 있다는 데 기인한다. 이 점은 무엇보다 그가 체화된 관람성
이 양가성을 갖는다고 언급한 부분에서 시사된다. 그는 한편으로
영화 이미지는 "관객에게 숨 쉴 여지를 주지 않을 만큼 직접적이지"
만 다른 한편으로 그것은 "변증법적 교환이나 여하한 종류의 소유도
허락하지 않을 정도로 어떤 부재an absence, 즉 어떤 거리a distance"라
고 말한다.26)

이런 양가성은 체화된 관람성 이론의 두 번째 양상의 거의 공통적
인 전거인 칸트의 '숭고함'의 감정의 특징이기도 하다. 주판치치는
칸트의 숭고함은 "우리가 안전한 곳에 있기만 한다면"이라는 조건

---

25) 같은 곳.
26) 같은 책, p. 46.

하에서 정의된다는 사실에 주목하고서 다음과 같이 말한다.[27]

> 숭고함의 감정은 도덕 법칙에 너무 가까이 간 주체가······ 그
> 자신과 그 법칙 사이에 얼마간의 거리를 도입함으로써 굴욕화하는
> 근접성으로부터 자신을 구하고자 하는 방식이라고 말할 수 있다.
> 이 거리는 물론 표상의 개입 외에 아무것도 아니다.
> 숭고함은 종종 표상의 붕괴와 연결되어 있다고 강조되어왔다.
> 하지만 우리가 망각해서는 안 되는 것은 이는 숭고함이 동시에 표상
> 불가능한 것의 **표상**인 한에서 사실이며 이것은 정확히 라캉이 "환상
> 의 논리"라고 부른 것과 연결되는 것이라는 점이다.
> (중략)
> 허리케인의 광경은 숭고하다. 하지만 허리케인이 우리 집을 휩쓴
> 다면, 우리는 이것이 숭고한 것이라고 지각하지 못하고 단지 두려움
> 과 공포를 느낄 것이다.[28]

여기서 주판치치는 숭고함의 윤리적 함축을 드러내고 있다. 숭고
함에 함축된 주체와 대상과의 거리 혹은 표상의 개입은 그 감정이
'향유하시오'라고 말하면서도 지나친 향유는 금지하는 초자아적 윤
리의 이상이라는 걸 보여준다는 것이다. 그리고 이는 주체의 본연의
윤리라는 관점에서 볼 때는 무책임한 것에 다름 아니라는 것이다.
요컨대 체화된 관람성의 두 번째 양상은 상징적 질서의 불가능성에

---

27) 임마뉴엘 칸트, 『판단력 비판』, 이석윤 옮김, 박영사, 1998, 128쪽.

28) Alenka Zupančič, "The Subject of the Law" in *Cogito and the Unconscious*, ed. Slavoj
Žižek, Durham, NC: Duke University Press, 1998, p. 70. 강조는 저자.

직면하기는 하지만 그것으로부터 근본적인 혁명적 에너지를 얻기보다는 파국적 결과가 두려워서 퇴각하는 형국을 보여준다.

이제 우리가 앞서 던졌던 의문, 즉 왜 체화된 관람성과 그것을 지탱하는 영화 이미지가 두 가지 양상으로 분열되어 있는가에 답할 수 있게 되었다. 그 분열은 보편성과 그것의 구성적 예외라는 논리(쾌락 원칙)에 따를 때 필연적으로 초래되는 것이다. 이런 논리에서는 법이 자아이상의 법과 초자아의 법으로 분열되어 있다. 그렇다면 첫 번째 양상인 페티시즘적 멜랑콜리적 관람성은 자아이상의 법의 편에서 구성적 예외에, 그리고 두 번째 양상인 마조히즘적 관람성은 초자아의 법의 편에서 구성적 예외에 직면한다고 볼 수 있다. 그리고 그 둘 모두는 정치적으로 이데올로기적이며 윤리적으로 무책임하다. 이로부터 윤리적이고 혁명적인 체화된 관람성으로 이행하기 위해서는 불가분의 잔여에 의한 영화-감각을 윤리적 행위로 반복할 필요가 있다. 이제 이런 반복이 영화에서 어떻게 표출되는지 몇몇 사례들을 검토해보자.

앞에서 <JSA>에는 불가분의 잔여 이미지가 출현한다고 했다. 그것은 이수혁(이병헌 분)에게 다시 환기된 것처럼 보이는 실재 기억의 이미지이다. 그것은 유토피아적 화해 무드로 충만된 것처럼 보이던 사적 기억에 일순간 흩뿌려진 잉크의 자국 같아 보이는 환원 불가능한 적대의 얼룩이다. 이것은 그냥 잠재된 채로 남을 수도 있었던 것이다. 만약 그랬다면 <JSA>는 여전히 분단에 대한 기만적 환상에 머물렀을 수도 있다. 하지만 그것은 장 소령(이영애 분)의 말을 통해 반복된다. 여기서 반복을 통해 상징화를 요구하는 적대는 단순히 남북 간의 체제상의, 이데올로기상의 적대가 아니라는 점에 유의해야 한다. 사실 그것은 이미 남북을 가르는 분계선이 무의미할 정도로 그들이 넘나들면서 이미 극복되었다. 새롭게 부각된 적대는 오히려 남성들 사이에 존재한다고 간주되는 '우정'이라는 것을 관통하는 적대이다. 즉 이 영화의 실재의 요구는 '남성들 간의 우정이란 없다'를 상징화하고자 하는 요구이다.[29]

이런 요구는 그 외관과는 달리 <친구>에서도 울려나온다. 동수(장동건 분)가 준석(유오성 분)의 부하에게 살해되기 직전 준석은 동수에게 "우린 시키는 대로 하는 놈들 아이가"라는 말을 한다. 이 말은 우정을 불가능하게 하는 행위에 대해 책임지지 않는, 그것의 책임을 사회, 조직 등에 전가하는 역할을 한다. 하지만 재판정에서 준석은 자기가 시켰다고 말함으로써 그 행위에 책임을 진다. 그토록 우정을 강조했던 준석은 결국 우정의 불가능성을 상징화하기를 요구한 셈이다. 하지만 이것은 단지 우정이 더 이상 불가능해진 데 대한 멜랑콜리적 태도를 함축하지 않는다. 오히려 그 윤리적 행위는 진정한 우정은 우리가 얼마나 서로에게 적대를 표출할 수 있는가에 달려 있다는 식으로, 우정을 일종의 헤겔적인 '무한판단'의 방식으로 재정의하고자 한다.

윤리적 행위를 창조하는 반복은 단 일 회에 그치는 것은 아니다. 모든 사람을 통해 반복되어야지만 그것은 상징적 질서를 완전히 재분절할 수 있을 것이다. 이는 로메로의 좀비 영화들이나 돈 시겔의

---

29) 이 점에서 <해안선>의 강 상병(장동건 분)은 적대의 표출을 강박적으로 반복해야만 하는 이수혁의 유령과도 같은 존재로 읽을 수도 있다. 강 상병은 스스로가 적대의 존재이자 그 부대원들간에 내재된 적대를 또한 분출시킴으로써 적대를 계속 증식시킨다. 그것은 통일에 대한 정의를 근본적으로 바꿔놓고자 한다.

<신체 강탈자들의 침입Invasion of the Body Snatchers>과 그것의 리메이크들에서 보이는 증식 현상에서 그 단초를 볼 수 있다. 하지만 이런 반복들은 윤리적 행위로서의 반복, 즉 상징화에의 요구에 이르지 못한 채 수동적이고 강박적으로 반복될 뿐이다.

반면 데이비드 핀처의 <파이트 클럽Fight Club>에서는 윤리적 행위로서의 반복이 세계 전체로 증식될 가능성을 보여준다. 그것은 혁명이 어떻게 일어날 수 있는가에 대한 모델을 제공한다. 여기서 불가분의 잔여는 인간 사이의 적대의 산물인 싸움이다. 그런데 이 싸움은 좀 이상한 싸움이다. 잭(에드워드 노튼 분)이 타일러(브레드 피트 분)가 환각임을 알게 됨에 따라 처음에 쌍방 간의 싸움처럼 보였던 것이 결국 마조히즘적 싸움임이 밝혀진다. 하지만 어쨌든 자신에게 가해진 마조히즘적 폭력은 타자가 자신에게 갖고 있을 법한(근본환상에 이미 각인되어 있는) 적대의 표출이다. 이 점은 잭이 사장과의 면담 중 그를 잔뜩 화가 나게 해서 그가 환상 속에서나마 품었을만한 자신에 대한 적대를 스스로 무대화하는 장면이 결정적으로 시사한다. 잭은 사장이 자신을 때리고 싶어 하는(하지만 행위로 표출하지는 않는) 방식으로 스스로에게 폭력을 가한다. 그리고 이런 불가분의 잔여를 반복하는 것에 점차 많은 사람들이 참가하고 그것은 일종의 혁명적 조직을 형성한다. 하지만 이 영화의 거의 마지막까지도 잔여의 반복은 여전히 수동적이고 무책임하게 일어난다. 잭은 자신의 환각적 존재인 타일러에게 그 행위의 책임을 떠넘기려하는 것이다. 또한 마찬가지로 그 조직의 일원들은 자신들의 행위의 책임을 잭에게 떠넘기려 한다. 하지만 영화의 종결부에 와서 잭은 타일러를 제거하고 마침내 그간의 모든 행위에 책임질 준비를 한다. 잭의 조직원들

은 그를 충실히 모방하기에 그들 역시 자신들의 행위를 더 이상 잭에게 떠넘기지 않고 스스로 책임을 질 것이며 이 과정은 바로 윤리적 행위로의 반복을 증식하게 될 것이다.[30]

근래 가장 폭력적이고 충격적이며 과도한 이미지들을 대변하는 영화 중 하나는 아마 가스파 노에의 <돌이킬 수 없는Irreversible>일 것이다. 하지만 폭력, 강간 등 불가분의 잔여 이미지는 영화의 전반부에만 등장하고 후반부는 비교적 차분한 일상사들로 구성되어 있다. 게다가 이 영화는 시간 순서가 뒤바뀌어 있다는 점에 유의할 필요가 있다. 이 영화가 불가분의 잔여를 윤리적 행위로 반복하려는 시도가 될 수 있는 것은 오직 이 역행 구조 덕분이다. 이 영화의 전반부는 복수, 강간 등 사회적인 적대가 무책임하게 터져나오는 것을 보여준다. 특히 10여 분 간의 강간 장면은 응시의 무력함을 뼈저리게 느끼도록 해준다.

문제는 그 다음부터 이어지는, 디제시스 시간상으로는 강간 이전의 과거에 속하는 장면들에 있다. 먼저 알렉스(모니카 벨루치 분)의 성적 향유는 무엇인가에 대한 이전 애인 피에르(알베르 듀 폰텔 분)의 집요한 물음이 있고 알렉스는 이에 대해 "남자가 느껴야 여자도 느껴. 넌 남을 너무 배려하는 게 탈이야"라고 답한다. 이 답은 앞의 강간 장면을 지나온 우리에게 섬뜩하게uncannily 다가온다. 이것을 원래 시간 순서대로 재조립하여, 즉 알렉스의 향유의 비결 다음에 강간이 이어지는 것으로 배치하고 해석을 내리고 싶은 생각이 들

---

30) 이러한 독해는 Slavoj Žižek, "The Ambiguity of the Mosochist Social Link" in *Perversion and the Social Relation*, eds. Molly Anne Rothenberg et al., Durham, NC: Duke University Press, 2003에서 행해진 <파이트 클럽>에 대한 분석에서 많은 영감을 받았다.

수도 있다. 그럴 경우 그것은 초자아의 윤리("즐겨라. 하지만 오버하지 마라.")를 설파하는 것으로 환원될 것이다. 하지만 구태여 원래 시간 순으로 재조립해서 해석할 필요가 없다. 그럴 것이었다면 역행 구조를 취할 필요가 없었을 것이기 때문이다. 영화의 진행 순 그대로를 문자 그대로 취해본다면 강간이라는 불가능한 이미지를 알렉스가 상징적으로 반복하는 것이 된다. 그런데 이 말은 남자의 향유가 여성의 향유를 유발한다는 전형적인 남성의 성적 환상과 일치하는 것 같다. 하지만 그 다음에 이어지는 장면, 마르쿠스(뱅상 카셀 분)와 알렉스가 침실에서 나누는 대사는 '여성의 행위'를 전면에 부각시킨다. 마르쿠스가 친구인 피에르에게서 알렉스를 빼앗았다는 것에 죄책감을 느끼자 그녀는 "내가 물건인가. 선택은 내가 한 거야"라고 말한다. 이제 앞에 나온 성적 관계의 불가능성의 이미지는 여성이 책임을 떠맡는, 여성적인 윤리적 행위로서 반복된다. 이것은 마치 알렉스가 강간범에게 이렇게 말하는 듯하다. "너는 내가 너 때문에 향유를 얻었다고 생각하지? 천만에 이 모든 것은 내가 무대화한 것이고 너는 나의 향유의 도구였을 뿐이야"라고. 이는 성적 관계를 이런 식으로 재정의하려는 불가능한 요구이다. 만약 이런 정의를 보편화한다면 어떻게 될까? 남성이 여성을 강간하는 것은 오히려 여성에게 남성이 강간당하는 것으로 뒤바뀔 것이다.

5

크리스티앙 메츠는 영화는 '상상적 기표'이며 이론(비평)은 상상적인 것을 상징화하는 것이라고 말했다. 그것은 영화는 단지 허구일 뿐이며 스크린 상의 대상은 부재한다는 것을 자각해야 한다는 걸 의미했다. 하지만 이런 태도는 자신이 지각하는 것에 대해 책임지지 않으려는 비윤리적 태도일 뿐이다. 관람의 체화성뿐만 아니라 윤리성까지도 회복하기 위해서는 오히려 영화를 '실재의 기표'로 재정의하고 이론(비평)을 불가능한 실재 이미지를 상징화하려는 것으로 재정식화해야 할 필요가 있다.

관람성을 이런 식으로 재규정하는 것은 영화에 대한 공적 권력의 관점과 일치하는 것처럼 보일 수도 있다. 그것은 영화는 모방 심리를 불러일으키는 등 도착성을 강화한다는 주장으로 요약된다. 이에 따라 사회의 안정을 위해서 검열은 필요하다는 논리가 서게 된다. 하지만 이에 맞서기 위해 영화는 개인의 미적 표현물일 뿐 사회에 직접적인 영향을 주지 않는다고 항변하는 것은 타협적인 제스처이다. 오히려 영화란 반복을 통해 윤리적, 혁명적 행위가 되기를 기다리는 일련의 실패한 행위들이라고 주장하면서 정면으로 검열에 맞설 필요가 있다. 검열은 상징화 불가능한 이미지를 현행 윤리적인 잣대로 가능한 축소시키려고 할 것이기에 이에 대해 타협한다면 영화에서 그런 이미지들의 입지는 좁아질 수밖에 없다. 물론 이에 따라 영화의 윤리적, 혁명적 가치도 축소될 것이다. 검열과의 투쟁은 화해 불가능한 적대적인 헤게모니적 투쟁이 될 수밖에 없다.

오늘날 디지털 테크놀로지의 도입은 그 어느 때보다 불가능한 이미지들이 영화에 등장할 가능성을 확장시켰다. 그것은 영화가 기존 상징적 질서에 얽매일 수밖에 없도록 한 한계인 지표성 또한 극복할 수 있게 했다. 셀룰로이드 필름은 분석 가능한 난포착성의 잔여를 포착할 수는 있었지만(속도, 초점 변화 등의 테크닉을 통해) 정신증적 환각hallucination들에 상응하는 불가분의 잔여적 이미지를 표현하는 데는 한계가 있었던 것이다. 그것은 많은 경우 디지털적 조작을 통해서만 산출될 수 있기 때문이다. 디지털 테크놀로지는 또한 셀룰로이드 필름에 비해 그 보존성과 복제성에 있어 탁월한 성능을 보여준다. 이 점은 영화의 불가분의 잔여가 집요하게 스스로를 유지할 수 있도록 해주고 그것이 가공할 만큼 급속도로 반복될 가능성을 열어주었다. 벤야민이 「기계복제시대의 예술작품」에서 강조한 것은 멜랑콜리를 야기하는 아우라적 대상이라기보다는 바로 이런 의미에서 영화의 혁명적 가치들이었다.

관람성의 실재의 윤리는 '영화-감각을 윤리적 행위로 반복하기'라고 정식화할 수 있을 것이다. 이 반복은 단지 영화적 현실, 디제시스 내로 국한되는 것을 말하는 것은 아니다. 그것은 다른 영화들을 통해서 계속 반복되어야 하고, 극장 밖 우리의 현실 속에서 반복되어야하며, 결국 우리 모두를 통해서 반복되어야 한다는 것을 의미한다. 이에 대해 쾌락 원칙은 그것들이 현실이 아니고 상상이나 꿈에 불과하다는 식의 위안을 통해 부단히 그런 반복에 저항할 것이다.31) 오늘날 유효성을 거의 상실한 비평에 남아 있는 자리는 아마도 이러한 저항들을 돌파하여 영화의 실재를 윤리적 행위로 반복시키기 위한 집요한 시도가 되어야 하지 않을까?

---

31) 최근 영화에 자주 등장하는 내러티브 장치 중 하나는 '환각' 모티브이다. 그것은 불가분의 잔여를 직접 체현하지만 동시에 그것이 허깨비에 지나지 않았음을 강조함으로써 윤리적 행위로 반복되는 데에 저항한다. 이를테면 론 하워드의 <뷰티풀 마인드(A Beautiful Mind)>, 프랑스와 오종의 <스위밍 풀(Swimming Pool)> 등을 보라.

2. 라캉/한국/영화

\<밀양\>: 그녀의 목에 걸린 가시

정혁현

들어가는 글: 지젝과 함께 밀양에

이창동 감독의 영화 \<밀양\>을 실재the real에 관한 이야기로 읽는
것이 이 글의 목적이다. \<밀양\>에 관한 비평의 관심은 대체로 용서의
주체가 누구인지를 묻는 도덕적 질문에 맞춰지거나, 어떤 등장인물
이 영화 제목의 의미, 곧 '비밀의 햇볕'이 가리키는 지위를 가질
수 있는가라는 대중적인 물음에 그쳤다. 그러나 용서의 주체가 누구
인가라는 문제는 원작소설의 문제의식일 뿐이며, 이는 어떤 점에서
원작과는 전혀 별개의 작품인 영화 \<밀양\>의 문제의식에는 소홀하
게 만들었다. 한편, 누가 '비밀의 햇볕'이냐는 물음은 결국 영화를
멜로드라마의 범주에서 보는 한계 속에 갇혀 있다. 바로 여성 주인공
을 구원할 남성적 주체를 묻는 것이기 때문이다. 그러나 이 영화를
실재의 철학자 라캉의 관점에서 본다면, 영화는 전혀 다른 의미를

갖게 된다. 곧 영화 <밀양>은 실재와 대면한 주체의 이야기, 혹은
환상 구성에 실패한 이야기가 되는 것이다. 하지만 영화의 비극성은
이러한 실패에 기인하는 것이 아니다. 오히려 비극적 운명에 대한
인식을 거부하는 주인공의 집요한 증상이야말로 역설적으로 비극의
원인이 되기 때문이다. 이렇게 본다면 우리는 <밀양>이 감추고 있는
우리 시대의 삶의 상황에 관한 깜짝 놀랄만한 진술을 듣게 된다.
그것은 바로 '웰빙wellbeing'의 시대야말로 우리가 경험하는 시대의
'배드빙badbeing'에 대한 무의식적 인식의 표현이라는 것이다. 결과
적으로 이 영화는 우리 모두가 감추고 있는 우리 자신의 추문에
관한 이야기가 되는 것이다.

　지젝은 실재가 각각 상상, 상징 그리고 실재라는 세 가지 차원을
갖는다고 주장한다. 그것들은 실재적인 실재와 상징적인 실재, 그리
고 상상적인 실재이다. 그에 따르면 신이란 실재이므로, 그리스도교
의 삼위일체는 실재의 삼위일체라는 렌즈를 통해 이해해야 한다고
제안한 사람은 바로 라캉이었다. 그러한 주장을 그리스도교의 삼위
일체 도식에 적용하면, 실제적인 실재는 성부에, 상징적인 실재는
성령에 그리고 상상적 실재는 성자에 조응한다. '환영이라는 실재',
또는 상상적인 실재는 성자이다. 예수라는 한 인간이 그리스도라는
신으로 드러나는 신앙의 신비에 개입하는 것이 상상적 실재이다.
이는 일상적인 대상에 자기분열을 도입하고, 숭고한 차원이 그것을
투과하게 되는 신비스럽고 알지 못하며je ne sais quoi 불가해한 '어떤
것'이다.1) 지젝은 알프레드 히치콕의 영화 <현기증>을 분석하면서
어떻게 동일한 여인인 주디-마들렌이 남자 주인공 스카티에게 전적

인 차이를 갖는 존재들로 나타나는지를 상세하게 설명하면서 바로 이 상상적 실재의 구체적인 사례를 보여준다.[2]

하지만 이창동의 영화 <밀양>을 검토하면서 우리가 주목할 실재의 차원은 실재적인 실재, 즉 삼위일체에서 성부 하느님의 위상에 해당하는 것이다. 그것은 폭력적인 원초적 사물, 프로이트가 '이르마'라는 여인에 관한 꿈에서 본, 그녀의 목에 종양처럼 도사리고 있는 끔찍한 원초적 대상이다. 그것은 우리의 현실에 대한 지각을 영원히 왜곡하고, 그 속에 왜상적인 얼룩을 도입하는 장애, 즉 '목 안의 가시'이다.[3] 유의해야 할 사실은 현실은 항상 욕망하는 주체 앞에 욕망의 무대, 즉 일종의 환상으로서 그 모습을 드러낸다는 점이다.

인물의 재구성

교통사고로 남편을 잃은 신애(전도연)가 남편이 살아생전에 그리던 고향 밀양으로 어린 아들과 함께 이사한다. 영화는 마치 멜로드라마처럼 시작된다. 죽은 남편의 꿈을 살아남은 아내가 이룬다는 상투적인 순애보를 답습하듯 말이다. 하지만 이는 단지 표면, 달리 말하면 신애의 나르시시즘적 욕망이 구축하고자 하는 무대, 일종의 환상일

---

1) Slavoj Žižek, *On Belief*, London and New York: Routledge, 2001, p, 82.

2) 슬라보예 지젝, 『삐딱하게 보기』, 김소현 · 유재희 옮김, 시각과언어, 165-172쪽을 참조할 것.

3) Slavoj Žižek, *On Belief*, p. 81.

뿐이다. 우리가 멜로드라마의 관습을 따라 영화를 보면서, 신애가 만드는 환상의 세계 속에 그녀와 함께 빠져버린다면, 우리는 이 영화의 원작 소설인 이청준의 <벌레 이야가>의 게으른 반복, 그것도 몹시 조악하게 모방된 판본을 감상하게 될 것이다. 이창동 감독은 허문영과의 인터뷰에서 <벌레 이야가>를 읽는 순간 이를 광주에 관한 이야기로 생각했다고 말한다. "피해자가 용서하기 전에 누가 용서할 수 있는가, 그리고 가해자가 참회한다는 것이 얼마나 진실한 것인가, 그리고 그것을 누가 알 수 있는가?"라고. 이러한 문제의식은 바로 소설의 문제의식이기도 하다. <밀양>에 관한 비평은 대체로 감독의 이와 같은 발언에 붙들려있다. 이는 영화 비평이 원작 소설의 문제의식에 붙잡혀있다는 의미이기도 하다. 하지만 이창동은 같은 인터뷰에서 다음과 같이 덧붙이고 있다. "다른 한편으로는 이청준 소설의 큰 미덕인데, 그 이야기를 넘어서는, 초월적인 것을 느꼈다. 어찌 보면 되게 관념적인 이야기인데 그게 늘 내 마음속에 있었던 것 같다. 아마 내 개인사와도 관련이 있었겠지."[4] 이창동 감독의 개인사야 알 수 없는 노릇이지만, 현실 기독교의 값싼 용서를 비판하는 매우 현실적인 소설에서 그가 '초월적인 것'을 느꼈다는 사실은 그의 읽기가 이미 소설의 문제의식을 뛰어넘었음을 암시한다. 따라서 우리는 영화가 유괴로 아들을 잃은 어머니의 고통이라는 모티브를 원작소설과 공유하면서도, 내러티브의 전개에서 커다란 차이를 갖는 이유를 짐작할 수 있을 것이다. 감독은 원작을 '넘어서는' 이야기, 바로 '초월적인' 어떤 것에 대해 발언할 수 있는 내러티브를 구축하려

---

4) 문석 정리, "이창동의 <밀양> ② 이창동 감독, 영화평론가 허문영 대담", 『씨네21』 602호.

했던 것이다.

영화와 원작소설의 차이를 단적으로 보여주는 것은 등장인물들의 재설정이다. 소설에서는 약사부부가 핵심적인 인물로, 부인은 아들을 살해한 유괴범의 사형 소식과 함께 자살하고 마는 주인공으로, 남편은 이야기를 진행시키는 화자의 역할로 등장하지만 영화에서는 이들은 주인공 신애의 신앙적 모험을 매개하는 조역들일 뿐이다.[5]

영화는 전혀 새로운 성격의 주인공을 필요로 하였다. 신애는 소설 속에 존재하지 않던 인물이다. 영화는 원작소설을 영화적으로 해석하는 정도에 그치지 않고, 소설 자체를 영화의 이야기 전개를 위한 배경으로 삼는다는 점에서 영화와 소설의 관심은 근원적으로 구분된다고 할 수 있다. 하지만 신애에 관해서는 좀더 집중적으로 살펴야 하므로 잠시 미뤄두고, 먼저 종찬이라는 인물이 담당하는 역할을 검토해보자. 영화에서 종찬이라는 인물의 역할은 이중적이다. 그는 영화 속 세계에서 여주인공 신애와 짝을 이룸으로 <밀양>의 멜로드라마적인 외양을 꾸민다. 그러나 종찬이라는 인물이 담당하는 역할의 중요성은 영화 속 세계보다는 영화와 관객을 매개하는 방식에 있다. 그가 영화의 세계와 관객의 세계를 매개하는 방식을 가장 분명하게 보여주는 장면은 <밀양>의 주제가 드러나는 장면, 곧 미장아빔 Mise en abyme이라 할 수 있는 마지막 장면이다. 신애가 머리를 자르기 위해 가위를 들었을 때 그가 나타나 거울을 들고 그녀를 비춘다.

---

5) 이러한 인물들의 재배치를 통해 우리는 흥미로운 암시를 읽을 수 있다. 70-80년대 한국사회에서 변화를 주도했던 비판적 계몽성이 2천 년대라는 맥락에서는 이미 기득권이 되어 신앙을 지배 이데올로기적인 도덕의 근거로 여기는 '교회 장로'의 위치를 획득하였다는 것 아닌가?

관객은 종찬이 든 거울을 통해 신애의 이미지를 본다. 거울 속에 비춰진 그녀의 모습은 일차적으로 관객의 거울 이미지, 즉 상상적 동일시의 대상이다. 무엇보다 그녀는 상업영화의 여주인공이 아닌가? 하지만 관객은 불편하다. 그녀의 운명은 동일시의 대상으로서는 너무 처절하지 않은가? 그러므로 신애는 관객의 이상적 자아가 아니다. 오히려 그 반대다. 그녀는 관객의 거울 이미지에서 상실된 부분. "거울로 반사할 수 없는 끔찍한 잉여"6)이다. 종찬은 L도식의 상상계의 축으로 연결된 두 요소, 신애를 거울 이미지로 여기는 관객의 자아(a)와 관객이 거울 이미지로 여길 수 없는 신애의 이면인 소타자(a')를 매개하는 역할을 한다. 거울 이미지가 이처럼 신랄하였던 영화를 본 적이 있는가? 관객은 종찬을 매개로 하여 신애의 자아 a와 소타자 a' 사이에서 진자운동하며, 그렇지 않았으면 결코 동시에 볼 수 없는 이 이중성 사이의 관계를 인식하게 된다. 바로 이러한 관계에 대한 인식 속에서 신애의 인생 역정이 유달리 기구한 여성의 그것이 아니라 이 시대 모든 존재의 그것이 된다. 그러므로 영화가 주장하는 바는 매우 섬뜩한 내용을 갖는다. 남달리 재수 없고 비극적으로 보이는 여자 신애의 운명이 사실은 보편성을 갖고 있으며, 이 보편성은 영화 속 세계에만 통용되는 것이 아니라 안전하게 영화를 보는 관객의 세계를 포괄한다는 것이다. 이와 관련하여 영화가 매우 의도적으로 신애의 뒷모습을 포착하는 데 주목해야 한다. 감독은 관객이 보아야 할 것이 그녀의 전면이 아니라 이면이며, 바로 그 이면이야말로 관객의 동일시가 필요한 장소라는 점을 강조한다. 물

6) 슬라보예 지젝, 『당신의 징후를 즐겨라: 할리우드의 정신분석』, 주은우 옮김, 한나래, 1997, 214쪽.

2. 라깡/한국/영화

론 그녀의 뒷모습은 그녀가 보지 못하는 자신의 모습이며, 상상적이
며 상징적인 동일시에서 배제된 그녀의 이중체이다.

종찬은 바로 이와 같은 시선을 매개하는 하나의 거울이다. 종찬은
신애가 밀양에서 새로운 삶을 시작하는 데 여러 가지 도움을 준다.
신애는 종찬을 속물이라 생각하면서도 그의 도움을 굳이 마다하지는
않는다. 속물의 도움을 받아 고상한 삶의 겉모습을 유지할 뿐 그녀
역시 속물이기 때문이다. 다만 그녀의 냉소주의가 자신의 속물적인
행동에서 일정한 거리를 유지하고 있다는 자기기만을 가능하게 해
줄 뿐이다. 종찬은 지극히 평균적인 우리 시대 삶과 사고를 표상한다.
우리는 이미 여러 매체를 통해 감독이 이러한 평균성을 확보하기
위해 기울인 세심한 노력에 대해 잘 알고 있다. 종찬은 바로 그러한
평균적인 속물성을 매개로 신애를 관객들의 세계로 끌어들이며 그녀
의 불행에 연루되고 어떤 의미에서는 공모하는 기능을 담당한다.
우리는 종찬을 통해 신애의 운명이 결코 예외적인 경우가 아니며,
우리가 일상을 지속하는 매우 보편적이며 자연스럽고 친숙한 태도의
발현이라는 사실을 알게 된다. 보편적이면서도 자연스럽고 친숙한
태도와 그것이 발현되어 나타나는 우리의 운명은 서로 역설적인
관계를 갖는다. 우리는 자신에 대해 잘 알고 있다고 오인하면서 편안
함을 느낀다. 반면에 운명은 낯설고 부자연스러운 것이다. 친숙하고
자연스러운 것이 낯설고 부자연스러운 것을 낳는 이 도저한 역설을
매개하는 것은 물론 우리가 우리 자신의 모습이라고 인정할 수 없는
우리 자신의 이면이다.

신애, 그녀는 왜 밀양에 오게 되었을까? 그녀는 밀양에서 새로 만난 이웃들에게 다분히 의도적으로 자신이 밀양으로 이사 온 이유를 밝힌다. 고향에 내려와 살고 싶어 했던 남편의 못다 이룬 꿈을 자신이 이루기 위해서라고. 이 지고지순한 사부곡思夫曲에는 일말의 진실이 담겨 있다. 아니 오히려 그녀의 의식에서 그것은 전적인 진실일 수도 있다. '욕망은 타자의 욕망'이라는 라캉의 공식은 우리가 자기가 아니라 타자로서 욕망한다는 의미이기 때문에, 자기는 오직 타자가 보내는 응시의 빛을 받고서야 모습을 드러낸다는 의미이기도 하다. 여기서 타자는 물론 대타자이다. 그렇다면 남편은 신애에게 어떤 존재였을까? 그녀에게 남편은 대타자의 호명을 가능하게 하는 자기의 구성적인 부분이었다. 왜? 그녀의 이름은 '현모양처'였기 때문이다. (요즘에도 미혼 여성에게 장래의 희망을 물으면, 상당수의 여성들은 현모양처가 꿈이라고 한다.) 이러한 히스테리의 주체는 자신을 타자의 대상 a로 위치지우며 충만한 존재를 느낀다. 하지만 충만한 존재는 파괴되었다. 그녀를 무너뜨린 것은 남편의 죽음이 아니라 죽음과 함께 드러난 그의 외도 행각이었다. 그녀는 욕망의 대상이 아니었다. 파괴는 이중적이었다. 그녀는 남편의 욕망의 대상이 아니었을 뿐 아니라, 대타자의 욕망의 대상, 곧 현모양처도 아니었다. 이 참혹한 실재와의 대면에서 그녀가 선택한 것은 야반도주였다. 그녀는 아무에게도 알리지 않고 아들과 함께 밀양으로 이사한다. 이러한 행동이야말로 물신주의적 부인의 증상이다. 그녀에게 밀양은 자신의 물신주의적 시도를 펼치기에 매우 적절한 장소였다. 물신주의는 매우 현실적인 태도이다. 통제 불가능한 실재를 무력한 물신적 대상으로 대체함으로 마치 상황에 대한 주체의 통제가 가능한 것처럼 위장하기 때문이다. 그녀는 서울이라는 실패한 환상의 공간을 버림으로써 나르시시즘적 자기 인정을 보존한다. 다른 한편 죽은 남편의 고향을 새로운 환상의 공간으로 선택함으로써 나르시시즘적 욕망의 운동을 용이하게 만든다. 그녀는 내면 깊은 곳에서 남편의 죽음을 부인하고 있다. 그것은 바로 남편의 죽음과 함께 드러난, 견딜 수 없이 참혹한 진실을 받아들일 수 없었기 때문이다. 따라서 그녀의 밀양에서의 삶은 기워 맞춘 환상의 삶이 될 것이었다. 그 환상은 기워진 것이기에, 예기치 않은 순간에 그것이 가리고 있는 참혹한 현실을 불쑥불쑥 드러내곤 할 것이다.

　밀양은 남편의 고향인 동시에 해체되어 가는 지방도시이다. 그녀는 이곳에서 남편의 살아생전의 꿈을 실현하는 '열녀'인 동시에 수도 서울에 대한 열패감으로 가득 찬 지방 중소도시 주민들에게 세련된 '서울사람'으로 대접받는다. 나아가 은근히 재력을 과시함으로 나날이 열악해져 가는 경제 사정으로 우울한 이웃들의 부러움을 산다. 그녀는 자신의 이상적 자아, 곧 나르시시즘의 주체가 안주할 공간을 구성하는 데 성공한다. 다시 타자의 욕망의 대상이 된 것이다.[7]

---

[7] 이상적 자아(Idealich)와 자아이상(Ichideal)이라는 용어는 프로이트가 창안하였다. 「나르시시즘에 관한 서론」(『무의식에 관하여-프로이트 전집 13』, 윤희기 옮김, 열린책들), 「자아와 이드」(『억압, 증후 그리고 불안-프로이트 전집 14』, 황보석 옮김, 열린책들)를 보라. 프로이트에게서는 구분이 모호한 이 개념을 라깡은 이상적 자아를 상상계적인 나르시시즘으로, 자아이상을 상징계적 동일시의 위치로 할당하였다. 라깡에게 이러한 구분은 언어로 구성된 대타자의 세계로 진입하는 것과 관계가 있다. 거울 단계의 자기 이미지, 즉 유아가 거울 속에서 발견하는 상상적 자아는 완전한 형상으로 (오)인된다. 거울단계의 폭력성은 이와 같이 타자와 공존할 수 없는 절대지존의 자기 이미지 때문이다. 반면 상징계적 자아는 아버지의 형상을 한 영웅이나 스타 등 상징계 안의 어떤 위치와 동일시하기 때문에 타자와의 공존이 가능하다. 그러나 이상적 자아와 자아이상은 대타자를 매개로 상호 연관되어 있다.

그녀의 아들 준은 이와 같은 욕망의 경제에서 핵심적인 역할을 한다. 준은 남편의 외도와 죽음을 부인하고 그를 대체하는 물신적 대상이다. 그러나 대상은 항상 대타자의 빈틈, 그 깨지기 쉬운 균열을 가리는 것인 한편, 정반대로 끊임없이 대타자의 결여를 환기하는 것이기도 하다. 아들 준은 남편을 대체하였지만 남편의 부재를 지시하는 존재이기도 하다. 준은 코를 고는 시늉으로 그녀의 세계를 마치 남편이 살아있는 것처럼 만들기도 하지만, "아빠 없잖아?"라는 아이들 특유의 직설적인 진술로 그녀가 잊고자 하는 바를 환기시키기도 한다. <밀양>의 들고 찍기는 바로 그렇게 불안하게 균열된 그녀의 세계를 형식적으로 표현하는 방식이다. 불안은 그녀의 세계가 봉합된 세계이기 때문일 뿐 아니라, 바로 이 봉합된 세계를 가능하게 해주는 대상 준에 대한 그녀의 양가감정 때문에 초래되는 것이기도 하다. 그녀는 만약 남편이 살아있었다면 그의 간절한 꿈에도 불구하고 결코 밀양에는 오지 않았을 것이다. 그녀가 이곳에 올 수 있었던

여기에서 거울단계는 유아가 이제 막 말을 배우기 시작하는 시점에서 나타난다는 사실을 기억하는 것이 중요하다. 이상적 자아 역시 아직 완전한 언어적 존재는 아니지만, 태어나기 전부터 상징적 네트워크 속의 한 존재일 수밖에 없는 존재 조건에 의해 결정되어 있다.

　<밀양>의 여주인공 신애의 경우에 이상적 자아라는 용어를 사용하는 것은 그녀의 나르시시즘을 강조하는 의미이다. 그러나 그녀의 나르시시즘은 언제나 일종의 자아이상이라고 볼 수 있는 '현모양처' 등 주어진 사회에서 여성에게 부여된 이상적인 인물상의 동의를 구할 수밖에 없다. 우리는 이러한 측면에서 영화의 '들고찍기'를 검토할 수도 있다. 흔들리는 화면은 상상계의 근원적인 불안정성을 표상하는 것이라고 말이다. 이상적 자아가 아무리 완벽하고 매혹적인 것이라 할지라도 그것이 결국 '자아' 이미지가 되기 위해 타자와의 차이를 전제할 수밖에 없기 때문이다. 그것은 천상천하 유아독존의 이미지가 결코 유아독존으로서는 주어질 수 없다는 사실에 기인한다.

것은 남편이 그녀가 감당할 수 없는 진실을 노출시킨 채 죽었기 때문이다. 남편이 죽었기 때문에 밀양은 신애에게 안전하고도 용이한 장소가 되었다. 죽은 남편은 말없이 그리고 영원히 그녀를 사랑하는 존재로 화석화 되었으며 신애의 나르시시즘을 고상한 것으로 꾸미는 아름답고 안전한 장식으로 축소되었다. 반면 아버지를 대체한 준은 여전히 살아있는 존재이다. 따라서 준은 신애의 환상을 구성하는 주축이면서도 좀처럼 그녀의 세계로 포섭되지 않는다. 신애는 이웃들에게 남편의 죽음을 말하지만 마치 아무 일도 없었던 것처럼 연기한다. 실제로 그녀의 환상에서는 아무 일도 일어나지 않았다. 그녀는 남편의 죽음을 아들 준이라는 물신적 대체물을 바탕으로 부인하고 있다. 반면 준은 전형적으로 아버지 없는 아이의 모습을 보인다. 말 없고 무기력하며 숫기 없는 그의 태도는 그 어린 영혼이 제 나름대로 아버지의 죽음을 애도하는 방식이다. 그러나 신애는 그런 아들의 모습이 불만이다. 학원에서 돌아온 아이에게 밥을 먹이는 장면에서, 식욕을 보이지 않는 준의 입에 밥을 떠서 먹이는 그녀의 표정은 무겁다. 그녀는 아들과 단 둘이 있을 때에야 비로소 젊은 과부의 표정을 짓는다. 약국집 부인의 전도를 받으며 "당신 같이 불행한 사람은 주님을 영접해야" 한다는 소리를 들은 직후, 그러니까 그녀가 밀양에 와서 봉합한 환상의 허술한 부분이 드러나는 장면 이후에, 그녀가 몹시 불안한 표정으로 아들을 찾아나서는 장면이 이어지는 것은 이 때문이다. 마치 아들의 유괴와 죽음을 미리 상연하는 듯이 보이는 이 장면은 잠시 공포영화와 같은 분위기를 띠는데, 이유는 바로 그녀 내면의 섬뜩한uncanny 타자가 드러나는 순간이기 때문이다.

라캉과 한국영화

이와 관련하여 마침내 준이 유괴되는 순간이 그녀의 환상이 밀양의 이웃들에게 인정되는 것을 축하하는 축제의 순간과 포개진다는 사실은 절묘하다. 그녀가 이웃들에게 공동체의 일원으로 인정되었음을 보여주는 맥주 집 장면의 대사를 잠시 살펴보자. 아마도 여기 모인 여인들은 자식들을 그녀의 피아노 학원에 보내는 어머니들이었을 것이다.

> 신 애: (맥주잔을 들어 건배하며) 근데 저 아무것도 몰라요, 많이 가르쳐주세요.
> 여인1: 아유 그래도 피아노 원장 정말 대단하다. 밀양 사랑, 우린 쩝이 안 된다.
> 우째 남편도 없는데 남편 고향에 와가 살겠다 카노.
> 여인2: 그기 밀양 사랑이가, 남편 사랑이지. (일동 웃음)
> 여인3: 남편 사랑도 우리보다 낫고.

실재는 환상 공간이 이음매 없이 완벽하게 봉합되었다고 오인하는 순간 자신의 외설스럽고 폭력적인 모습을 드러낸다. 진실과 대면하지 않으려 필사적으로 환상을 구축하는 그녀의 노력이 성공에 다다른 시점에서 이 모든 노력을 물거품으로, 아니 더욱 참혹한 상황으로 추락시키는 사건이 벌어진다. 재앙은 마치 예정되었던 것처럼, 마치 그녀의 이상적 자아가 목표로 했던 것처럼 바로 그 순간에 발생한다. 그녀에게 참혹한 진실을 일깨우는 존재는 역설적으로 그녀가 구축한 환상에 말려든 자이다. 구성된 타자의 응시를 매개로 진정한 전적 타자가 그녀를 찾는다. 그녀를 돈 많은 미망인이라고 오인한 주변인 가운데 하나가 그녀의 아들을 유괴하여 살해하기 때문이다. 유괴살해범이 된 웅변학원 원장은 밀양의 이웃들 그 누구보다 신애의 환상에 적극적으로 응답한 자였다. 그러므로 이 외래적인 것으로 보이는 낯설고 이물스러운 육체는 사실 신애가 보지 못하는 자신의 뒷모습이다. 준이 유괴되었다는 사실을 알고 도움을 청하려 달려간 그녀는 최초로 자신의 뒷모습을 본다. 그것은 노래방 기기를 크게 틀어놓고 자신의 노래에 취해있는 종찬의 뒷모습이다. 하지만 그녀는 종찬을 자신을 향해 돌려세우지 못한 채 그녀 역시 뒷모습을 보이며 되돌아간다. "나는 내가 존재하는 곳에 존재하지 않는다"는 라캉의 테제가 정확히 형상화되고 있다. 그녀는 그녀가 볼 수 없는 그녀의 뒷모습에 존재하며, 그렇기 때문에 인간들의 진정한 만남은 역설적으로 오직 서로 등을 돌렸을 때만 가능하다. 그는 그가 존재하는 곳에 존재하지 않으며, 그녀 역시 지금 그녀가 존재하는 곳에 있지 않기 때문이다. 신애가 어찌 자신의 이상적 자아 이면에 속물적인 종찬의 모습이, 심지어는 자기 아들을 목 졸라 죽인 살인자의 모습이 존재한다는 사실을 인정할 수 있겠는가? 하지만 이제 도저히 자신의 일부라고 인정할 수 없었던 것이 서서히 그 모습을 드러내기 시작한다.

아들의 죽음을 확인한 후 그녀에게는 육체적인 증상이 나타난다. 발작적인 기침과 함께 오는 답답증이다. 아들이 유괴되던 날 밤 종찬의 카센터 앞에서 잠시 나타났던 이 증상은 그녀가 아들의 사망신고를 위해 들른 관공서에서 본격적으로 그녀를 괴롭히기 시작한다. 마치 그녀의 목에 뱉을 수도 삼킬 수도 없는 이물이 달라붙은 것처럼 그녀를 옥죄는 이 고통은 그녀의 환상 안에서는 해명할 수 없는,

불가해하고 끔찍한 사건에 대한 의문과 저항이 육체적으로 표현되는 것으로 보인다. 그녀는 자신을 추스르며 피아노 지도를 위해 아이들의 집을 방문하고, 자신을 '상처받은 자'로 규정하며 전도하는 약국 여자에게 반발하기도 하지만 바로 이 증상 때문에 무너진다.

　사망신고를 마치고 나온 관공서 앞에 "상처받은 영혼을 위한 기도회"를 여는 개척교회가 있었다. 그녀는 자신의 고통스러운 증상을 짐승 같은 울부짖음과 함께 해소하며 무너지듯 그리스도교에 귀의한다. 지젝은 <현기증>에서 마들렌의 죽음과 주디의 죽음을 통해 주인공 스카티가 겪은 내면의 경험을 구분한다. 물론 마들렌의 죽음은 실제의 마들렌 부인의 죽음을 위장하기 위한 주디의 연기였으며, 주디의 죽음이야말로 마들렌-주디를 모두 잃는 실재적인 죽음이었다. 지젝은 두 개의 죽음에서 스카티가 잃은 것은 각각 서로 다른 내용을 갖는다고 지적한다. 첫째, 스카티는 마들렌을 잃음으로써 '욕망의 대상'을 상실한다. 둘째, 스카티는 주디를 잃음으로써 마들렌이 욕망의 대상이 된 환상 그 자체를 상실한다. 신애의 경우가 이와 동일하다. 그녀에게도 남편과 아들의 죽음은 욕망의 대상을 상실하는 경험이었다. 그러나 그녀는 아직도 그들이 욕망의 대상이 된 환상 그 자체를 상실하지는 않았다. 환상의 구조가 바뀌기는 하지만 나르시시즘적 주체의 욕망이 상연되는 무대는 아직 사라지지 않았기 때문이다. 그녀의 무의식적 욕망이 밀양으로 이주하면서 기대했던 쾌락은 죽은 남편의 꿈을 실현하는 열녀로서, 피아노를 연주하는 세련된 도시여성으로서 밀양이라는 지방도시의 사람들에게 욕망의 대상이 되는 것이었다. 그러나 이제 그러한 쾌락은 불가능하게 되었다. 아들의 죽음과 함께 그녀의 불행한 과거와 거의 무일푼에 가까운 초라한 신세가 드러났기 때문이다. 그러나 그녀가 귀의한 그리스도교 신앙은 바로 이러한 그녀의 처참한 상황을 다시 욕망의 대상으로 만드는 마술적인 힘을 지니고 있었다. 그녀의 삼중 사중의 불행이야말로 그녀에게 임한 하느님의 섭리를 가시적인 것으로 만드는 강력한 증거가 될 수 있었기 때문이다. 그녀는 모든 이유를 만족스럽게 해명해준다고 간주된 존재, 곧 신에게 의지하기 시작한다. 그녀의 불행은 "은혜를 드러내시려는 주님의 섭리" 속에서 어떤 숭고한 빛을 띠기 시작한다.

갑자기 열성적인 신자가 된 그녀는 남편과 자식을 대체한 '주의 섭리'와 함께 가장 숭고한 주체로 거듭나는 환상을 구성한다. 그리고 자신의 환상을 확고한 것으로 만들기 위해 마지막 내기를 건다. 절대적인 존재의 무한한 사랑을 증거하기 위해 자신의 아들을 끔찍하게 살해한 자를 용서하기로 한 것이다. 이러한 극단적인 선택은 새로운 환상의 토대인 신앙의 순수성에 대한 그녀 자신의 회의에 대한 반작용이기도 하다. 신애가 홀로 밥을 먹는 장면은 그녀의 내면을 뚜렷하게 형상화한다. 역시 그녀의 뒷모습을 비추는 것으로 시작되는 이 장면에서 그녀는 선 채로 밥을 먹는다. 울컥, 목에 걸린 가시가 다시 고통스럽게 느껴지기 시작한다. 그녀는 밥을 먹다 말고 주기도문을 외운다. 사실, 주님의 은혜 가운데 얻은 평안은 어디에도 없다. 주기도문마저도 끝까지 외울 수가 없다. 그녀의 등 뒤에서 죽은 아들이 살아서 뛰어들어 왔기 때문이다. 또 한 장면. 그녀는 거리에서 살인자의 딸이 깡패들에게 맞고 있는 것을 우연히 보게 된다. 그러나 그녀는 개입하지 않는다. 그러한 행동이 살인자에 대한 미움 때문이었는지,

아니면 깡패들에 대한 두려움 때문이었는지는 그녀 자신에게도 확실하지 않다. 그러나 그 모든 사건들이 사실 그녀에게는 한 번도 있어본 적이 없는 마음의 평화를 깨뜨린다. 애초부터 갖고 있지 않았던 것을 상실한다는 느낌, 이것이 신앙이라는 외양을 한 그녀의 욕망을 부추긴다. 불행이 하느님의 섭리를 위한 희생이라는 의미를 갖게 되자 그녀의 나르시시즘은 자학의 형태를 띠게 된다. 자신을 극단적으로 몰아갈수록 확신은 더욱 강화될 것이다. 더욱이 이처럼 성스러운 용서는 결코 내면에만 머물 수 없는데, 환상은 언제나 그것을 증명해 줄 타자를 필요로 하기 때문이다.

환상은 사회적으로만 구성될 수 있으며, 사회적인 인정을 받을 때에만 가치를 갖는다. 환상이라는 무대에서 작동하는 욕망은 타자의 욕망이기 때문이다. 따라서 그녀의 용서에는 그녀의 용서를 증명할 일종의 의식이 필요하였다. 그녀는 자신의 생일을 축하하기 위해 모인 교우들에게 자신의 결단을 알리고, 이를 다시 목사에게 통보하며 결국 그녀의 용서를 위해 전교인이 모인 예배를 치르고 나서야 교도소로 향한다. 그녀의 용서는 살인범을 직접 찾아가 타자들이 지켜보는 가운데 그와 대면하면서 치러지는 하나의 의식이 되어야 하기 때문이다. 그리고 그 의식은 진정한 눈물로 참회하며 무릎 꿇은 죄인 앞에 선 자애로운 성모의 이미지로 드러나야 한다. 그러나 의식은 실패로 돌아간다. 용서할 대상을 잃어버렸기 때문이다. 교도소에서 그리스도교 신앙에 귀의한 살인범은 이미 자신이 하느님으로부터 용서받았다고 확신하고 있었다. 더욱이 그는 이러한 신앙 속에서 마음의 평화를 누리고 있다고 말한다. 신애가 무너지는 것은 이 지점이다. 마음의 평화, 그것이 대체 어떤 상태일까? 주님을 영접하고도

2. 라캉/한국/영화

자식의 죽음에 대한 기억 때문에 치가 떨려 단 한 순간도 평화로울 수 없는데, 자신의 아들을 죽인 범인은 이미 마음의 평화로 감사하는 생활을 하고 있다니?

이 대목에서 소설과 영화는 그녀의 절규를 공유하고 있다. "내가 그를 용서하지 않았는데, 어느 누가 나보다 먼저 그를 용서하느냔 말이에요……. 그럴 권한은 주님에게도 없어요." 하지만 그 의미는 각각 전혀 다른 방향으로 분기한다. 소설은 그리스도교의 값싼 용서를 비판하는 데 반해, 영화는 그녀의 절규를 문장 자체의 의미를 갖는 발언이 아니라 일종의 신음이나 비명과 같은 어떤 것으로 만든다. 그것은 참혹한 진실 앞에서 자신이 구축한 초라하고 빈곤한 환상이 여지없이 파괴되는 것을 온몸으로 인정할 수밖에 없는 존재의 신음이다. 신애는 환상의 불가능성을, 그것의 치명적인 결여를 인식한다. 마치 주디의 죽음을 대면한 스카티와 같이, 그녀는 환상 그 자체를 상실한다. 믈라덴 돌라르는 히치콕의 영화 <의혹의 그림자>에서 조카 찰리가 그녀의 매혹의 대상이었던 삼촌 찰리의 실체를 접하는 술집 장면을 검토하면서 이렇게 말한다.

> 그녀는 자신이 가장 내밀하게 자신을 인식하는 그 지점에서 섬뜩함을 발견한다. 그것은 외부의 재앙 때문이 아니다. 그 재앙은 주체와 가장 가까운 지점에서, 그녀 자신의 메시지로서, 그녀의 나르시시즘적 이미지의 응답으로서 판명된다. 그녀는 욕망의 대상이 가장 치명적인 것임을 가장 직접적인 의미에서 경험한다.[8]

8) 믈라덴 돌라르, 「히치콕의 대상들」, 『항상 라캉에 대해 알고 싶었지만 감히 히치콕에게 물어보지 못한 모든 것』, 슬라보이 지젝 엮음, 김소연 옮김, 새물결, 2001, 63-64쪽.

역설적으로 그녀는 이 순간부터 신의 존재를 소스라치는 전율 속에서 매우 구체적으로 느끼기 시작한다. 더불어 그녀에게 새로운 증상이 추가되는데, 고개를 들어 신을 바라보며 그에게 직접적인 언어를 통해 항거하는 것이다. 이 외래의 육체는 그녀와 직접적인 관계를 갖게 된다. 이 불가능한 관계가 가능해지는 것은 그녀가 자신의 욕망을 조금도 포기하려 하지 않기 때문이다. 그녀가 지닌 욕망의 집요함이 그녀를 접근 불가능한 대상에게 인도한 것이다. 현실원칙을 무너뜨리고 다가간 그곳에 실재가 있었다. 라캉은 이를 그리스도교의 하느님과 같은 것이라고 주장한다. 하느님은 환상 속에 안주하려는 그녀의 모든 퇴행적인 시도를 철저하고도 끔찍한 방식으로 방해하고 차단하며 무너뜨린다. 세 번의 실패, 즉 남편의 죽음과 아들의 죽음 그리고 용서의 실패. 여기에서 신은 라캉의 실재처럼 '목 안의 가시'와 같은 존재이다. 인간이 구축하는 낙원의 환상, 그 환상 속에 신이 존재하든 그렇지 않든 간에, 오직 그것의 실패를 통해서만 그 존재가 인지되는 낯선 자 말이다. 그의 형상은 그의 형상을 주조하려는 인간의 시도가 실패하는 지점에서 찰나적으로 감지될 뿐이다. 그는 밀양이다. 보이지 않으나 태양과 같이 압도적으로 존재한다.

그녀는 신이 자신을 배신했다고 생각하며 그에게 복수하려 한다. 그러나 소설과 달리 영화 속의 그녀는 어렴풋이나마 자신을 배신한 자는 신이 아니라 자기 자신이라는 인식을 구체화하기 시작한다. 용서의 실패 이후 그녀가 신에 저항하는 과정이 상징적인 죽음을 향한 시도인 것은 분명하다. 그녀는 이제 자신의 육체를 함부로 굴린다. 음반 매장에서 CD를 훔치다가 들키고 약국 장로를 자신의 육체를 매개로 유혹하며, 심지어 '절대로 자기 타입이 아닌' 종찬에게 섹스를 제의하기도 한다. 물론 이전에도 그녀는 자신을 학대하면서 육체를 방치했었다. 하지만 이는 역설적으로 정신적인 차원에서 자신의 나르시시즘을 강화하고 재확인하는 목적을 갖는 것이었다. 반면, 용서의 실패 이후 그녀는 자신의 육체를 매개로 이상적 자아를 파괴한다. 용서 이전 그녀가 고통을 겪는 방식이 자신을 대상 a로 구축하는 일종의 내기였다면, 실패 이후 그녀의 고통은 바로 이 대상 a로서의 상징적 자기 존재의 파괴라는 죽음충동의 양상을 띤다. 그녀의 복수가 서슬이 퍼런 것이 아니라 오히려 무기력하고 심지어는 희극적인 이유도 여기에 있다. 그녀는 더 이상 저항할 수 없다는 사실을 알며, 따라서 절망적으로 저항할 뿐이다. 용서의 실패 이전 그녀의 삶이 비극을 바탕으로 하는 희극이었다면, 이후의 삶은 희극을 바탕으로 하는 진정한 비극이 된다. 그 방향은 죽음을 향한 외길이다. 물론 여기서 죽음은 상징적 죽음이다. 소설에서 여주인공의 자살 시도가 철저한 절망의 표현으로서 그녀를 죽음에 이르게 하는 반면, 영화에서 그녀의 자살 시도는 상징적이다. 그녀는 다시 살기 위해 죽어야 했다. 그러나 새로운 삶이 어떤 것인지 그녀는 알 수 없다. 오직 확실한 것은 그녀의 이상적 자아가 파괴되어야 한다는 것이다. 그리고 이상적 자아와 함께 그녀가 그토록 집착하던 환상도 붕괴할 것이다. 따라서 반복되는 그녀의 비극은 용서의 실패를 분기점으로 그 성격을 달리하게 된다고 볼 수 있다.

　　종교적 단계에서 반복의 지위에 대한 가장 간명한 규정은 물론 자신 속으로의 반영*reflection into itself*이다. 반복이 가능하지 않는

한, 바로 이 불가능성의 경험, 즉 대상에 도달하지 못하는 실패를 반복할 수 있다. 그것은 바로 라캉이 기표의 반복과 실재계와의 외상적인 마주침으로서의 반복 사이에 있는 차이를 이해하는 방식이다. 기표의 반복은 상징적인 단일한 특성*trait unaire*, 대상이 환원되는 표시를 반복하여 법의 이상적 질서를 구성한다. 반면에 '외상성'*traumatism*은 정확히 실재계의 어떤 '불가능한' 핵심을 통합하지 못하는 실패의 재발을 나타낸다.[9]

이러한 입장에서 본다면 살인자가 하느님의 용서를 통해 얻은 마음의 평화보다, 마음의 평화가 파괴된 채 신의 용서에 저항하는 신애의 행위가 진정으로 키르케고르의 종교적인 단계, 라캉의 실재적 단계의 지위를 얻는다. 살인자의 마음의 평화는 비록 이상적인 상태를 구현하지만 이는 동일한 기표의 기계적인 반복 속에 폐쇄된 결과일 뿐이다. 그는 자신의 죄악에 대한 하느님의 용서를 확신하고 있으며, 바로 그 확신의 강도만큼 과거 그가 저지른 사악한 행위의 무게에 사로잡힐 것이다. 반면 신애의 선택이야말로 행위의 차원을 획득하며, 저항과 실패의 반복을 통해 자신의 환상을 횡단하여 전혀 다른 주체로 재구성될 것이다.

용서의 실패 이후 그녀가 '용서를 남발하는' 신에게 복수하는 과정은 바로 이상적 자아를 해체하는 과정이다. CD를 훔치고, 야외 집회를 난장판으로 만들며, 장로를 유혹하고, 결국 종찬에게 섹스를 제의하는 과정에서 현모양처나 성녀로서, 혹은 서울사람으로서의 자존

---

9) 슬라보예 지젝, 『당신의 징후를 즐겨라: 할리우드의 정신분석』, 주은우 옮김, 한나래, 1997, 145쪽. 번역 일부 수정.

감은 없다. 그녀는 자신의 불행에 알몸으로 맞선다. 실재, 혹은 신과 대면하는 과정은 그 자체로 죽음을 향한 사투이다. "재앙이 나에게 닥치겠구나! 이제 나는 죽게 되었구나! 나는 입술이 부정한 사람인데, 입술이 부정한 백성 가운데 살고 있으면서, 왕이신 만군의 주님을 만나 뵙다니"(이사야 6:5). 유대교는 신과의 대면을 죽음의 순간으로 인식하였다. 그런 의미에서 신은 파괴자인데, 이때 파괴되는 것은 신을 참칭하는 대타자 혹은 상징계라 할 수 있다. 환상이 대타자의 결여("Che vuoi?")에 대한 주체의 응답이라면, 상징계와 함께 상징계에 등록된 주체도 붕괴한다. 만일 종교가 알튀세르의 언명처럼 이데올로기적 국가장치에 불과하다면, 종교는 그 자체로 이데올로기적 기제일 뿐이다. 하지만 종교가 이처럼 상징계를 밑으로부터 침식하는 외설스러운 표지를 내장한다면, 종교의 사회적 의미는 전혀 다른 가능성을 향해 개방될 수 있다. 바로 이 외설猥褻, 즉 가장된 신성의 상징계를 함부로 더럽히는 것은 외설外說, 담화 외부의 세계를 개방하는 창조적인 파괴인 것이다.10)

완전히 망가져 집으로 돌아온 신애는 사과를 베어 먹던 칼로 자신

---

10) 지젝이 서구인들의 환상적 대체물로서 '서구 불교와 도교' 등 뉴에이지 종교에 대항하여 싸우는 것, 자신의 중요한 프로젝트 중의 하나를 유물론과 유대-그리스도교 전통의 제휴로 삼는 이유가 여기에 있다. 서구인들에게 불교가 매혹적인 이유는 만물이 인과응보의 사슬 속에 철저하게 해명된 안정적인 논리체계이기 때문이다. 하지만 이는 불교 그 자체의 속성이라기보다 서구인들의 욕망의 시선에 드러난 '서구식' 불교일 뿐이다. 불교의 방대한 양의 경전들이 서구인들의 생각처럼 그리 조화로운 관계를 가지고 있는 것은 아니다. 오리엔탈리즘에 경도된 동양불교가 불교의 교리와 현대과학 사이의 유사성을 내세우는 방식으로 서구적인 욕망에 조응하지만, 불교는 오히려 이 조화로부터 배제된 경전을 다시 읽는 방식으로 동시대에 창조적인 종교로 드러나야 할 것이다.

의 손목을 긋는다. 그녀에게는 더 이상 출구가 없다. 야반도주로 사태가 풀릴 수 없다는 것은 이미 알고 있다. 여기에서 영화의 초반 "밀양이 어떤 곳이냐?"는 신애의 물음과 영화 종반 누나의 자살 시도로 문병을 온 신애의 동생이 묻는 동일한 질문에 종찬의 대답이 달라지는 이유가 있다. 신애의 질문에 종찬은 "여기는 뭐 한나라당 도시고, 경제는 절단 났고, 인구는 줄고……"라는 식으로 다른 지역과의 차이를 말한다. 그것은 바로 신애가 바라던 답변이기도 하다. 그곳은 서울과 다른 곳, 직설적으로 표현하면 시골 촌구석이라는 대답이다. 하지만 신애는 만족스러운 대답을 듣고는 딴청을 부린다. "밀양이 무슨 뜻인지 아세요?" 이 한 마디가 그녀의 운명을 암시한다. 그녀는 밀양에서 그 비밀스러운 햇볕, 끔찍한 실재를 만날 것이기 때문이다. 영화는 이 공허하게 푸른 하늘을 정확히 세 번의 실패와 함께 보여준다. 바로 밀양으로 진입하는 도로에서, 아들의 주검을 확인하는 시체 유기 장소에서 그리고 약국집 장로를 유혹하는 과정에서. 이 세 번의 실패와 함께 밀양의 지역적 차이는 무의미하게 되었다. 신애 동생의 질문에 종찬은 이렇게 답한다. "밀양이 어떤 곳이냐고요? 밀양이라고 뭐 다르겠어요? 사람 사는 데가 다 그렇지요."

신애는 과도로 손목을 긋고는 고개를 쳐들며 의기양양에게 항변하지만 곧 극심한 고통과 죽음의 공포에 빠진다. 황급히 집을 나온 신애는 자나가는 사람들을 붙잡고 도움을 애걸한다. 한때 그녀가 가진 모든 것들을 내세워 그들의 욕망의 대상이 되기를 원했던 자들에게, 그녀는 자신의 최후의 것인 목숨을 구걸하게 된다.

실질적으로 영화는 여기서 끝나도 좋았다. 하지만 영화는 형식적 완결성을 위해 신애가 정신병원에서 퇴원하는 날의 에피소드를 덧붙

2. 라캉/한국/영화

인다. 사람 사는 데가 다 그렇다는 종찬의 발언, 우연히 들어간 미장원에서 살인자의 딸을 만나는 사건, 그리고 무엇보다 영화적 발언을 총정리하는 마지막 장면들이 그것이다. 그녀는 여전히 살인자의 딸이 자신의 머리를 만지는 것을 참지 못하고, 여전히 하늘을 올려다보며 원망하지만 자신의 그러한 모습 때문에 절망하지 않는다. 그런 의미에서 머리 한 귀퉁이가 뭉텅 잘린 채로 거리를 걷다가 양품점 여인을 만나는 장면은 주목할 만하다. 정신병원에서 퇴원한 신애를 스스럼없이 반가워하는 그녀는 신애의 예전의 충고를 받아들여 매장의 인테리어를 바꿨다. 철저히 이면을 감췄던 신애의 충고는 그녀의 이면이 드러난 후에 받아들여진다. 여자는 신애의 머리 꼴을 보고 놀라면서도 개의치 않는다. 신애는 이제 타자의 욕망의 대상이 아니어도 타인과 관계할 수 있다.

집으로 돌아온 그녀는 종찬과의 저녁 약속을 위해 가위를 들고 스스로 머리를 자른다. 바로 이 장면을 토대로 미용실 에피소드의 중층적인 의미가 드러난다. 그녀는 더 이상 타자의 욕망에 자신을 맡기지 않을 것이다. 그녀는 이제 '전혀 그녀의 타입이 아니'었던 종찬에게 거울을 들린 채 자신을 본다. 그녀의 삶은 이제 폐쇄적인 환상 밖으로 열려졌다. 그녀는 환상을 가로지른 것이다. 이때 환상을 가로지른 그녀의 의지는 그녀를 밀양으로 이끈 운명, 혹은 미지의 힘과 동전의 양면을 이루며 마치 뫼비우스의 띠처럼 연결되어 있다. 전적인 자유가 바로 절대적인 존재에의 전적인 복종이 되는 자유의지라는 신학적 개념이 하나의 장면에서 탁월하게 형상화된다. 아마도 라캉주의에서 '자유의지'라는 신학적 개념을 해명하는 도구는 사후작용après-coup이라는 개념일 것이다. 오늘 나에게 나타난 우연한 증상은 태초의 트라우마적 사건의 필연적 귀결인 것으로 나타난다.

영화는 새파란 창공을 비추는 것으로 시작해서 머리를 자르는 신애의 마당 한 구석을 비추는 것으로 마무리된다. 그렇다면 추상적이며 신앙적인 하늘에서 시작하여 구체적이며 신 없는 현실로 돌아온 걸까? 신, 혹은 실재 없는 현실이란 가능하기나 한 것일까? 그렇지 않다. 새파란 하늘빛으로 채색된 세계와 지저분하고 초라한 마당 한 구석은 그리 멀리 떨어져 있지 않다. 테드 창의 독특한 SF 소설 <바빌론의 탑>은 이를 흥미로운 이야기로 만들어 놓는다. 구약성서 창세기의 '바벨탑 설화'를 재해석한 이 소설의 주인공은 바벨탑의 마지막 완성을 위해 주변 국가에서 파견된 광부 출신의 기술자였다. 그는 이미 하늘까지 닿은 바벨탑을 신의 세계와 연결하기 위해 수정처럼 단단한 천개天蓋를 뚫는 임무를 맡고 있었다. 그가 악전고투 끝에 뚫은 천개에서 쏟아지는 하늘의 물을 헤치며 '올라간' 곳은 다름 아닌 멀리 바벨탑이 보이는 사막 한가운데였다. 하늘이 아닌 땅이라거나, 땅이 아닌 하늘이라는 식의 이분법은 조야한 허위이다. 근본적으로 땅과 하늘은 하나이다. 그러나 일단 환영적 실재 혹은 상상적인 실재가 개입하면 둘의 차이는 절대적인 것이 된다. 아마도 지젝은 여기에서 유대-그리스도교 전통의 유물론적 접근가능성을 보고 있을 것이다. 비루한 땅의 현실에 숭고의 차원이 전개되기 위해서는 죽음을 통과해야 한다. <바빌론의 탑>의 주인공은 신적 생명의 공간이자 인간적 죽음의 공간인 하늘에 도달하는 순간을 경험한다. 왜 죽음인가? 그 이유는 지젝이 즐겨 인용하는 헤겔의 『정신현상학』 서문 속의 한 구절이 가르쳐 줄 것이다.

2. 라캉/한국/영화

죽음은······ 모든 것 중에서 가장 무시무시한 것이다. 그리고 죽음을 단단히 붙잡는 것은 가장 위대한 힘을 요구한다······. 그러나 정신의 생명은 죽음을 피하거나 유린하지 않은 채 유지되는 생명이 아니라, 그것을 견디고 그 속에서 스스로를 보존하는 생명이다. 정신은 완전한 해체 속에서 스스로를 발견할 때만 자신의 진실을 얻는다······. 정신은 부정성을 정면으로 바라보고 함께 할 수 있을 때 생기는 힘이다. 이렇게 부정성과 함께함은 그것을 존재로 전환시키는 마술적인 힘이다. 이 힘은 우리가 일찍이 주체라고 불렀던 것과 동일하다.

그녀의 목에 걸린 가시, 뱉을 수도 삼킬 수도 없이 들어박혀 그녀를 상징적 죽음으로 이끄는 '그것', 그 실재적인 실재에 우리는 하느님이라는 이름을 붙일 수 있다. 유대-그리스도교 전통의 하느님은 처음부터 이러한 부정성이었다. <밀양>은 구약성서 <욥가>의 이야기와 흡사하다. <욥가>에서 하느님은 욥의 인생에 악마의 분탕질을 '허락'한다. 납득할 수 없는 상황에 빠진 욥은 자신의 상황을 정당화하는 모든 논리에 집요하고도 전방위적인 투쟁을 전개한다. 구약성서학자들은 <욥가> 후반부에서 욥이 마침내 하느님께 복종하고 건강과 재산을 되찾는다는 이야기가 후대의 수정으로 첨가되었다는 사실을 밝혀냈다. 그렇다면 욥은 처음부터 자신의 것이 아니었던 것을 되찾기 위해서가 아니라, 그리고 "부정적인 것에서 눈길을 돌려 긍정적인 쪽으로 쏠림으로써 힘을 발휘"[11]한 것이 아니라, 오히려 운명을 정당

---

11) 헤겔, 『정신현상학1』, 임석진 옮김, 한길사, 2005, 71쪽.

화하는 모든 담화들의 폐쇄성을 넘어서기 위해 운명의 부정성을
붙들고 몸부림친 것이다. 욥의 전통은 십자가에 달린 예수의 "나의
하나님, 나의 하나님, 어찌하여 나를 버리셨습니까?"(마태 27:46)라는
절규로 이어진다. 그렇다면 신애는 하느님을 제대로 만났다. 부정성
과 함께 한 후에 되돌아 온 정신은 이전에 소외 속에서 상실되었던
정신과 동일하지 않다.12)

지젝은 라캉을 라캉 자신의 의도와 달리 헤겔주의적으로 읽음으
로써 '라캉으로의 복귀'를 실현한다. 그리고 이러한 시대착오적 읽기
는 동시대를 새로운 전망 속에서 바라보고 '지금 여기의' 실천을
위한 내용을 생산하였다. 그것은 후기 산업사회 속에서 무수히 쏟아
져 나오는 상품들, 그 작은 대상들에 물신주의적으로 집착함으로써
정신의 주체성과 삶의 숭고한 차원을 동시에 상실한 '뉴에이지적
영지주의' 시대에 맞서는 주체이다. <밀양> 읽기는 바로 그러한 노선
을 따랐다. 우리는 나르시시즘의 환상 속에서 파국을 향해 모든 존재
들과 공모하는 우리 자신의 정신성을 보았으며, 바로 이러한 참혹한
부정성과의 대면을 통해 삶의 새로운 국면으로 넘어선 한 여인을
보았다. 그녀는 이제 진정한 주체의 지위를 얻는다. "주체란 자기가
관여하는 범위 안에 있는 내용에 독자적인 존립을 부여함으로써
추상적이고 직접적인 존재 일반을 지양하여 실체를 진리로 이끌어
가는 것이다."13) 신애는 스스로 머리를 자름으로써 이를 은유적으로
보여준다.

---

12) Slavoj Žižek, *The Indivisible Remainder: An Essay on Shelling and Related Matters*,
London and New York: Verso, 1996, p. 123.
13) 헤겔, 앞의 책, 72쪽.

<역도산>: '열정적 애착'과 '탈-애착' 사이에서

하승우

1. '역도산'은 두 번 죽어야 한다

<역도산>은 남성 멜로드라마다. 그렇다고 이 영화를 <태극기 휘날리며>, <실미도>처럼 남성 최루용 영화로 묶을 수도 없다. 오히려 <역도산>은 <슈퍼스타 감사용>, <꽃피는 봄이 오면>과 일종의 '가족 유사성'을 공유하고 있다. 그러나 환상의 형식을 놓고 볼 때 <역도산>은 <슈퍼스타 감사용>, <꽃피는 봄이 오면>과도 확연하게 구별된다. <역도산>의 환상 형식을 논의하기에 앞서, 우선 멜로드라마로서 <역도산>에 대해 살펴보기로 한다.

<역도산>을 멜로드라마로 볼 수 있다면, 이는 장르란 고정된 것이 아니라 유동적인 것이며 궁극적으로는 이론적 구성물에 불과하기 때문이다. 장르의 범주와 경계가 무너져버린 것은 이미 오래다. 더욱이 장르에는 일정한 코드가 있게 마련인데, 이 코드 역시 사회적

맥락이 변함에 따라 유동적으로 구성되는 것이다. 마찬가지로 장르 비평 역시 특정한 장르의 특징과 구조를 밝혀내는 것이 아니라, 장르 와 사회적 맥락의 관계를 극한까지 사고함으로써 장르의 관습을 역사화하는 것이다. 이렇게 볼 때, 멜로드라마는 장르적 범주의 경계 를 넘어 하나의 문화적 양식으로 이해될 수 있다. 멜로드라마란 기본 적으로 낡은 질서가 새로운 질서로 이행하면서 기존의 가치관이 크게 흔들릴 때, 그 혼란을 줄이기 위해 선과 악의 도덕적 세계관에 의존하는 경향을 통합적으로 이르는 이름이기 때문이다.[1] 멜로드라 마가 주인공의 죄 없음과 결백을 증명해가는 과정으로 그려지거나, 이와 유사한 맥락에서 순수한 기원을 강박적으로 추구하는 과정으로 표현되는 것도 이런 이유에서 비롯되는 것이다. 그 도덕성을 이끄는 주된 요소는 "파토스와 액션"[2]이다. 결국 멜로드라마는 파토스와

---

1) 멜로드라마를 선과 악의 도덕적 가치를 추구하는 과정으로 보는 것은 기본적으로 피터 브룩스가 제시한 관점을 수용한 것이다. 피터 브룩스는 『멜로드라마적 상상력』 에서 멜로드라마의 주된 특징을 '도덕적 비술moral occult'로 묘사한다. 사회가 혼란 스러워지면 대중들은 도덕적 수사학에 의존하는 양상을 보이곤 하는데, 피터 브룩스 는 이처럼 급격한 사회 변동의 시기에 대중들이 강력한 도덕성에 의존하는 경향을 '도덕적 비술'의 개념을 통해 설명하고 있다. 서구 봉건 시대의 주술화된 사회가 탈주술화된 사회로 이행하던 시기, 도덕적 비술은 주술화된 사회의 신성한 신화가 남겨놓은 잔여물로 이루어진 영역임과 동시에 탈주술화된 사회에 대한 방어기제가 형성되는 무의식의 영역과 깊은 관련을 맺고 있다는 것이다. Peter Brooks, *The Melodramatic Imagination*, New Haven and London: Yale University Press, 1995, p. 5.

2) Linda Williams, "Melodrama Revised," *Refiguring American Film Genres*, Berkeley, Calif.: University Of California Press, 1998, p. 58. 린다 윌리엄스에 따르면, 피터 브룩스의 문제는 19세기 서구 관객의 마음을 강하게 촉발시켰던 대중문화, 즉 연극 적 멜로드라마의 중요성에 관심을 쏟기보다는, 멜로드라마가 이른바 고급예술이라 고 할 수 있는 발자크나 헨리 제임스 등의 부르주아 소설에 끼친 영향을 추적했기 때문이었다. 실제로 피터 브룩스의 관심은 19세기 리얼리즘 소설의 정전에 멜로드라 마가 어떻게 새겨져 있는가 하는 점이다. 또 린다 윌리엄스는 『멜로드라마적 상상력』

2. 라캉/한국/영화

액션을 통해 관객의 정서를 특정한 방향으로 액추얼하게 변환시키는 문화적 양식인 것이다.

멜로드라마가 국내에서 재평가되고 있는 것은 비교적 최근에 이르러서였다. 그 이전까지 멜로드라마는 매우 저급하고 낙후된 장르로 받아들여졌다. 역사적인 맥락과는 동떨어진 여성 최루 영화로만 인식되었던 것이다. 여기에는 과잉과 신파가 매우 부정적인 가치로 받아들여지는 현실적 이유도 있다. 과잉과 신파가 뭐가 그렇게 나쁜 건지 선뜻 이해하기 어렵지만, 여기에는 멜로드라마를 리얼리즘의 실패로 보는 관점이 녹아들어가 있다. 이런 관점에 의하면 멜로드라마는 리얼리즘, 모더니즘, 포스트모더니즘으로 이어지는 영화 스타일의 단선적 역사주의에서 낙오된 것으로 이해된다.

이처럼 영화 스타일의 변화와 연속성을 연구하는 형식주의적 관점을 강조하는 것은 데이비드 보드웰, 노엘 캐롤과 같은 '포스트 이론' 학파에 근거한 것이다.[3] 최근 영화연구의 지형을 매우 단순화시켜 말하자면, 정신분석/해체론/페미니즘/탈식민주의/맑스주의/문화연구 등의 이른바 '이론' 진영 및 경험적으로 검증 가능한 연구 프로그램에만 집중하는 인지주의적/형식주의적/역사주의적 '포스트 이론' 진영으로 나누어진다. '포스트 이론'을 지지하는 이들은

의 부제인 '과잉의 양식'에서 알 수 있듯이, 피터 브룩스가 멜로드라마를 고전적 전형의 과잉에서 비롯된 양식으로 파악하고 있음을 지적한다. 여기서 린다 윌리엄스는 멜로드라마의 개념에서 과잉의 요소를 제거할 것을 주장한다. 멜로드라마의 속성을 과잉으로 본다면, 이를 리얼리즘과 모더니즘에서 벗어난 제3의 대안으로 설정할 수 없기 때문이다.(58)

3) 포스트 이론과 거대 이론을 배제하고 있는 문화 연구를 동시에 비판하면서 영화이론에서의 진정한 이론의 가능성을 언급한 것으로는 지젝, 『진짜 눈물의 공포』, 오영숙 외 옮김, 울력, 2004, 제1장 '보편성과 그 예외' 참조.

영화 스타일에 근본적인 패턴이 있으며 이 패턴이 어떻게 지금까지 유지되고 있는가, 또는 이 패턴이 어떻게 변화되어왔는가에 초점을 맞춘다. 영화사를 영화 스타일이라는 준거틀로 해석하는 것은 하나의 정전을 설정하고, 이와 유사한 범주들을 목록화하며, 그럼으로써 영화 스타일의 역사를 미성숙과 성숙, 발전과 후퇴의 궤도 속에서 파악하는 것이다. 그러나 영화 스타일 혹은 영화적 양식은 근대성이라는 하나의 평면 위에서 펼쳐진 복수의 힘/권력 장치로 이해되어야 한다. 자신들의 의도와 상관없이, 이들 모두는 근대성의 시각체제라는 평면 위에서 집합적 배치를 이루어내고 있는 것이다. 전혀 이질적인 요소들임에도 불구하고 각각의 요소가 이웃관계를 형성하고 있다는 점에서, 이것들 각각은 일종의 담화 형성체를 구성하고 있는 것이다.

이런 배경에서 멜로드라마에 사회적, 역사적 인식이 부재하다는 주장은 사회적, 역사적 인식이 무의식적으로 응축되어 있다는 주장으로 바뀌기 시작한다. 멜로드라마는 일종의 사회적 징후로 간주되며, 문화적, 사회적, 역사적 맥락과 불가분의 관계를 이루는 장르로 재평가되고 있다. 그러나 여기서 좀더 나아갈 필요가 있다. 부분이 전체를 표상한다는 역사유물론적 관점은 사실 너무나 당연한 주장 아닌가. 멜로드라마를 역사화한다는 것은, 멜로드라마에 내포된 역사성을 그 맥락과 더불어 사유하는 것이라기보다는 오히려 정확히 그 반대의 의미로 이해되어야 한다. 그것은 바로 역사적 맥락에서 떨어져 나오는 무의미한 지점을 발견하고 이를 적극적으로 가시화하는 것이다.

벤야민의 「역사철학 테제」를 끌어들여 승자의 관점이 아닌 패자의 관점에서 역사철학을 재구성하는 지젝에 따르면, 혁명은 승자의 역사(지배적 텍스트, 주류 역사학)가 소멸될 때 나타나는 '정지stasis'의 계기, 바로 그것이다. 이때 무의미한 말과 제스처, 미성숙한 행동, 말실수 등과 같은 실패했던 과거의 시도들은 혁명을 통해 소급적으로 '구원된다'.[4] 역사적 통일성을 일순간에 얼어붙게 하는 것은 '시간 밖에 위치하고 있는' 모나드다. 그러나 이 모나드는 '정지', 부동, 유예의 차원에 머무를 수만은 없다. 그것은 끊임없이 새로운 상징적 질서를 요구해야 한다. 생물학적 죽음과 상징적 죽음 사이에 자리잡고 있는 역사적 유령이 출몰하는 것은 역설적으로 상징화에 의해서만 가능하기 때문이다.

이런 관점에서 <역도산>을 살펴보면, 영화는 의도했든 하지 않았든, 생물학적인 죽음과 상징적인 죽음, 즉 두 개의 죽음 사이에 자리잡고 있는 역도산에서 자유로울 수 없다. 오해를 피하기 위해 다시 한번 말하면, <역도산>을 역사적 맥락에서 파악한다는 것은 '역도산'이 실제의 역도산을 얼마나 정확하게 반영했는지와는 전혀 관련이 없는 것이다. 이런 점에서 '역도산'을 둘러싼 역사적 맥락을 언급하며, 역도산에 내포된 역사적 함의를 축소시켰다는 세간의 지적은 지나치게 나이브한 관점이다.

내가 말하고 싶은 것은 정확히 그 반대다. 역도산을 역사화한다는 것은, 그를 역사적으로 온전히 재현하는 것과 전혀 관련이 없다. 그것은 결국 역사적 사건을 주류 역사학의 메커니즘으로 편입시키는 것에 불과하다. 우리가 관심을 기울여야 할 부분은, 푸코의 지적처

---

4) 슬라보예 지젝, 『이데올로기라는 숭고한 대상』, 이수련 옮김, 인간사랑, 2002, 247쪽.

럼,5) 유물monuments을 문서화하는 것이 아니라 수많은 문서docu-ments와 증거들을 무화시킬 수 있는 외상적 중핵을 가시화하는 것이다. 역사를 온전하게 재현하려는 시도는 필연적으로 실패할 수밖에 없다. 역사적 사건은 이미 하나의 특이성이고, 그런 만큼 역사적 사건의 완전한 재현이라는 시도는 망상에 가까운 것이기 때문이다. 그래서 역사는 계속해서 거듭 씌어질 수밖에 없다.

영화 <역도산>에서의 문제는 송해성 감독이 '역도산'의 상징적 죽음을 시도하는 데 망설이거나 주저하고 있다는 것이다. 단적으로, 감독 송해성은 '역도산'을 두 번 죽이지 못한다. 실존 인물을 상징화할 때, 예술가에게 요구되는 윤리적 책임은 정확히 그를 두 번 죽일 수 있는 용기에서 비롯된다. <역도산>은 분명히 실제 역도산을 반영하는 영화가 아니다. 그러나 영화는 '역도산'의 외상적 타자성을 그려내지 못한다. 바로 이 지점에서 환상 논리가 개입하기 시작한다. 여기서 드러나는 환상은 송해성 감독 스스로의 환상이기도 하다. 환상은 바로 이처럼 외상적 타자성에 접근하는 것을 방어하는 스크린이기 때문이다.

2. 남성 환상의 두 가지 양식: 마조히즘 환상과 사드 환상

<역도산>, <꽃피는 봄이 오면>, <슈퍼스타 감사용>은 환상 시나리오를 동원하는 영화들이다. 라깡적인 의미에서 환상은 꿈보다는 현

---

5) 미셸 푸코, 『지식의 고고학』, 이정우 옮김, 민음사, 1998, 26-7쪽.

실에 가까운 개념이다. 환상을 통해 우리는 세상은 살아볼만한 것이라는 믿음을 갖게 된다. 현실을 구성하고 있는 환상이 사라질 때 우리는 '현실감'을 상실한다. 따라서 우리는 현실이 무서워 꿈으로 도피하는 게 아니라 꿈(정신적 현실)이 무서워 사회적 현실로 도피하는 것이다. 환상은 현실감을 유지시켜주는 방어기제이며 욕망과 충동을 분리하는 스크린이다.

예를 들어 <꽃피는 봄이 오면>에서 현우(최민식)는 '도계'라는 홈 패인 공간으로 도피하지만, 사실 우리가 살고 있는 이 시대는 뱀의 매끄러운 표면과 같은 통제사회다. 우리는 피하고 싶고 도망가고 싶지만, 매우 유감스럽게도 추상적 생산능력을 강조하는 지구화 시대에 살고 있다. 포스트 포드주의 시대에 등장한 <슈퍼스타 감사용>에는 성실히 일한 만큼 대가를 받을 수 있다는 포드주의의 신화가 장착되어 있다. <역도산>은 앞의 영화들과는 조금 다른데, 그것은 이 영화가 50~60년대 일본의 훈육사회를 다루고 있으면서도, 궁극적으로는 포스트모던한 뉘앙스를 조심스럽게 풍기고 있기 때문이다. <역도산>이 앞의 두 영화들과 또 다른 것은 남성 환상이 전개되는 방식에서도 발견된다. <꽃피는 봄이 오면>과 <슈퍼스타 감사용>이 마조히즘 환상의 논리를 앞세운다면, <역도산>은 사드의 환상에 가깝다고 할 수 있다. 여기서 잠시 사디즘과 마조히즘 논리를 일별해볼 필요가 있다.

프로이트는 「마조히즘의 경제적 문제」[6]에서 사디즘과 마조히즘을 동전의 양면처럼 동일한 것으로 설명한다. 파괴 충동에서 발생한

---

6) 지그문트 프로이트, 「마조히즘의 경제적 문제」, 『쾌락원칙을 넘어서』, 열린책들, 1997.

사디즘이 외부의 대상을 향해 나아가고 이러한 충동 중에서 외부를 향하지 않고 내부에 남아 있는 것이 1차적 마조히즘을 이룬다면, 2차적 마조히즘은 외부로 나아갔던 사디즘이 자신의 내부로 내사되는 것이다.

　그러나 들뢰즈는 사디즘과 마조히즘을 전혀 다른 차원의 심급이라고 주장한다.[7] 사드가 견딜 수 없는 것은 폭정이다. 그래서 사디즘은 폭정에 대한 위반을 지향한다. 그 위반의 결과로 아나키의 상태가 도래하는데, 여기서 사드는 아나키를 극복하기 위해 모든 성적 쾌락의 제도화를 추구한다. 반면에 마조히즘은 자신의 내부에 숨어 있는 자신과 아버지의 유사성을 혐오한다. 남성 마조히스트는 상대방 여성에게 자신의 내부에 스며들어 있는 아버지의 모습을 처벌해줄 것을 요청한다. 그래서 마조히즘 관계에서는 남성 마조히스트와 여성 사이에 맺어진 계약 혹은 규칙이 중요하다. 사디즘이 제도와 관련된다면, 마조히즘은 규칙과 관련된 것이다. 마조히스트는 자신이 설정한 규칙에 전적으로 복종하지만, 그 복종 뒤에는 '비판과 도전'을 숨기고 있다. 그리하여 상대방 여성을 조정하는 것은 남성 마조히스트 자신인 것이다. 그렇다면 마조히스트가 사디스트로 변하는 상황은 어떻게 설명해야 하는가? 들뢰즈는 『모피를 입은 비너스』에서 남자 주인공인 세베린이 결국 마조히즘을 포기하고 사디스트로 변하는 과정을 상징계에서 '배척된' 아버지가 실재의 차원에서 복귀하는 것으로 설명한다.

　그러나 마조히즘이든 사디즘이든 결국 이 모든 것은 도착의 두

---

7) 질 들뢰즈, 『매저키즘』, 이강훈 옮김, 인간사랑, 1996에서 특히 제7장을 참조.

가지 유형에 불과할 뿐이다. <꽃피는 봄이 오면>과 <슈퍼스타 감사
용>에서 그려지는 어머니는 마조히즘 환상의 논리가 구체적으로
드러난 경우다. 어머니는 남자 주인공에게 어떠한 역경과 시련이
닥쳐도 다시 제자리로 돌아갈 수 있는 하나의 이상으로 제시된다.
<꽃피는 봄이 오면>에서의 연희(김호정), 수연(장신영)이나 <슈퍼스
타 감사용>에서 은아(윤진서)는 '궁정풍 사랑courtly love'에서 볼 수
있는 숭고한 대상으로 비쳐진다. 그러나 현우(최민식 분)에게 연희는
한 명의 이웃이나 동료일 뿐, 정신분석적 의미에서의 외상적 타자로
묘사되지 않는다. 현우가 연희와의 만남을 지속적으로 유예하는 것
은, 기이한 타자성과의 우연한 마주침을 회피하기 위한 제스처로
볼 수 있다. <슈퍼스타 감사용>의 마지막 부분에서 감사용(이범수)과
박은아(윤진서)가 만나는 장면(마스터 쇼트로 촬영되었음)에서도 확
인할 수 있는 것은 두 사람 간의 거리다. '궁정풍 사랑'은 적절한
거리를 필요로 한다. 여인이 아름다울 수 있는 것은 적당한 거리가
확보됐기 때문이다. '궁정풍 사랑'의 비극은 그 거리가 좁혀질 때
일어난다. 즉 그 대상(여인)에게 지나치게 가깝게 다가갔을 때, 우리
가 목격하는 장면은 사물로서의 여인이다. '환상의 횡단'은 환상이
상징적 질서의 빈 공간을 메우고 있음을 체험하면서, 이처럼 충동으
로서의 대상과 직접 대면하는 것에서부터 시작한다. 결국 주체가
자신의 원인과 맺고 있는 관계를 가리키는 '근본적 환상fundamental
fantasy'을 횡단한다는 것은, 주체가 자신의 근본적 환상을 변형하거
나 파괴한 후에도, 그럼에도 불구하고 끈질기게 남아 있는 충동을
견뎌내는 것이다.

　　<꽃피는 봄이 오면> <슈퍼스타 감사용>과 달리 <역도산>은 사드

적 환상의 궤적을 밟고 있다. '역도산'은 패전의 시름에서 벗어나지 못하는 전후 일본 사회에서 도덕적 명료함을 추구하는 신화적 영웅으로 그려진다. 영웅은 사회적 갈등과 모순을 자신의 의지로 해결하는 사람이다. 바로 이런 이유에서 '역도산'은 큰타자의 향유에 자신을 대상-수단으로 설정한 도착적 인물이기도 하다. 사드가 칸트의 진리라면, 그것은 곧바로 '역도산'에도 적용된다. 통상적으로 칸트의 도덕법칙은 '의무를 위한 의무'나 '너는 할 수 있다, 왜냐하면 그것을 해야 하니까Du kanst, denn du sollst'로 요약된다. 칸트의 '의무를 위한 의무'를 나치즘의 원인으로 해석하는 견해도 있으나, 의무에 무조건적으로 복종하는 것이 나치즘을 촉발시킨 것은 아니다.8) 칸트의 잘못은 '의무를 위한 의무'를 도입한 데 있는 게 아니라 도덕법칙을 완수하기 위해 '영혼의 불멸성'을 도입한 데 있는 것이다. 여기서 도덕법칙은 의지와 동일선상에 놓이게 된다. 칸트가 도덕법칙에서 모든 정념적인 동기를 배제하고 의지만을 강조한 결과, 칸트에게서 최고선과 최고악은 상상할 수 없게 된다. 그러나 이 지점에서 하나의 역설이 발생하는데, 그것은 칸트의 도덕법칙이 '육체의 불멸성'을 추구하는 사드로 향하는 길을 열어놓고 있다는 것이다. 주판치치는 이러한 연관관계를 다음과 같이 요약한다.

> 라깡에 따르면, 칸트를 사드와 가까워지게 하는 것은 그가 '향유(최고선)'에 대한 의욕을 도입한다는 사실, 즉 그가 실재를 의지의 대상으로 만든다는 사실이다. 그리고 나서 이는 필연적으로 이(최고

8) Slavoj Žižek, "The Unconscious Law: Towards an Ethics Beyond the Good", *The Plague of Fantasies*, London and New York: Verso, 1997 참조.

선이나 '악마적인 악'이라고 하는) 대상(의 가능성)의 배제로 나아
가는바, 이러한 배제 그 자체는 그것의 실현에 관한 환상(영혼의
불멸성)을 지탱해주는 것이다.[9]

　'역도산'이 그토록 강조해마지 않는 "맘껏 웃어보겠다"는 다짐은
칸트/사드의 대당과 연결되고 있는 것은 아닐까. '역도산'의 가라테
춥이 상대방을 아무리 많이 가격한다 하더라도, 결코 죽지 않는 레슬
링 선수들의 이미지는 사드의 환상, 즉 '육체의 불멸성'의 직접적인
표현이 아닐까. '육체의 불멸성'의 스펙터클은 그 어느 곳으로도
피할 수 없는 사각의 링에서 발생한다. 그곳에서 '역도산'은 아무리
고문하고 희생시켜도 결코 죽지 않는 희생자를 상상하는 사드의
환상 논리를 체화하고 있다. '역도산'에게 사각의 링은 더 이상 피할
수 없는 폐쇄적 공간이다. 그러나 한편으로 이것은 고정된 장소에서
특정한 폭력이 발생한다는 점에서 훈육의 장소이기도 하다. "사드는
훈육 사회에 적합한 에로티즘을 공식화했다. 규제적, 해부학적, 위계
적 사회의 시간과 공간은 조심스럽게 분배되고 구획되며 복종과
감시에 의해 특징지어진다."[10] 분명, 훈육 장소에서 발생하는 사드의
폭력은 9/11 테러 이후 빈번하게 등장하는 테러 이미지나 희생자
이미지와 성격을 달리한다.
　그러나 <역도산>을 훈육 사회의 관점에서만 바라볼 수는 없다.

---

9) 알렌카 주판치치, 『실재의 윤리』, 이성민 옮김, 도서출판 b, 2004, 159쪽.

10) Michel Foucault, "Sade: Sergeant of Sex", *Aesthetics, Method, and Epistemology: Essential Works of Foucault 1954-1984*, ed. James Faubion, London: Penguin Books, 1998.

해미드 나피쉬가 지적했듯이,11) 트랜스내셔널 시네마가 폐소공포증
과 광장공포증의 경계에 서있는 것이라면, <역도산>에서도 그러한
징후를 그다지 어렵지 않게 포착할 수 있기 때문이다. 미국에서 귀국
한 '역도산'이 아야와 함께 살았던 집에 들어가지 않는 장면에서,
역도산은 폐소공포증의 모습을 보인다. 그렇다면 '역도산'이 미국에
서 보았다는 이미지, 즉 가도 가도 끝없이 펼쳐지는 대지란 과연
무엇일까? 영화 후반부에 아야는 역도산에게 말한다. 당신이 미국에
서 본 것이 무엇인지 이제 알겠다고. 영화 속에서 그것은 양약이라는
물질적/우연적 요소에 체화되어 나타난다. '역도산'이 아야와 함께
살았던 집을 다시 방문했을 때, 문틈 사이로 보이는 '역도산'의 시선
은 사물로서의 대상에 들어가지 못하는 '역도산' 자신의 공포를 우회
적으로 표현하는 것일지 모른다.

　폐소공포증과 광장공포증의 경계에 서있는 '역도산'은 스스로를
타자의 향유의 도구로 설정한다. 도착이 히스테리화될 때, 즉 타자의
질문에 스스로를 하나의 무능력impotence으로 제시할 때, 잔인한 폭
력, 즉 '행위로의 이행passage to the act'이 일어난다. 황족이 보는
앞에서 상대방 레슬링 선수를 잔인하게 린치하는 '역도산'의 행동은
정확히 '행위로의 이행'12)의 궤도를 밟고 있는 것이다. 이 장면의

11) Hamid Naficy, "Phobic Spaces and Liminal Panics: Independent Transnational Film
Genre", *Global/Local*, eds. Rob Wilson and Wimal Dissanayake, Durham, NC: Duke
University Press, 1996).
12) '행위로의 이행'은 이상 심리학이나 형사법에서 주로 논의되어왔던 개념으로 일반
적으로는 갑작스럽게 발생하는 극심한 폭력 행동이나 반사회적 일탈 행동 등을
가리킨다. 예컨대 프랑스 형사법은 '행위로의 이행'을 정신증의 영역으로 간주함으
로써 그 행동에 대한 민사상의 책임을 면책하고 있다. 라캉주의 정신분석에서는
'행위로의 이행'을 주체가 불안에 대응하는 방식으로 파악하고 있는데, 상징적 질서

시점은 창 밖에서 레슬링 장면을 보고 있는 일본의 민중들—거의 분별하기 힘들지만, 아마도 아이들인 것처럼 보여진다—인데, 민중들의 시점에서 '역도산'은 황족과 동일선상에 위치한다. 황족이 상징적 질서 내의 결여를 표시하는 주인-기표, 이른바 남근과 같은 것이라면, 역도산은 그러한 결여를 체화한 대상의 지위를 획득하고 있는 것은 아닐까. 그러나 상징적 질서, 즉 권력은 반드시 하나의 예외를 전제하고 있다. 그러한 예외가 없다면 상징적 질서 자체가 재생산될 수 없기 때문이다. 이처럼 권력이 하나의 예외, 혹은 '외설적 부가물 obscene supplement'에 의존하고 있다면, 이것의 지위를 어떻게 받아들여야 할까? 이것은 지젝의 지적처럼 무조건 반동적인 것도 아니고, 동시에 무조건 급진적인 것도 아니며, 정확히 '미결정적인 특징 undecidable character'을 지니고 있는 것이다.[13] 따라서 질문은 '역도산'이 이와 같은 '외설적 부가물'에 어느 정도로 과잉 동일시했는가에 집중되어야 한다. 슈레버의 경우, 그가 아무리 파시스트적인 요소를 많이 지니고 있는 인물로 묘사된다 하더라도 궁극적으로 전복적일 수밖에 없는 까닭은 이러한 '외설적 부가물'에 과잉 동일시하는 장면을 노골적으로 드러내보였기 때문이다.

영화는 여기서 주춤거린다. 왜 송해성 감독은 역도산의 외상적 타자성을 무대화하는 데 이처럼 주저하고 있는가? '역도산'이 비서(하기와라 마사토 분)와 아이(나카타니 미키 분) 앞에서 폭력적으로

로부터 실재로 이행하는 과정을 함축하고 있는 '행위로의 이행'에서 초점은 '행위'가 아닌 '이행'에 두어진다. 이는 곧 '행위로의 이행'이 주체의 무의식적인 욕망 혹은 의도까지도 자신의 것으로 받아들이는 '행위'와 다르게 윤리적인 책임을 수반하고 있지 않음을 뜻한다.

13) Slavoj Žižek, *The Plague of Fantasies*, p. 73.

돌변하는 장면에서도 외상적 타자성은 쉽게 드러나지 않는다. 환상의 윤리학은 타자의 환상을 존중하기 때문에 그곳에 들어갈 수 없다는 것이 아니다. 아니 정확히 그 반대다. 만약 정신분석에서 말하는 윤리의 최종지점이 타자의 환상에 개입함으로써 그 환상을 횡단하게 하는 것이라면, 송해성 감독은 사물로서의 '역도산'을 적극적으로 무대화했어야 했다. 그러나 송해성은 멈칫한다. 바로 이런 모습이야말로 감독 스스로 역도산의 역사적 무게 앞에서 자유롭지 못하다는 것을 방증하는 것은 아닌가. <역도산>에는 롱 쇼트로 시작해서 결국엔 '역도산'을 클로즈업으로 잡아내는 장면이 많이 나온다. 그러나 이때의 클로즈업이 촉발시키는 정서적 반응은 그렇게 강렬하지 않다. 그렇다고, 클로즈업이 시공간의 좌표를 완전히 넘어서는 것으로서의 무의미한 사건, 즉 '역도산'의 얼굴에서 모든 감각을 제거해버린 충동으로서의 대상을 담아내는 것도 아니다.

　매우 심혈을 기울여 촬영했고 감독 스스로도 큰 비중을 둔 두 개의 엔딩 신 중에서 아야와 함께 사진을 찍은 플래시백은 남성 환상의 전형을 보여주는 장면이다. 환상은 상상의 요소로 이루어지긴 했지만, 그럼에도 불구하고 엄연히 현실 쪽에 위치하고 있는 것이다. 앞서도 말했듯, 현실이 환상 스크린을 통해 구성되고 있기 때문에, 다시 말해 현실이 실재를 배제함으로써 구조화되었기 때문에, 우리는 현실의 어려움을 견뎌낼 수 있는 것이다. 중요한 것은 현실에서 환상 스크린을 과감하게 걷어내고 실재와 대면하는 것을 형상화하는 것이다. 이는 사실 <박하사탕>의 경우에도 마찬가지로 적용되는데, <역도산> 엔딩 신에서의 설경구와 <박하사탕> 엔딩 신에서의 설경구는 거의 유사한 이미지 효과를 발휘하고 있는 것처럼 보인다. 여기서 확인할 수 있는 것은 자신의 행위에 책임을 지지 않는 남성 도착증의 환상 논리다. 이때의 책임은 법률적인 차원에서 말하는 책임과는 전혀 관계가 없다. 이는 자신의 행위act가 온전히 무의식의 저 깊은 외밀한 중핵에서 비롯된 것임을 받아들이는 것이다.

그러나 영화는 에둘러 외상적 중핵을 피해간다. <박하사탕>의 김영호(설경구 분)가 그랬던 것처럼, '역도산'(설경구 분)도 자신의 행위에 책임을 지지 않는다. 이 장면들에서 확인할 수 있는 것은 그들에게도 순수했던 시대가 있었다는 것이다. 그러나 순수의 시대를 상정하는 것이야말로 휴머니즘의 낡은 수사학이 아니던가? 어려운 작업이지만, 오늘날 예술가의 윤리적 책임은 생물학적으로 먼저 죽은 사람을 상징적으로 두 번 죽이는 것이다. '환상의 횡단'이 발생하는 것은 바로 이때다. 그래서 <역도산>은 엄밀하게 말해서 "한번 사는 인생, 착하게 살 필요가 있냐"는 것이 아니라, "힘든 인생, 그래도 착하게 살 필요가 있다"는 논리에 의존하고 있는 영화다.

3. 민족 환상의 우연성

영화에는 3개의 레슬링 신이 나온다. 샤크 형제와의 레슬링 장면, 이무라와의 혈전, 그리고 칸노 회장과 결별을 야기하는 마지막 레슬링 장면이 그것이다. 특히 샤크 형제와의 레슬링 장면은 전후 일본 사회의 사회적 갈등을 통합하면서 유토피아의 계기를 마련하는 장면이다. 유토피아를 제공하는 스포츠 신이라는 점에서 이 장면은 엔터테인먼트의 속성을 공유하고 있다. 이런 이유에서 이 신은 포르노그래피와 뮤지컬에서 볼 수 있는 항목들numbers과 맞닿아 있다. 마지막 레슬링 신을 제외하고, 영화 속 레슬링 장면에는 핸드 헬드 기법이 거의 쓰이지 않았다. 카메라는 링 안으로 들어가지 않고 고정된 쇼트로 일관하고 있다. 영화 속 레슬링 장면은 충동의 이미지를 지속적으로 제공하는 다른 영화들과는 일정한 거리를 두고 있다. <태극기 휘날리며>와 <실미도>가 피, 땀, 눈물로 얼룩진 '신체 없는 기관'을 현란하게 전시하는 데 치중했다면, 영화는 이와 같은 충동 이미지를 롱 쇼트로 처리하고 있다. '역도산'의 육체, 아니 좀더 정확하게 말해서 설경구의 육체가 풀 쇼트로 처리되면서 육체 전체가 가시화되는 효과를 자아내고 있는 것이다.

스포츠가 민족 환상의 형성 및 재구성에 매우 강력한 요소로 작동하는 것은 샤크 형제와의 레슬링 장면에서 예리하게 드러난다. 이 경기는 패전 후 실의에 빠진 일본에서 '상상된 공동체'가 형성되는 방식을 보여준다. 전후 일본에서 패전의 상실감을 만회할 수 있는 계기는 '인쇄 자본주의'가 아닌, 이미지 자본주의의 힘이었다. 이는 전후 일본에서 국민 내러티브가 생성되는 과정과도 밀접한 연관을 맺고 있다.14) 50년대 초반부터 냉장고, 세탁기, TV 등의 가전제품이 보급되었는데, 일본에서 국민 내러티브를 형성하는 데 결정적인 기여를 한 것은 단연 TV였다. 신 자체가 숭고한 스펙터클인 샤크 형제와의 레슬링 장면은 흡사 2002년 월드컵을 연상시키기도 한다. 일본에서 국민 내러티브가 디지털 장치의 등장으로 말미암아 약화된 것은 사실이지만, 그렇다고 해서 이것이 완전히 소멸됐다고 보는 것은

---

14) 강상중·요시미 순야, 『세계화의 원근법』, 임성모·김경원 옮김, 이산, 2004에서 4장 '국민적 미디어의 동요' 참조.

지나친 단견일 것이다. 제국의 시각논리에서 국민 내러티브는 2002 월드컵에서처럼 일상적으로 진행되는 국민 정체성 형성의 범위를 훨씬 뛰어넘는 매우 강력한 스펙터클에 의존하는 경향을 보인다. 그러므로 <역도산>은 내셔널리즘에서 자유로운, 단지 한 남자의 이 야기를 다룬 것에 머무르는 영화가 아니다.

'역도산'은 세계인을 지향한다. 그것은 조선과 일본에 대한 강한 부정의 표현이다. 그러나 영화의 배경에는 내셔널리즘의 감수성이 은밀하게 배어 있는 것처럼 보인다. 그것은 멜랑콜리의 형태로 드러 난다. 이는 '역도산'의 '이중 부정double negation'에서도 잘 드러난다. 한 번도 사랑한 적 없고, 그래서 상실한 적도 없는 '역도산'의 조국은 그럼에도 불구하고 멜랑콜리의 형태로 드러나고 있는 것이다.15) 자 신의 조국과 연결된 일말의 흔적마저도 강하게 부정하는 '역도산'의 제스처는 역설적으로 그가 얼마나 민족이라는 대상, 프로이트/라캉 적 의미에서의 대상16)에 밀착되어 있는지를 보여주는 지표이기도

---

15) Judith Burtler, *The Psychic Life Of Power*, Stanford: Stanford University Press, 1997, p. 23 및 5장("Melancholy Gender/Refused Identification") 참조.

16) 라캉의 이론에는 두 개의 타자가 있다. 하나는 기표 연쇄의 과잉결정over-determination이 갖고 있는 힘이 비인칭적 형상으로 나타난 것으로, 우리가 흔히 큰타자(Autre, the Other)라고 부르는 것이 이에 해당된다. 큰타자는 상호주체적인inter-subjective 관계에 끼어드는 제3자다. 예를 들면, 아이와 어머니의 관계에서 어머니의 파롤에 스며드는 제3자를 큰타자라고 할 수 있다. 물론 큰타자는 어머니에게만 국한되지 않는다. 상징적 질서의 대변자의 역할을 하는 것이라면 그 어떤 것이든 큰타자가 될 수 있다. 궁극적으로 큰타자가 언어language에 관련된 것이라면, 작은 타자는 '대상 a(object [petit] a)'와 맞닿아 있다(그러나 지젝이 타자Other를 말할 때 사물로서의 타자와 제3자로서의 타자를 동시에 사용하고 있다는 점에 유의해야 한다). 여기서 주목해야 할 것은 대상과 타자(autre, the other)가 함께 사용되고 있다는 사실이다.

어원적으로 '앞으로 던지다'를 뜻하는 라틴어 objicere에서 파생된 대상은 '앞에

하다. 버틀러가 지적한 것처럼, 가장 완고한 남성 이성애주의자가 동성애적 애착 관계를 멜랑콜리적으로 표현한 것이라면, 이는 '역도산'의 경우에도 마찬가지로 적용되는 것이 아닐까.

애도mourning나 멜랑콜리는 대상의 상실loss of object에서 비롯된 것이다. 그러나 애도가 대상의 상실을 인정하는 과정이라면, 멜랑콜리는 상실한 것이 무엇인지 의식적으로 파악할 수 없는 것이다. 설령 상실한 것이 무엇인지 안다 하더라도, 그 대상의 어떤 부분을 상실했는지에 대해서는 알지 못한다. 따라서 애도가 의식적인 차원에서 진행되는 것이라면, "의식에서 떠난 (무의식의) 대상 상실", "미지의 상실"17)로서 멜랑콜리는 무의식의 영역에서 진행되는 정신적 과정이다. 그렇다고 멜랑콜리가 외부에서 다른 대상들을 찾아 나서는

내던져진 것'을 뜻한다. 아울러 대상은 사유하는 행위에 대립되는 것으로, 사유될 수 있는 모든 존재를 포괄하며 주체철학에서 말하는 표상/재현representation과 밀접한 관련을 맺고 있다. 표상/재현은 정신이 대상을 드러내는 행위이고, 이 같은 행위에서 발생하는 정신적 이미지마저 수반하는 개념이기 때문이다. 그러나 라캉의 작은 타자는 우리가 흔히 알고 있는 것과 같은 이러한 타자 개념이 아니다. 이것은 이미 프로이트의 「애도와 우울증」에서 충분히 예견된 것이다. 「애도와 우울증」에서 핵심은 프로이트가 사랑하는 사람의 상실이 아닌, 사랑하는 대상object의 상실을 언급했다는 점이다. 그렇다면 대상이란 무엇인가? 아마도 대상은 다음과 같이 분류될 수 있을 것이다. ① "내가 사랑하는 나 자신의 환각적 이미지" 예를 들면, 아이는 어머니의 젖가슴이라는 실제 대상이 아니라, 그 젖가슴에서 비롯된 환각적 이미지를 사랑한다. ② "나의 육체를 연장하는 하나의 육체로서 대상," ③ 마지막으로 대상은 평생을 살아가면서 반복적으로 일어나는 "단일한 특징trait unaire"으로 정의될 수 있다. 따라서 주체는 살아가는 동안 상실한 사랑 대상의 공통된 특징'인(is)' 것이다. 정신분석은 "타자는-이다"라고 정의하지 않으며, 대신 이러한 질문에 답하기 위해 '대상 a'를 설정하자고 제안할 뿐이다. 결국 대상 a는 대답할 수 없는 것에 이름을 붙인 것이며, 대상의 상실을 가리키는 지표인 셈이다. (나지오, 『자크 라캉의 이론에 대한 다섯 편의 강의』, 임진수 옮김, 교문사, 2000, 149-150쪽.)

17) 지그문트 프로이트, 「슬픔과 우울증」, 『무의식에 관하여』, 열린책들, 1997, 251쪽.

것도 아니다. 자신이 사랑했던 대상에 투여했던 리비도(대상 카덱시스cathexis)가 외부를 향해 방출되지 않고, 오히려 내부로 흘러들어와 에고와 '합체된다incorporated'. 이른바 '퇴행적 동일시'의 발생이라는 것. '퇴행적 동일시'가 발생하면서 멜랑콜리는 '에고에 대한 불만', '에고의 빈곤에 대한 두려움'의 형태로 나타난다. 그러나 자기에 대한 비난은 타자에 대한 비난이 자신에게로 전도된 형태에 불과한데, 이렇게 된 이유는 멜랑콜리가 나르시시즘의 기반 위에서 이루어졌으며, 사랑이란 기본적으로 증오의 다른 이름에 불과할 뿐이기 때문이다.

영화는 최대한 민족주의적 감수성을 억제하면서도 멜랑콜리한 형태로 내셔널리즘적인 감수성을 자극하는데, 이것의 배경에는 민족/대상에 대한 '열정적 애착passionate attachment'이 자리잡고 있는 듯하다. '열정적 애착'은 사랑한 적도 없고 상실한 적도 없다는 '이중부정'의 거울 이미지다. 이것이 가장 집약적으로 드러나는 장면은 역시 병실 신(엔딩 신)이다. 그러나 이와 같은 멜랑콜리가 정치/윤리적으로 급진적이라고 할 수 있을까? 대상이 언제나 상실과 관련을 맺고 있는 것은 아니다. 전복적인 것은 상실한 대상에서 부재한 대상으로의 이행을 체험할 때 일어난다.[18] 이런 점에서 민족은 상실한

---

18) 아감벤은 프로이트가 「애도와 우울증」에서 상실한 대상 없는 상실을 말한 점에 주목하면서, 멜랑콜리 메커니즘에서 진행되는 리비도의 철회를 원초적 억압(아감벤의 원래 표현은 기원적 자료original datum다)과 유사한 것으로 묘사한다. "멜랑콜리는 사랑 대상의 상실로 후퇴하는 반작용이 아니라, 획득할 수 없는 대상을 상실한 것처럼 나타나게 하는 상상적 능력(capacity)인 것이다."(20) 따라서 멜랑콜리에서 대상은 일단 가졌다가 상실한 것이 아니라, "소유와 상실이 동시에 일어나는"(21) 대상이다. Giorgio Agamben, *Stanzas: Word and Phantasm in Western Culture*, trans. Ronald L. Martinez, Minneapolis and London: University of Minnesota Press, 1993.

대상이거나 상실하지 않은 대상이 아니라, 처음부터 존재하지 않는 것을 상실했다고 가정하는 대상, 즉 부재한 대상absent object이다. 상황이 이렇다면, 버틀러가 말하는 '열정적 애착'은 라캉적인 관점에서 유아가 자신의 근본적인 무력함을 방어하는 방식, 즉 환상의 논리를 구체화한 것이 아닐까. 지젝은 유아가 경험하는 근본적인 무력함을 탈-애착dis-attachment으로 설명하면서, '열정적 애착'을 환상의 차원에 위치시킨다.

> 그렇다면 바로 이 지점에서 버틀러를 보충해야 한다. 주체의 출현은 ('열정적 애착'이라는, 타자의 어떤 형상에 대한 굴복이라는 의미에서의) 복종과 엄밀히 같은 것이 아닌데, 왜냐하면 '열정적 애착'이 발생하기 위해서는 주체'인' 그 틈새가 이미 거기에 있어야 하기 때문이다. 이 틈새가 이미 거기에 있는 한에서만 우리는 어떻게 주체가 근본적 환상의 장악력에서 벗어날 수 있는가를 설명할 수 있다.19)

영화는 일관되게 남한의 민족주의적 감수성을 배제하려고 하지만, 그럼에도 불구하고 그 감수성은 멜랑콜리한 방식으로 표면화된다. 그렇지만 <역도산>은 여기서 좀더 나아가 일본 내셔널리즘의 형성 과정과 재일 조선 거주자라는 이질적/우연적/정념적 얼룩이 맺고 있는 팽팽한 긴장관계를 좀더 적극적으로 가시화했어야 했다. 그래서 민족적 실체를 둘러싸고 있는 환상이 철저하게 우연적이라는

부재한 대상에 관한 아감벤의 설명에 대해서는 같은 책, pp. 31-5를 참조.
19) 슬라보예 지젝, 『까다로운 주체』, 이성민 옮김, 도서출판 b, 2005, 468-69쪽.

것을 드러냈어야 했다. 멜랑콜리한 형태로 남한의 민족주의적 감수성을 자극하는 것은, 결국 포스트모던한 방법으로 일정한 거리를 유지하는 것이다. 그것은 한 번도 소유한 적 없고 그래서 상실한 적도 없는데 마치 어떤 것을 상실한 것처럼 위장하는 모습과 같은 것이다.

> 우리가 한 번도 소유하지 못했고, 처음부터 상실했던 대상을 소유하는 유일한 방법은, 우리가 여전히 충만하게 소유하고 있는 대상을 이미 상실한 것처럼 간주하는 것이다. 그리하여 애도 작업에 대한 멜랑콜리적 거부는 애도 작업의 바로 반대편 형식을 취한다. 그것은 심지어 대상을 상실하기도 전에, 대상에 대한 과잉적, 지나친 애도라는 거짓된 스펙터클의 모습을 취한다.[20]

그럼에도 불구하고 '역도산'이 일본 내셔널리즘이 허용한 이데올로기의 범위 내에서 '상상된 공동체'를 완성시키는 하나의 신화로 자리잡았다는 것은, 매우 복잡한 이론적 관점을 제공한다. 우선 그는 일본 내셔널리즘의 형성에 '목에 걸린 뼈'와 같은 정념적 얼룩으로 작용한다. 실제의 역도산, 그리고 영화 속의 '역도산'은 '일본인이 되려는 자'이지, '일본인으로 태어난 자'는 아니기 때문이다. 주목할 만한 것은 영화가 자신의 의도와 상관없이 내셔널리즘 형성의 우연적 요소를 보여주고 있다는 점이다. '상상된 공동체'가 형성되는 방식이 매우 이질적이고 우연적인 하나의 요소에 의해 계열화된다는

---

20) Slavoj Žižek, *Did Somebody say Totalitarianism?*, London and New York: Verso, 2001, p. 146.

사실만큼 역설적인 것이 어디 또 있을까. 북한에서 역도산이 민족의 영웅으로 신화화되고 있다는 것은 또 무엇을 말해주고 있는 것일까. 요점은 지역에 따라 역도산의 상징화가 차별화된 방식으로 표현되고 있다는 사실이다. 정확히 상징적 질서는 자신의 외상적 타자성을 배제하면서 구조화된다. '일본인이 되려는' '역도산'은 그러한 외상적 지점을 체화한 인물로, 상징적 질서의 비일관성을 은밀하게 보여주고 있다.

이런 배경에서 영화의 함의는 생각보다 좀더 복잡하다. 이 영화가 남한에서 흥행에 성공하지 못했던 원인은, 단적으로 말하면 "타자가 향유하는 방식"21)과 관련되어 있지 않을까. 전후 일본 내셔널리즘의 형성은 남한의 주민들에게 친숙하지 않다. 그것은 바로 사랑이 될 수도 있고, 그런 만큼 곧바로 증오의 대상이 될 수도 있으며, 친숙하면서도 낯선 이미지일 수도 있다. 영화는 보편성(이를테면 레슬링)이 언제나 특수성(국민 내러티브의 형성)의 계기를 자체 내에 포함하고 있다는 사실을 함축적으로 보여주고 있다.

> 상이한 문화들은 보편자들을 상이하게 지각한다. 왜냐하면 보편
> 자들은, 사회가 그 자체의 내재적 적대—일관된 전체로서의 사회
> 그 자체의 불가능성—를 다루는 방편으로서의 환상적 구조 속으로
> 언제나 특이한 방식으로 통합되기 때문이다. 보편자들이 이 불가능
> 성으로부터 출현하는 것, 즉 사회의 조직화 속의 구조적 틈새를
> 메우려고 하는 어떤 것인 한에서, 보편자들은 사회의 상징적 조직화

---

21) 레나타 살레츨, 『사랑과 증오의 도착들』, 이성민 옮김, 도서출판 b, 2003, 88쪽.

속에 언제나 특이한 방식으로 기입된다.[22]

각 지역마다 민족적 실체를 상상하는 방식이 차별화되고 있다는 것은, 민족적 실체를 둘러싼 환상이 철저하게 우연적인 산물임을 입증한다. 민족적 실체는 음식이나 냄새처럼 타자가 향유하는 방식에서 가장 잘 드러난다. 이를테면 <역도산>에는 다음과 같은 장면이 있다. '역도산'이 친구의 집을 찾아가는 장면에서, 카메라는 텅 빈 사무실 의자에 고독하게 앉아 있는 '역도산'을 줌인해 들어가다가 곧바로 친구의 집으로 커트해 들어간다. 투 쇼트로 찍은 이 장면에서 인상적이었던 것은 상 위에 차려진 불고기와 상추였다. 민족은 기본적으로 역사적 구성물이지만, 그럼에도 불구하고 만일 민족적 실체가 있다면 아마도 그것은 상추나 불고기처럼 타자가 향유하는 방식과 관련된 것이리라. 그러나 영화는 이처럼 타자의 향유가 드러나는 방식을 지나치게 밋밋하게 처리한다. 이어지는 역도산과 친구의 쇼트/리버스 쇼트에서도 그 유명한 "난, 일본이고 조선이고 몰라…… 난, 역도산이고 세계인이다"를 말하는 장면도 너무나 건조하게 처리되어서 정서적 울림을 낳지 못하고 있다. 오히려 인상적인 것은 '역도산 앞에서 타오르는 불판 연기'였는데, 송해성 감독은 음식이나 냄새처럼 근본적으로 이질적인 민족적 실체의 형상을 좀더 적극적으로 드러냈어야 하지 않았을까.

그러나 <역도산>은 모성적 기원으로서의 민족을 형상화하는 방식에서 진일보한 모습을 보여주기도 한다. 이는 다음과 같은 장면에서

---

22) 같은 책., 215쪽.

확인할 수 있다. '역도산'이 상투를 잘라버리겠다고 칼을 집어드는 장면은 아야와 '역도산'의 두 쇼트로 촬영되었는데, 여기서 '역도산'은 "우리 엄마……"라는 파롤을 발화한다. "스모를 못하게 되면 어떻게 하지"라며 흐느끼는 '역도산'에 대한 아야의 반응은 매우 유머러스한 것이다. "앞으론, 다 잘될 거예요." 프로이트가 말한 유머는, 이를테면 눈앞에 펼쳐진 무서운 장면 때문에 두려워하고 있는 유아에게, 이것이 아무것도 아니라고 말하는 부모의 파롤과 같은 것이다. "보아라, 이것이 그렇게 위험해 보이는 세계다. 그러나 애들 장난이지, 기껏해야 농담거리밖에는 안 되는 애들 장난이지!"[23] 여기서 모성적 기원으로서의 민족은 삭제된다.

　어머니/민족/대상의 부재가 형상화되는 방식은 어머니의 부음을 전해 듣는 장면에서도 나타난다. 고향에 있는 어머니가 죽었다는 편지를 받은 뒤, '역도산'이 빗속에서 흐느끼고 있는 장면은 아야의 시점 쇼트로 처리되었다. <꽃피는 봄이 오면>과 <슈퍼스타 감사용>에서 표현되는 어머니의 모습이 회귀의 이미지라면, <역도산>에서 형상화되는 어머니는 돌아가고 싶어도 돌아갈 수 없는, 원초적으로 부재한 대상으로 묘사된다. 이는 어머니 앞에서 근본적인 무력함을 경험하는 아이가 탈-애착을 체험하는 것과 유사한 것처럼 보인다. 그리고 바로 이것이야말로 '존재 내의 결여'가 행위act의 차원에서 드러난 경우가 아닐까. '열정적 애착'이 환상의 논리에 관한 것이라면, 탈-애착은 '환상의 횡단'에 관한 것이다. 영화는 양 극단 사이에서 부유하고 있고, 그런 만큼 모호한 구석이 없지 않다. 그런데 어쩌면

---

23) 지그문트 프로이트, 「유머」, 『창조적인 작가와 몽상』, 열린책들, 1998, 16-17쪽.

2. 라캉/한국/영화

바로 이것이야말로 우리 시대 한일 합작영화가 보여주고 있는 가능성이자 한계가 아닐까.

<해안선>, 기괴한 영웅담 혹은 자기-희생의 도착적 기만

김정선

1. 주체와 법 사이에

김기덕 감독의 <해안선>을 '독특한' 영화의 범주에 귀속시키는 것은 어쩌면 당연하다 할 수 있을 것이다. 무엇보다 김기덕 감독이 만들었다는 이유만으로도 그것은 이미 평범하지 않다. 작품에 대한 가치평가와는 별도로, "야생적", "잔혹한" 등의 수식어를 통해 집약되곤 하는 김기덕 감독의 영화미학적 성향 및 동시대 영화산업의 맥락에서 그가 차지하는 위치[1]는 그의 영화를 독특한 것으로 식별하기에 충분한 근거를 제공한다. 뿐만 아니라 이 영화가 한반도 분단이라는 소재를 다루는 방식 또한 일반적이지가 않다. 이 영화 속에서

---

[1] 김기덕 감독은 저예산 독립영화 제작방식을 고수하면서 다수의 작품을 꾸준히 생산하는 거의 유일한 감독이다. 그의 사례는 영화산업의 시스템과 타협하지 않고서도 영화를 만드는 것이 가능하다는 것을 보여준다.

한반도의 분단 상황은 그것이 상징하는 정치적, 이데올로기적 갈등과 무관하며 동족상잔이라는 비극적 유산과 어떻게 화해할 것인가라는 통상적인 민족주의적 쟁점과도 거리가 멀다. 영화가 관심을 두는 것은 남북의 대치 상황이 현시점에서 평범한 삶에 관여하면서 생생하게 비극적 조건을 생산하는 방식이다.

하지만 이 글에서 주목하고자 하는 것은 <해안선>의 또 다른 특이함이다. 그것은 이 영화가 사회를 조직하는 상징적 질서와 사회성원들의 관계를 조명하는 방식에 있다. 이 영화는 일견 사회체제의 모순을 비판하고 그것의 희생양이 된 자들의 억울함을 호소하는 듯 보인다. 해안초소에서 근무하던 군인이 군사경계지역(이하 경계지역)으로 들어온 동네 민간인을 간첩으로 오인하고 사살하면서 일련의 참혹한 사태들이 발생하는데, 영화는 특정한 개인에게 그 사태의 책임을 물을 수 없음을 명확히 보여준다. 최초의 총격 사건에 직접적으로 연루된 당사자들을 포함해 군인들과 인근지역의 민간인들 모두는 특별히 선하지도 악하지도 않은 평범한 사람들이다. 이들에게 발생하는 사태는 근본적으로 법의 무능에서 기인한다.

김기덕 감독은 이를 부각시키기 위해 군이라는 공동체의 다양한 면면들을 일절 무시한 채 해안 경계지역과 관련한 '금지의 법'에 초점을 맞춘다. 해안으로 침투하는 간첩을 잡기 위해 초소가 세워진 그곳에는 야간에 경계지역에서 발견되는 자는 누구를 불문하고 사살될 수 있다는, 그러므로 절대로 이 구역에 들어가서는 안 된다는 무시무시한 금지의 명령이 존재한다. <해안선>의 갈등은 철저하게 이 금지를 중심으로 구성되며 이 금지를 법의 무능에 대한 하나의 범례로서 제시한다. 왜 아니겠는가? 간첩은 오늘날 그 누구에게도,

심지어는 군인들에게도 실질적으로 위협적인 존재가 아니다. '간첩'이란 한때 유효했지만 이제는 더 이상 수행적 가치를 발휘하지 못하는 (거의) 죽은 어휘다. 하지만 이러한 현실의 변화는 법의 차원에서는 고려의 대상이 아니다. 법은 간첩 침투를 그 가능성이 전적으로 현실적인 위험을 내포하고 있었을 몇 십 년 전과 동일한 진지함으로 대한다. 불가피한 결과 중의 하나는 어처구니없게도 민간인이 경계지역에서 종종 오인에 의해 사살된다는 것이다. 법의 무능은 바로 여기에 있다. 법은 현실을 있는 그대로의 그것으로서 다루는 데 실패한다. 현실과 법 사이에는 언제나 간극이 존재한다. 그들의 관계는 제논의 역설에 등장하는 거북이와 아킬레스의 그것이다. 후자는 결코 전자를 따라잡을 수 없다. 그 간극이 존재하는 한, 개인들은 법(혹은 체제)의 무능에 희생되는 상황에 무방비 상태로 노출되어 있으며 어떤 과오도 근본적으로는 개인의 몫이 아니다. 한 마디로 이 간극은 모든 부조리와 모순 그리고 희생양을 생산하는 악한evil 틈새이다. 여기서 우리가 지향해야 할 바가 무엇인지는 명백하다. 그것은 이러한 틈새를 제거하는 것 혹은 최소화하는 것이다. 우리가 원하는 세상, 보다 나은 삶은 그 당연한 귀결로서 따라올 것이다. 하지만 이를 성취하기 위해 우리가 무엇을 해야 하는가? 어려움은 바로 여기에 있다. 우리는 법의 무능과 오류를 알고 있지만 그것들을 바로잡기 위해서 무엇을 어떻게 해야 하는지는 알지 못한다. 그 답을 구하고자 하는 수많은 노력들에도 불구하고 우리는 이렇다 할 해결책을 구하지 못한 상태다.[2] 바로 이것이 '틈새의 비극'에서 궁극적으로 절망적

---

[2] 20세기 서구 비판사회이론의 역할과 성과를 짚어보는 저작의 서문에서 발견되는 다음의 구절은 대안적 사회모델을 제시하는 과제와 관련해 인문사회과학의 현주소

인 지점이다.

만일 여기까지가 <해안선>이 말하는 바의 전부라면 그것에는 어떤 새로운 요소도 없을 것이다. 이는 오랜 논쟁을 거친 이데올로기 이론들이 다양한 관점 차이를 넘어 오늘날 영화 매체에 의해 수용되는 방식 가운데 하나이다. 흔히 '소외된 자'라 일컬어지는 인물charac-ter의 부류는 그와 같은 비판적 통찰의 맥락 속에서 제도의 희생양이자 그것의 결함에 대한 증거로서 출현한 것이다. 물론 이 영화는 그처럼 해석될 수 있는 여지를 상당히 가지고 있다. 하지만 그렇게 된다면 김기덕 감독이 위와 같은 관점에 추가한 하나의 결정적인 비틀림을 놓치게 될 것이다. 그 비틀림은 감독이 강 상병(장동건 분)이라는 인물에 부여한 성격상의 과잉을 통해 구현되는데, 장식적 효과를 노리는 것처럼 보일 수도 있는 이 성향은 사실상 내러티브의 중심에 무엇이 놓이는가를 결정한다. 즉 성격상의 과잉으로 인해 법과 현실 간의 틈새는 배경으로 물러서게 되고 법과 주체 간의 관계가 전면前面에 들어선다.

강 상병은 여느 영화에서나 흔히 볼 수 있는 희생양이 아니다. 민간인 사살을 포함해 그의 삶을 파멸로 이끄는 일련의 사태들에서 법의 무능은 유일한 원인이 아니다. 강 상병의 과도한 성향이 그 무능에 못지않게 혹은 더 주요하게 작용한다는 것은 의심의 여지가

를 알려준다고 볼 수 있다. "그동안 사회비판이론을 추동해왔던 유토피아적 열망이 소진되면서 오페가 지적하듯이 '대안이 없다'는 느낌은 현재 서구 비판사회이론에 널리 유포되어있다. 최근 사회민주주의 정부의 재등장과 함께 '제3의 길'을 위시해 새로운 정치적 대안들이 활발히 논의되고 있음에도, 그 공감대는 그리 넓은 것으로 보이지 않는다." 김호기, 「엮은이 서문: 비판사회이론을 어떻게 볼 것인가」, 김호기 엮음, 『현대 비판사회이론의 흐름』, 한울, 2002, 10쪽.

없다. 그의 민간인 사살이 군의 명령(여기에 들어오는 자를 사살하라!)이 부조리하다는 사실뿐만 아니라 그가 그 명령에 강박적으로 집착하기 때문에 발생한다는 것을 영화는 초반부터 명확하게 맥락화한다. 더욱이 군인의 정체성에 과도하게 동일화하는 그의 태도는 이후에 또 다른 비극적 사태들을 연쇄적으로 초래하는 직접적이고 결정적인 원인이라고 말할 수 있다. 하지만 더욱 주목할 만한 지점은 한 개인의 이질적 특성인 강 상병의 과잉동일화가 다른 인물들의 반응을 촉발하고 그 자신을 포함한 모두를 그 사태 속에 연루시키는 과정에서 주체와 법의 관계를 근본적인 차원에서 질문에 부친다는 점이다. 그 질문은 어느 순간 평범하지 않은 개인의 예외적인 사례에 관한 것이기를 멈추고 사회 구성원 일반의 문제로서 보편적 차원을 획득한다.

그런데 이 궤도의 수정, 즉 현실과 법의 틈새가 아니라 주체와 법의 관계를 중심 쟁점으로 부각시키는 이 비틀기와 관련해 우리가 놓쳐서는 안 될 것이 있다. 그것은 이 비틀기가 영화의 주 관심사를 전자에서 후자로 바꾼다기보다 후자를 통해 전자를 다른 시선으로 바라볼 수 있는 가능성을 열어놓는다는 점이다. 주체와 법의 관계에 주의를 기울인다는 것은, 바꾸어 말하면 법과 현실의 틈새가 생산하는 비극의 동인動因으로서 '주체'라는 새로운 요소를 끌어들인다는 것이다. 주체는 그 비극의 흐름에 몸을 내맡긴 채 이익을 취하거나 희생을 강요당하는 존재가 아니라 그것의 조건과 역동을 구성하는 힘들 가운데 하나로서 등장한다. 이 새로운 구도는 틈새의 비극에 주체가 어떻게 기여하는지를 탐색하는 것을 조준하고 있다. 김기덕 감독의 비틀기는 우리가 그 비극에 대해 책임이 있다는 것을 전제한다. 이는 뒤집어 보면 우리가 우리 삶의 조건을 비극적이 아닌 다른 어떤 것으로 변화시킬 수 있는 가능성이 있다는 말이다.

등장인물의 법에 대한 태도는 우선 세 가지로 구분할 수 있다. 오프닝 시퀀스를 뒤따르는 첫 장면은 내무반에서 훈련을 준비하는 군인들의 모습이다. 그다지 길지도 특별하지도 않은 장면이지만 강 상병과 다른 군인들 간에 존재하는 균열에는 의문의 여지가 없다. 친구의 호소("그만 좀 해라")나 상관의 빈정거림("그런다고 간첩이 니 앞으로 오냐")은 부대의 상징을 티셔츠에 새기고 얼굴에 검은 칠을 하는 강 상병의 행위가 주위에 불편함과 거부감을 불러일으킨다는 사실을 알려준다. 대부분의 군인들과 강 상병 사이에서 느껴지는 미묘한 긴장은 군의 법에 대해 일정한 거리를 취하는 자와 그것에 완전히 밀착하는 자 간의 불협화음이다. 이 간극이 가장 간명하게 표출되는 것은 다음과 같은 장면에서다. 보초를 서고 있던 강 상병이 옆에 있는, 가장 절친한 동료 김 상병에게 혼잣말처럼 던진다. "우리 제대하기 전에 간첩이 올까?" 어이가 없다는 표정으로 "꼭 간첩을 잡아야 돼?"라고 되묻는 김 상병에게 "안 그러면 우리가 왜 이러고 있어?"라고 강 상병은 답한다.

간첩 침투에 대한 경계는 해안부대가 존재하는 이유이며 그곳 군인들의 임무다. 부대장은 으레 부대원들을 모아 놓고 그 의무의 중요성과 의미를 반복적으로 강조한다. 하지만 부대장을 포함한 대부분의 군인들은 누구도 그 말을 문자 그대로의 의미로 사용하지도 받아들이지도 않는다. 간첩의 위협은 일종의 전제로서 군부대 조직의 작동을 가능하게 하는 가상적 위험이다. 그들 모두는 '간첩을 잡아 명예로운 삶을 살라'는 부대장의 말이 '충실한' 태도를 요구하는 기표일 뿐임을 잘 알고 있다. 아무도 간첩을 잡는 것이 실제로 자신의 의무라고 여기지 않는다. 그런데 강 상병은 예외적으로 부대장의 말을 있는 그대로 받아들이고 간첩 잡기를 진지하게 자신의 의무로서 인식한다. 심지어 그는 제대하기 전에 간첩이 나타나지 않아 임무를 수행하지 못하게 될까봐 염려한다. 이 어처구니없는 태도가 고지식함이나 훈장과 명예를 노린 탐욕스러움에서 기인하는 것이 아님은 분명하다. 그는 군의 법과 명령을 다른 이들과는 다른 방식으로 받아들이는, 근본적인 차원에서 이질적인 태도를 가지고 있다. 영화의 중후반에서 군부대 전체가 강 상병을 향해 드러내는 적대는 그러한 차이로 인해 이미 잠재적으로 존재하는 갈등이 극적인 양상으로 실현되는 것이다.

여기에 더해지는 세 번째 태도는 부대 인근 주민들의 것인데, 그들은 사적으로 군의 존재나 법에 대한 적대를 스스럼없이 드러내면서도 공적으로는 그 법의 수용이 불가피함을 인정한다. 이 태도는 군과 주민들의 관계를 일방적인 억압에 의한 것으로 해석하도록 부추긴다. 그러나 이들이 군의 존재 자체를 부정한다고 보기는 힘들다. 여기에는 외부적인 압박 이상의 것이, 최소한의 내부적인 동의가 있다.

간단히 말해 <해안선>은 이 세 태도 간의 갈등과 파열에 관한 영화라고 할 수 있다. 흥미로운 점은 일견 상반되는 태도를 보일 것으로 기대되는 군인들과 주민들이 실상은 유사한 태도를 취하고 있다는 사실이다. 그들 모두는 법을 따르면서도 한편으로는 그 법에 대해 거리를 취하고 있다. 그들은 법이 말하는 바를 전적으로 믿지는 않으며 그것이 부여한 상징적 위임에 완전히 동일화하지도 않는다.

그러면서도 동시에 자신의 위임에 '적절하게' 행동한다. 이러한 태도
는 사실 우리가 도처에서 발견하고 스스로를 통해 경험하는 것이다.
관객이 강 상병에 대해 느낄 수밖에 없는 양가적 감정의 실체 또한
바로 이것이다. 관객은 강 상병을 중심인물로 구축하는 영화적 장치
에 의해 그에게 애정을 가질 수밖에 없다. 하지만 그럼에도 불구하고
관객은 강 상병을 전적으로 지지할 수가 없다. 자연스럽게 동질감이
느껴지는 편은 그가 아니라 군인들과 민간인들이기 때문이다. 그러
나 주어진 임무에 진지하고 철저할 뿐인 강 상병의 태도가 왜 부적절
한 것으로서 보이는가? 어떻게 자신에게 주어진 말을 문자 그대로
받아들이는 그의 태도가 엉뚱함을 넘어 섬뜩함마저 느끼게 하는가
말이다. 모순은 오히려 다른 군인들이나 민간인들 편에 있지 않은가?
그 군인들은 강 상병처럼 진심으로 위임을 받아들이지는 않으나
군인의 의무는 충실하게 수행한다. 그들에게는 분명 위선적인 구석
이 있다. 그런데 이상하게도 우리의 눈에는 그들의 태도가 위선적이
라기보다 상식적인 것으로 보인다. 이 어정쩡한 태도가 정상적이고
바람직하게 여겨지는 반면 더 진실된 강 상병의 태도는 부적절하게
여겨지는 것은 도대체 왜인가?

2. 물신적 부인의 양태: 거리두기와 과잉동일화

위와 같은 질문들은 주체와 법의 관계가 결코 단순하지 않음을
드러내는데, 그에 대한 정신분석의 대답은 '나는…… 잘 알고 있다.
그럼에도 불구하고…… (믿는다)'라는 물신적 부인이다.3) 엄밀한 의

미에서의 물신적 부인은 도착증의 정신 병리적 구조다. 어린아이가 어머니나 여자아이를 통해 페니스 부재를 최초로 목격했을 때 그는 눈으로 관찰한 사실을 부인한다. 그 같은 부재(결여)는 어머니를 완전하고 전능한 존재로 여기는 아이의 믿음과 모순되며 아이에게 거세의 위험에 처하게 될지도 모른다는 불안을 불러일으키기 때문이다.[4] 대부분의 경우 아이는 점차적으로 자신이 목격한 사실을 인정하게 되지만, 특별히 어머니의 거세 현실에 집요한 태도를 보이는 도착증자는 눈으로 관찰한 현실을 '부인'하고 여자가 페니스를 가지고 있다는 믿음을 고집한다. 이때 아이는 전능한 어머니의 표상과 인정하고 싶지 않은 거세된 어머니의 표상이 불러일으키는 갈등을 해결하기 위해 뭔가를 창조하는데, 이 타협형성물이 바로 물신이다. 이제 이 물신적 대상이 주체가 그의 믿음과 관련해 가지고 있었던 관심의 대상이 된다. 바로 이러한 심리적 역동이 '나는 (어머니가 페니스를 가지고 있지 않다는 것을) 잘 알고 있다. 그럼에도 불구하고 (나는 어머니가 페니스를 가지고 있음을 믿는다)'라는 물신적 부인이다.

부인의 기제는 신경증자와도 무관하지 않다. 신경증자는 눈에 보이는 사실을 어쩔 수 없이 인정하면서도 다른 한편으로는 전능한 어머니와의 관계에서 얻을 것이라 기대되는 완전한 만족(향유)을 포기하지 못한다. 그리하여 전능한 어머니에 대한 믿음은 사라진다

3) 물신적 부인과 관련한 주체의 법에 대한 태도는 다음을 참조 슬라보예 지젝, 『그들은 자기가 하는 일을 알지 못하나이다』, 박정수 옮김, 인간사랑, 2004, 471-2쪽.

4) 이러한 아이의 부인은 아이에게 페니스가 단순한 생리적 기관이 아니라 기표로서 작동하고 있음을 알려준다. 따라서 이때 페니스는 맹아적인 형태로서 팔루스 기표라고 말할 수 있다.

기보다 '억압'되며 향후 주체의 심적 역동에서 여전히 강력한 힘을 발휘한다. 프로이트가 "신경증은 도착증의 음화다"라는 명제를 통해 말하는 바가 바로 이것이다. 옥타브 마노니는 다음과 같은 말로 어떻게 정상적이라고 여겨지는 신경증적 주체에게 물신적 부인의 구조가 (무의식적으로) 여전히 작동하는지를 설명한다.

> 물신주의자(절편음란증 환자)는 자신의 도착증과 관련해 '나는 잘 알고 있다……. 하지만……'이라는 정식을 물론 사용하지 않는다. 그는 여자들은 팔루스를 가지고 있지 않다는 것을 잘 알고 있다. 하지만 그는 거기에 '그럼에도 불구하고'를 첨가하지 않는다. 왜냐하면 그에게 '그럼에도 불구하고' 그 자체가 물신(절편)이기 때문이다. 신경증 환자는 그것을 말하느라고 온 시간을 보낸다. 하지만 팔루스의 존재에 관한 질문에 대해서 그렇다는 것은 아니다. 신경증 환자는 여자들이 그럼에도 불구하고 팔루스를 가지고 있다고 말할 수 없다. 그는 그것을 다른 방식으로 말한다. 그러나 모든 것이 그렇듯이 그는 일종의 전치를 통해, 다른 믿음들과 관련해 부인 Verleugnung의 메커니즘을 이용한다. 마치 어머니의 팔루스와 관련된 부인이 현실 거부의 최초 모델이라도 되는 듯이, 그리고 [어머니의 팔루스의 부인이] 경험을 부인하면서까지 살아남는 믿음의 기원이 되는 것처럼 말이다.[5]

---

5) 옥타브 마노니, 『상상적인 것 혹은 다른 장면을 위한 열쇠』, 파리, 쇠이유 출판사, 1969, pp. 11-13. 조엘 도르, 『구조와 도착증』, 홍준기 옮김, 아난케, 2005, 172쪽에서 재인용.

2. 라깡/한국/영화

위의 설명에 따르면 정상적인(신경증자인) 주체는 눈에 보이는 사실보다 그렇지 않은 믿음에 우선순위를 두는 심적 기제(물신적 부인)를 가지고 있다. 이 심적 기제의 이해는 주체와 법의 관계에서 발견되는 친숙한 역설을 해명하는 데 하나의 길을 열어준다. 법이 마땅히 수행해야 할 바를 성공적으로 이행하고 있을 때, 법에 대한 주체의 태도는 모호한 채로 남아 있다. 모든 일들이 순리에 맞게 진행되고, 주체는 법을 긍정하고 따르기만 하면 된다. 하지만 법이 실패하는 사례와 마주하게 되면 주체는 이에 대해 적극적인 태도를 취해야만 한다. 이런 순간 종종 등장하는 문구는 다음과 같은 것이다. '나는 법이 때때로 그 취지에 모순되는 결과를 초래한다는 것을 잘 알고 있다. 그럼에도 불구하고 나는 법이 정의실현과 행복구현에 도움이 될 것이라고 믿는다.'

이 진술은 법을 존재론적으로 정립하는 궁극적 논리를 담고 있으며, 그 논리는 단순하고 명확한 듯 보인다. 하지만 조금만 따져보면 그 논리가 그리 단순하지 않을 뿐더러 교묘하기까지 하다는 것을 알 수 있다. 앞 문장 '나는 법이 때때로 그 취지에 모순되는 결과를 초래한다는 것을 잘 알고 있다'가 실제적 **지식(앎)**에 해당한다면, 뒷문장인 '나는 법이 정의실현과 행복구현에 도움이 될 것이라고 믿는다'는 상징적 **믿음**과 관련한다. 즉 두 문장은 서로 다른 층위에 관련하여 진실이다. 문제는 이 두 문장 사이에 끼어든 '그럼에도 불구하고'라는 접속사가 그 두 층위의 간극을 교묘하게 은폐한다는 점이다. 앞 문장과 뒷문장의 내용이 서로 상반됨을 의미하는 이 접속사는 둘의 간극을 드러냄으로써 첫 번째 진실이 두 번째 진실을 취소할 수 없다는 논리를 제공하는 듯하다. 하지만 두 진실은 같은 무게를 지닌 것으로 취급되지 않는다. 두 번째 진실은 첫 번째 진실보다 더 중요한 것이 되며, 결과적으로 모순적이라는 사실을 훼손함으로써 간극이 해결되는 듯한 착각을 불러일으킨다. 두 개의 문장 사이에 있는 '그럼에도 불구하고'가 궁극적으로 앞 문장을 취소하고 뒷문장에 권위를 실어주는 형식이 아니라면 무엇이겠는가? 이 논리는 특별히 기만적인 허위의 사례가 아니다. 오히려 우리 누구나가 상징적 질서 속에서 살아가는 일반적인 방식과 관련된다. 일상에서 우리의 눈이 목도하게 되는 현실은 종종 우리가 믿고 따르며 실현하고자 하는 사회적 규범이나 이상과는 모순된다. 우리는 이러한 모순을 처리해야만 하는데, 이때 무의식의 차원에서 '나는…… 잘 알고 있다. 그럼에도 불구하고…… (믿는다)'라는 물신적 부인의 기제가 작동하는 것이다.

　실제적 지식과 상징적 믿음의 역설적 관계는 <해안선>에서 갈등의 핵심을 구성한다. 강 상병이 민간인인 영길을 간첩으로 오인하고 사살한 사건은 법이 실패하는 사례로서 범례적이다. 해안 경계지역의 금지 명령은 국민의 안전 보장을 실현하기 위한 조처지만 오히려 죄 없는 국민의 생명을 앗아가는 결과를 초래했다. 게다가 경계지역으로 들어가 억울한 죽음을 당한 민간인은 영길 혼자가 아니다. 영화 곳곳에서 주민들은 또 다른 희생자들이 과거에 존재해왔음을 이야기한다. 이 죽음들은 개인의 잘못이라기보다 금지 명령에 내재하는 잠재적 한계점이 현실화된 것이다. 누구나 다 이를 잘 알고 있다. 어찌 모를 수가 있겠는가? 하지만 법의 실패를 목격한 자들의 반응은 그 사례들을 진지하게 검토하고 현실에 보다 조응하는 방향으로 법을 조정하는 것과는 거리가 멀다. 군은 강 상병을 탓하지도 민간인

에게 사죄하지도 않는다. 사건의 진상을 조사한 뒤 오히려 강 상병을
포상한다. 이 포상은 진정으로 강 상병의 행위를 치하하기 위한 것이
라기보다 그 사건의 실상을 은폐하고 부인하기 위한 전략이다. 포상
은 공식적으로 법의 실패를 부인하는 제스처다. 그 사건을 있는 그대
로의 것으로 인정한다면 군의 권위는 회복이 불가능할 정도로 훼손
될 것이다. 물론 이 부인의 제스처는 무력하다. 누구나 그것이 순수하
게 제스처일 뿐임을 알기 때문이다. 그것이 부인의 기능을 실제로
행할 수 있으려면 또 하나의 조처가 뒤따라야만 한다. 후속적 조처는
법의 실패를 상기시키는 강 상병의 존재를 시야에서 제거함으로써
사건 자체가 잊혀지도록 하는 것이다.

그 사건을 계기로 군에서 강 상병의 지위는 현격하게 변화한다.
이전에 그가 좀 특이한 열성을 가진 부대원일 뿐이었다면 이제 그는
군 체제의 불완전함을, 그 내부에 뻥 뚫린 공백을 가시화하는 형상이
다. 그는 군 체제의 내속적 결여를 체현한다. 이런 그의 존재는 현실
속에 자기 자리를 가지고 있지 않으면서 탈구된 채로 존재하는, 어떤
낯설고도 비일관적인 요소의 현존을 의미한다. 그는 군 조직 내에서
적합한 자리를 찾을 수 없는 잉여이며, 군인들과 주민들 모두의 뇌리
에서 깨끗이 지워져야 할 얼룩이다. 강 상병에게 포상의 일부로서
주어진 휴가는 그의 존재를 그 공간으로부터 신속하게 제거하는
데 목적이 있다. 일반적으로 이 휴가는 제대시키거나 다른 부대로
이송시키는 식의 완전한 삭제를 위한 수순이다. 군은 공식적인 포상
과 휴가를 통해 실제적 지식의 부인을 수행한다.

그렇다면 사랑하는 사람을 하루아침에 잃은 주민들은 어떠한가?
상실의 아픔을 경험하는 그들이 눈앞의 사실(법의 실패)을 부인하는

것은 불가능한 일처럼 여겨진다. 그들은 응당 분노에 찬 목소리로 법의 부적절함을 비판하고 그것의 수정을 요구해야만 한다. 하지만 그런 일은 발생하지 않는다. 물론 그들은 분노한다. 그러나 그 분노는 법이 아니라 강 상병을 향한다. 그 개인이 실수를 저지르는 바람에 이런 참극이 발생했다고 여기는 것이다. 이것이 바로 주민들이 실제 적 지식을 부인하는 방식이다. 그들은 법의 실패를 고스란히 개인에 게 전가시킨다. 어떻게 이들은 사고가 강 상병의 잘못이 아님을 보지 못하는가? 이들은 왜 그토록 분명한 사실을 외면하고 부인하는가? 이들이 부인을 통해서 얻을 것은 아무것도 없는 것처럼 보이는데 말이다.

물신적 부인은 법의 권위에 의해 억압적으로 이루어지는 것이 아니다. 그것은 주체의 무의식적이고 자발적인 심적 역동이다. 주민 들이 목격을 통해 얻게 되는 지식은 국민을 위해 존재하는 법이 도리어 국민의 죽음을 초래한다는 사실이다. 그러한 사실이 주민들 에게 불러일으키는 감정은 누군가의 죽음에 대한 슬픔보다 더한 무엇이다. 거기에는 형언할 수 없는 충격이 있다. 도저히 있을 수도 없고 있어서도 안 되는, 불가능한 일이 실제로 발생했기 때문이다. 주민들의 분노는 이러한 충격을 고려해야만 비로소 이해할 수 있는 것이다. 주민들의 반응은 그들에게 법의 실패를 있는 그대로 바라보 는 것 자체가 불가능하다는 것을 말해준다. 이런 상황에서 어떤 누구 도 그러한 죽음이 충분히 가능한 조건 속에서 그들이 살고 있었다고, 이 사고는 당연한 귀결이라고 말할 수 없다. 이는 군인들에게도 마찬 가지다. 그들의 부인이 단지 군의 권위와 체제를 보호하고 유지하기 위한 것만은 아니다. 그러한 사건은 군인들에게도 주민들에게 만큼이나 충격적이고 고통스러운 것이다. 우리의 눈을 통해서 얻어지는 지식(앎)은 단순한 사실이 아니다. '그럼에도 불구하고'로 연결된 진술에서 앞 문장을 구성하는 실제적 지식은 끔찍하고 외상적인, 그래서 외면하고만 싶은 성격의 것이다. 만약 누군가 냉정한 눈으로 진지하게 실제적 지식을 인정한다면, 그는 법에 대한 믿음을 잃고 더 이상 무엇이 옳고 그른지 알 수 없게 되어버릴 것이다. 그의 현실은 끔찍한 혼란 그 자체이게 될 것이다. 그런 이유로 그들 모두는 이 사례를 법의 실패가 아닌 개인의 실수로서 취급해야만 한다(군인들은 공식적으로 그렇게 말하지 않지만 실제로는 강 상병의 실수라고 생각한다). 우리가 현실이라고 부르는 것은 이러한 부인을 배경으로, 어떤 외상적 실재의 배제를 배경으로 구성된다. 이것이 우리가 '정상적'이라고 부르는 삶의 방식이다.

현실과 상징적 (법에 대한) 믿음의 관계를 보다 명확하게 이해하기 위해서는 정신분석이 (아버지의) 법이라는 용어로 지시하는 광의의 법을 염두에 둘 필요가 있다. 그것은 성문화된 실정법만이 아니라 "모든 사회관계 저변에 있는 근본원리"이자 "사회적 존재를 가능하게 하는 보편적 원리"를 의미한다.[6] 법은 인간이 동물에서 언어의 존재가 되는 순간, 언어를 통해 받아들이는 삶의 방식이다. 그것은 단순히 외부로부터 부과된, 지켜야 할 일련의 규칙들이 아니다. 그것은 '언제나 이미' 여기에 있고, 발화행위 자체를 통해 '언제나 이미' 우리가 수락하고 인정하는 상징적 협약이다.[7] 이런 의미에서 법은

---

6) 장 라플랑슈 · 장 베르트랑 퐁탈리스, 『라깡정신분석 사전』, 임진수 옮김, 열린 책들, 2005, 142-3쪽.

7) 슬라보예 지젝, 『그들은 자기가 하는 일을 알지 못하나이다』, 351쪽.

상징적 질서(큰타자)의 다른 이름이라고 할 수 있다. 법에 대한 믿음
은 주체의 존재를 가능하게 하는 필수불가결한 조건이며 현실 그
자체를 구조화하는 무엇이다. 만일 이 믿음이 상실된다면 사회적인
장의 조직 자체가 와해될 것이다.

　이와 같은 상징적 믿음에 대한 논의는 지나치게 소박한 듯 들리는
것이 사실이다. 오늘날 상징적 질서(큰타자)에 대한 불신은 도처에
만연하다. 법의 무능은 하나의 상식으로서 가장 빈번한 조소의 대상
이 된 지 오래다. 법과 질서가 민주주의, 평등, 정의와 같은 이념의
실현을 위해 존재한다는 말을 믿는 사람은 더 이상 없다. 누군가가
열정적으로 그런 말을 한다면 사람들은 그를 위선자거나 멍청한
자라고 간주할 것이다. 이제 그 가치들은 실제로는 이해에 봉사하는
무언가를 정당화하는 데 이용되는 공허한 문구 이상이 아니다. 이것
이 바로 상징적 믿음과 관련하여 가장 미묘한 지점이다. 우리는 큰타
자에 대한 우리의 믿음을 믿지 않는다. 우리는 우리의 무의식적 믿음
에 대해 알지 못하며, 의식적으로는 그러한 믿음을 갖고 있지 않다고
확신한다. 그래서 오히려 가벼운 마음으로 법이 명령하는 바를 수행
할 수 있는 것이다. 우리의 마음속에는 언제나 이런 논리가 있다.
'내가 그렇게 하는 것은 그것을 진심으로 믿어서가 아니다. 전혀
믿지 않을 뿐만 아니라 그것을 우습게 생각한다. 그것을 믿고 따르는
척, 행동만 그냥 그렇게 할 뿐이다. 따라서 나의 행동은 진정한 나의
내면을 반영하지 않는다.' <해안선>의 군부대원들이나 주민들도 마
찬가지다. 그들은 스스로 법이나 군 체제에 대한 믿음을 가지고 있다
고 생각하지 않는다. 주민들은 술안주 삼아 군을 빈정대기 일쑤다.
군인들은 그저 아무 탈 없이 군복무 기간이 끝나기를 바라는 마음으

로 주어진 일을 수행할 따름이다. 하지만 그들의 행위는 그 자체로 그들의 믿음에 대한 가장 명백한 증거가 된다. 무의식 속에 억압된 상징적 믿음은 우리가 알지 못하는 사이에 우리의 행위 속에서 모습을 드러낸다. 군인들과 주민들이 강 상병의 민간인 사살을 개인의 실수라고 여기며 법의 실패를 부인하는 것처럼 말이다. 이것이 아무도 큰타자의 전능함을 믿지 않는 이 시대에 큰타자가 여전히 작동하는 (혹은 작동할 수 있는) 이유이다.[8]

개인의 실수라는 그들의 인식은 무의식적 믿음과 의식적인 불신 간의 간극을 메워주는, 부인의 행위를 의식적인 차원에서 합리화하려는 노력의 일환이다. 개인적 실수라는 인식에는 법으로부터 최소한의 거리를 유지하는 주체로서의 태도가 작동하고 있다. 법이 말하는 바를 실행에 옮길 때 그 행위는 온전히 주체의 판단과 책임이라는 것이다. 해안초소의 경비를 설 때 군인은 법이 명하는 바를 수행하고 있을 뿐이지만 그 수행은 '주체'로서 행해진다. 법이 누구든지 사살하라고 명하긴 했지만 주체는 자신의 눈앞에 움직이는 물체가 간첩인지 민간인인지를 제대로 분간할 수 있어야만 한다. 일반적으로 강 상병같이 사고를 낸 당사자가 죄책감에 시달리는 것은 이 때문이다. 이러한 심적 기제가 법의 권위를 유지시키는 궁극적 지탱물임은 말할 필요도 없다. 여기서 라캉의 '희생' 개념은 울림을 갖는다. 희생은 "큰타자의 무능함에 대한 부인을 상연하는 제스처다. 희생의 가장 기본적인 차원에서, 주체는 스스로 이득을 얻기 위해서가 아니라 타자 안의 결여를 채우기 위해, 타자의 전능함(혹은 적어도 일관성)

---

8) 슬라보예 지젝, 『부정적인 것과 함께 머물기』, 이성민 옮김, 도서출판 b, 2007, 451쪽.

의 외양을 유지하기 위해 희생을 제공하는 것이다.'9) 군대의 강 상병에 대한 의가사 제대 조처는 바로 이러한 희생을 치르는 행위이며 주민들의 그에 대한 분노는 주체로서의 책임을 묻고자 하는 의사의 표명이다.

만약 강 상병이 죄책감을 느끼고 이러한 분노와 희생에 기꺼이 동조했더라면 해안 부대와 마을은 세월의 힘에 의지해 점차적으로 평화를 되찾을 수 있었을 것이다. 적어도 표면적으로나마 아무런 일도 일어나지 않았던 듯 살아가게 되었을 것이다. 하지만 강 상병은 그러지 않는다. 무엇보다도 그는 계속 그 부대에서 근무하기를 고집한다. 군대가 그를 제대시켰음에도 불구하고 그는 자꾸만 그곳으로 돌아와 군인 행세를 하려고 한다. 그의 행동은 상식적으로 이해하기 힘들다. 자신의 죄를 상기시키는 그 공간을 도저히 견딜 수 없어 해야 하는 것이 마땅한데, 어떻게 그는 자꾸만 그곳으로 되돌아오는가? 유일하게 가능한 답은 강 상병에게 그런 류의 죄의식이 없다는 것이다. 사고에 대한 죄책감은 법으로부터 거리를 취하는 주체로서의 태도에서 기인하는데, 강 상병에게는 그런 태도가 존재하지 않는 것이다.

여기서 우리는 강 상병이 애초부터 다른 군인들과는 달랐다는 것을 상기해야 한다. 다른 모든 군인들이 부과된 상징적 위임에 대해 일정한 거리를 취하는 것과 달리 강 상병은 그것에 과잉 동일화한다. 간첩을 잡아 명예로운 삶을 살라는 부대장의 말을 받아들이는 방식이 다른 것도 이 때문이다. 다른 군인들은 상관의 말을 나름의 판단

9) 슬라보예 지젝, 『신체 없는 기관』, 박제철 외 옮김, 도서출판 b, 2006, 312쪽.

2. 라캉/한국/영화

아래 적절한 방식으로 해석한다. 그들은 그 상관이 그런 말들을 해야 하는 자리에 있기 때문에 그렇게 말한다고 생각한다. 그들은 (의식적인 차원에서) 상관조차도 그런 말을 진심으로 믿지 않는다는 것을 알고 있다. 하지만 강 상병은 나름의 판단이라는 것이 없이 그 말을 그저 곧이곧대로 받아들이고 간첩 잡기를 임무로서 인식한다. 이러한 논의는 대부분의 군인들과 강 상병 간의 차이가 겉보기처럼 그렇게 무해한 것만은 아니라는 추론을 가능하게 한다. 일견 강 상병은 단지 남보다 더 많은 열정으로 군인의 위임을 대하고 있을 뿐인 것으로 보인다. 하지만 그 과잉된 열정의 이면은 주체로서의 적절한 태도의 상실이다. 그는 최소한의 거리를 대가로 치르고서 법에 지나치게 가까이 다가가 있는 것이다.

주체로서의 적절한 태도가 부재하다는 점을 고려하면 강 상병이 민간인 사살 사건 이후에 보이는 이상한 행동들을 설명하는 것이 가능하다. 그가 그 사건을 경험하는 방식은 대부분의 군인들이나 주민들과는 전혀 다르다. 군의 법에 과잉동일화한 그에게 그 법은 절대적이다. 그는 법의 실패를 상상할 수조차 없으며 그런 이유로 명령을 엄수했을 뿐인 그에게도 실패는 불가능하다. 한 마디로 그의 눈에는 법에도 자신에게도 잘못이 (있을 수) 없다. 물론 이러한 논리의 이면은 그 사고를 자신의 책임으로 떠맡는 주체적 태도와 인식의 부족이다. 하지만 어디에서도 죄를 발견하지 못하는 이 태도는 그에게 통상적인 죄의식보다 한층 더 극단적인 고통을 안겨준다. 그는 자신이 초래한 무고한 사람의 죽음을 이해할 수 없기 때문이다. 그는 사건의 당사자임에도 불구하고 어찌하여 일이 그 지경에 이르렀는지 도대체 알 수가 없다. 영화 전체를 통틀어 그가 그 사건에 대해 언급하는 일은 단 한 번도 없는데, 그는 하지 않는 것이 아니라 못하는 것이다. 그 사건이 무엇인지 상징화할 수 없는 그가 무슨 말을 어떻게 할 수 있겠는가? 피해자에게 사죄하는 것은 고사하고 가장 절친한 친구에게 괴롭다는 토로의 말 한 마디조차 하지 못한다. 이런 상태에 놓여 있는 자의 고통에 비하면 통상적인 죄의식은 오히려 안락한 것이다. 사실 그에게 죄의식이 전혀 없는 것이 아니다. 분노에 찬 주민들의 주먹과 발길질에 아무런 방어도 없이 몸을 내맡기거나 죽은 민간인의 애인과 마주칠 때마다 머리를 쥐어뜯으며 고통의 비명을 지르는 모습은 그에게도 죄의식과 유사한 감정이 있다는 것을 분명히 보여준다.10) 단지 그에게 있어 그 감정은 무엇이라 불러 야할지 모르는 고통이다.

　이 불가해한 상황들은 그를 법(타자)에 대한 질문으로 이끈다. '그것이 나에게서 원하는 것은 무엇이지?' 법에 과잉동일화한 그에 게 이 질문보다 더 섬뜩한 것은 없을 것이다. 그 질문은 법이 명시하는 바의 이면에 다른 의미가 숨어 있음을 의미하기 때문이다. 그것은 궁극적으로 그의 존재를 뒤흔드는 질문이다. 죽은 민간인의 애인을 볼 때마다 공포에 떨며 제정신을 잃는 강 상병의 모습은 그 고통의 정도를 짐작케 한다. 이 참을 수 없는 고통으로부터 벗어나 자신을 구하기 위해 강 상병은 그 고통과 관련된 모든 일들을 부인한다. 마치 아무런 일도 없었던 듯이 예전과 동일하게 살아간다면 그 모든 사태는 없었던 일이 될 것이다. 그가 반복해서 군대로 돌아와 이전처

---

10) 죄의식에 가까운 감정을 드러내는 그의 모습은 강 상병이 주체임을 알려준다. 비록 온전히 적절한 방식으로는 아닐지라도, 그 또한 법으로부터 거리를 취하고 있기는 한 것이다.

럼 군인으로 행동하는 것은 그래야만 살아갈 수 있기 때문이다. 그는 자신을 미친 사람 취급하는 부대원들을 향해 "난 제대하지 않았다. 난 상병 강한철이야"를 외친다. 이것이 강 상병이 실제적 지식을 부인하는 방식이다. 그의 실제적 지식은 내용면에서 다른 군인들이나 주민들의 지식과 다르다. 하지만 그것은 끔찍한 것이라는 속성을 공유한다. 그 지식을 부인하지 않고 떠안으려 한다면 그는 법을 의문에 부치지 않을 수 없을 것이며 그것은 곧 그의 현실이 붕괴됨을 의미하기 때문이다.

지금까지의 논의만으로는 거리두기와 과잉동일화가 단지 부인의 상이한 방식들에 지나지 않는 것으로 여겨질 수 있다. 여하간 그 둘은 모두 눈앞의 실제적 지식을 부인하는 심적 기제이다. 주체적 태도가 그런 목적에 복무하는 한, 전자를 더 바람직한 태도로 바라볼 이유는 없다. 그런데 어째서 우리 눈에 전자는 정상적이라 여겨지고 후자는 부적절한 것으로 보이는가? 우리가 단순히 다수의 경향성이라는 기준을 만족시키는 편에 손을 들어주고 있는 것인가? 반드시 그런 것만은 아니다. 일반적으로 신경증자인(정상적인) 주체는 '분리'를 통해 상징적 질서에 대한 최소한의 거리를 유지한다. 이는 큰타자의 호명이 완전히 성공하지 못했음을 나타내는 실패의 흔적이기도 하지만 동시에 이러한 거리를 통해서 주체는 비로소 주체가 될 수 있는 것이다.[11] 주체란 '직접적인 존재로서의 나'와 나에게 어떤 지위나 권위를 부여하는 '상징적 위임' 사이의 간극 그 자체라고도 말할 수 있다. 아버지, 의사, 학생 등과 같은 상징적 자리로는

---

11) 슬라보예 지젝, 『신체 없는 기관』, 337쪽.

표현되지 않는, 덤벙대고 공상과학 영화를 즐기며 한 잔의 술에도 정신이 혼미해지는 '잉여분의 나'를 인지하는 것은 주체이기 때문이다. 군인들 또한 스스로가 법과 틈새를 유지하고 있는 바로 그곳에서 진정한 자기를, 주체로서의 자신을 인지한다. 그리고 그러한 한에서 그들은 법에 대해 거리를 취할 수 있는 것이다.

이러한 주체로서의 인식 혹은 거리두기는 법이 '올바르게' 집행되기 위한 필수적 조건이다. 상징적 위임과 자신 사이에 최소한의 거리를 둠으로써 주체는 그의 권위가 그 자신이 아니라 그의 자리로부터 나오는 것임을 인지한다. 아무리 높은 권좌에 있는 자라도 주어진 권력을 마음대로 휘둘러서는 안 된다. 그가 자신의 자리에 적합한 방식으로 권위를 사용하는 유일한 길은 법을 참조하는 것이다. 그는 법의 씌어진 문구에 따를 뿐이며, 그를 통해 '법이 말한다'. 하지만 동시에 그는 주체로서, 법의 어떤 구절이 어떻게 적용되어야만 적절할 것인가를 결정한다. 가장 쉬운 예로 우리가 판사를 필요로 하는 것은 그 때문이다. 판사의 판결을 구성하는 것은 법의 문구와 더불어 그 문구를 선택하는 주체의 결단이다. 우리는 판결을 내리는 목소리 속에서 그 주체를 감지한다. 그것은 종이 위에 씌어진 판결문의 경우에도 마찬가지다. 그 판결문에는 법전을 읽을 때는 느낄 수 없는 주체의 목소리가 담겨 있다. 강 상병에게 모자란 것이 바로 이것이다. 그의 행동과 말에는 그러한 주체의 흔적이 보이지 않는다. 군인들이 애초부터, 그가 아무런 사고를 일으키지 않고 그저 열정적인 군인일 따름이었을 때에도 그에게 적대적이었던 것은 그 때문이다. 그의 열정적인 태도는 주인을 위해 과도한 속도로 일하는 꼭두각시 같은 것이다. 사람들이 법을 문자 그대로 따르고 말을 곧이곧대로 받아들인다면 언뜻 세상이 보다 질서정연하고 투명해질 것 같지만, 그것이 가리키는 것은 인간적이라 할 어떤 것이 사라진 세상이다. 강 상병이 희미하게나마 불러일으키는 감정은 그처럼 비-인간적인 세상을 진지하게 상상해볼 때 떠오르는 섬뜩함과 아주 가까운 것이다. 그 섬뜩함은 뭔가 윤리적으로 지나치게 부적절하다는 판단을 내포하고 있다.

3. 탈현실화: 실재의 침입과 응시의 출현

이제 우리는 <해안선>과 관련해 가장 논란이 되었던 지점을 살펴볼 것이다. 영화를 본 관객이라면 누구라도 후반부에서 벌어지는 일들이 지나치게 비현실적이라는 의견에 동의할 것이다. 그것들이 주는 비현실감은 어느 시점부터 이전과는 판이하게 다른 느낌의 세계가 펼쳐지는 데서 기인한다. 그 세계는 뭔가 이상한 기운에 사로잡힌 듯 몽환적이고 비논리적이다. 독특하긴 하지만 절대 유능하다고 볼 수는 없는 강 상병이 군부대를 상대로 신출귀몰한 게릴라식 전투를 펼치고, 수십 명이나 되는 군부대는 이 한 사람의 난동을 제압하지 못하고 허둥댄다. 강 상병이 갑자기 엄청난 능력을 발휘하고 군부대가 어처구니없이 무능해지는 상황 자체도 관객을 어리둥절하게 만들지만, 더 의아한 것은 그 상황들이 재현되는 방식이다. 강 상병은 마치 다른 차원의 존재라도 되는 듯 초월적이다. 군인들이 자고 있는 내무반으로 스르륵 들어가 군용품들을 가져가고 멀쩡하게 보초를 서고 있는 이에게서 순식간에 총을 탈취하는 그의 모습은 유령과도 흡사하다. 때때로 출렁이듯 물결무늬를 그리며 일그러지는 그의 이미지는 그를 알아볼 수 없는 비가시적인 존재로, 실체가 없는 비사멸적 존재로 제시한다. 군인들은 그를 잡으려고 눈에 불을 켜고 있지만 그런 경계는 그에게 전혀 걸림돌이 아니다. 그는 홀연히 나타났다 유유히 사라지며 군인들은 별안간 그의 총탄을 맞고 쓰러진다. 군인들은 겁에 질려 짐작 가는 방향으로 총을 마구 쏘아대지만 그 총알들은 그에게 아무런 상처도 입히지 못한다.

후반부의 많은 장면들은 도저히 우리가 알고 있는 현실의 일부라고는 볼 수 없는, 어두운 광기와 죽음의 공포가 지배하는 세계를 재현한다. 이러한 환상성은 전반부에서는 전혀 그 기미조차 찾을 수 없는 것이다. "리얼리즘적 시선"이나 "다큐멘터리적 톤"[12] 등의 표현이 전반부를 규정하는 평자들의 말 속에 등장하는 것은 영화 속의 세계가 우리의 현실감각에 상당히 상응하는 것임을 말해준다. 전반부의 일상적 현실의 세계와 후반부의 악몽 같은 환상의 세계 간의 단절은 <해안선>이 관객에게 불러일으키는 의혹들이 수렴되는 지점이다. 우리가 표면적인 현상의 조각들만으로 이 단절 (혹은 비약)에 대한 개연성을 구성하려 한다면 그 결과는 더 많은 질문과 의혹이 될 것이다. 오히려 우리의 노력은 정반대 방향으로 이루어져야 한다. 눈에 보이는 현상들은 보이지 않는 심적 기제의 결과들이다. 따라서 논리는 외부가 아니라 내면에 존재한다. 현실적인 세계에서 비현실적인 세계로의 비약은 인물들의 심적 역동에 변화가 발생했음을

---

12) 김시무, 「<해안선>-김기덕 감독의 <해안선>에 대한 논란이 아닌 논쟁이 필요하다」, 『필름2.0』, 2002년 12월 2일. 김지훈, 「<해안선>-신화와 이미지, 혹은 동어반복」, 『nkino』, 2002년 12월 4일.

의미한다.

　우리는 이 변화의 실마리를 물신적 부인을 설명하는 앞 절에서 찾을 수 있다. 군인들(과 주민들)과 강 상병은 서로 상이한 부인의 기제를 가지고 있으며 비극적이게도 그 전략들은 서로 배타적이다. 군인들은 강 상병을 제대(희생)시켜야만 하고, 강 상병은 군인으로서 그곳에 남아야만 한다. 제대를 시키느냐 계속 복무하느냐는 사소한 행정상의 선택인 것 같지만, 실상 그것은 그들에게 목숨을 걸고 관철시켜야만 하는 절체절명의 결단이다. 우리가 현실 세계라고 인지하는 그것, 조화로운 총체성의 외양으로 존재하는 세계는 종종 현실이라 불리는 눈앞의 사실이 아니라 큰타자에 대한 상징적 믿음에 근거해 구축된 현실이다. 상징적 믿음이 흔들릴 때 우리의 세계도 함께 흔들리고 그 믿음이 상실될 때 우리의 세계도 더불어 사라진다. 군인들과 강 상병 간에 타협이 있을 수 없는 것은 그 때문이다. 한 발짝 뒤로 물러서면 거기에는 수천 길의 낭떠러지가 있다. 군인들이 지독할 만큼 완강하게 강 상병을 거부하는 것도, 강 상병이 버금가는 정도로 끈질기게 군대 주위를 맴도는 것도 모두 살아남기 위한 몸부림이다. 하지만 그 양자가 끝까지 버팀으로써 초래되는 결과는 모두가 실제적 지식을 부인하는 데 실패하고 만다는 것이다. 그 사태는 부인하고픈 실제적 지식을 끊임없이 상기시키며 큰타자를 질문에 부치게 만든다. 바로 이것이 정신분석에서 실재의 침입이라 부르는 것이다. 실재와의 조우는 진실을 인지하는 순간이 아니다. 그것은 견고하다고 믿고 있는 현실이 무너져 내리고 그래서 '이건 현실이 아니야!'를 외치게 만드는 경험이다. 전반부와 후반부 간에 나타나는 간극은 바로 이런 탈현실화로부터 기인한다.

　탈현실화는 강 상병의 편에 먼저 나타난다. 그를 정신병원으로
수송시켰을 때 군인들은 잠정적으로 부인에 성공하는데, 이는 강
상병에게 그의 부인이 불가능하다는(실패했다는) 것을 의미한다.
이 실패는 큰타자에 대한 질문을 불가피하게 만든다. 그는 큰타자가
원할 것이라고 가정되는 바를 열심히 수행했지만 실패했다. 어디서
무엇인가가 잘못되었던 것이다. 그래서 그는 질문할 수밖에 없다.
'당신은 나에게서 무엇을 원하지(케 보이Che Vuoi)?' 하지만 이 질문
은 당혹스럽게도 그에게 고스란히 되돌아온다. 큰타자는 존재하지
않는다. 아니 그것은 오직 우리의 믿음 속에서만 존재한다. 상징적
믿음이 흔들리고 그래서 그 믿음을 보증해줄 것이라 기대하며 큰타
자에게 질문을 던질 때 주체는 아무런 대답도 얻을 수 없다. 그가
얻는 것은 '당신은 나에게서 무엇을 원하지?'라는, 주체를 그 자신의
승인되지 않은 욕망과 대면하도록 만드는 질문이다. 이때 강 상병은
욕망의 진리를 회피하기 위한 해결책의 하나로서 도착적 전략을
선택한다. "도착적 전략은 내가 대상으로서 무엇인가에 관한 근본적
불확실성의 곤궁을 회피할 수 있도록 해주는 자기-대상화 속으로의
도피로서 파악될 수 있다."[13] 주체는 존재론적 불확실성을 절대적
확실성으로 역전시킨다. 이것이 도착증의 구조($a \Diamond \$$)가 의미하는
것이다. 주체의 자리에 있는 대상 a는 주체가 스스로를 타자의 향유
를 위한 특별한 도구로서 인지함을 표시한다. 이 주체는 타자가 말하
는 바를 성취하기 위해, 아직은 도래하지 않은 그것의 실현을 위해
자신의 모든 것을 헌신한다. 그는 그것만이 타자에 대한 자신의 열정

---

13) 슬라보예 지젝, 『까다로운 주체』, 이성민 옮김, 도서출판 b, 2005, 472쪽.

을 증명하는 유일한 길이라고 여긴다.

강 상병은 그저 평범한 군인이 아니다. 자신의 위임에 과잉동일화한 그는 군인정신 혹은 군 체제에 지나치게 가까이 다가가 있다. 그 자신과 그것들을 식별하기가 힘들 정도로 그 거리는 너무 가깝다. 얼굴에 검은 칠을 하고 부대의 상징을 셔츠에 새기는 행위는 부대원들과는 다른 자신의 존재를 위한 표식이다. 그는 평범한 군인과 자신의 차이를 분명히 하기 위해 뭔가를 더하지 않을 수 없었던 것이다. 해안의 군부대가 이런 그를 뭔가 잘못이나 저질렀다는 듯 쫓아내고 미친 사람으로 취급해 병원에 보낼 때[14] 그가 떠올리는 것은 배신감이 아니다. 그것은 오히려 군부대가 하나의 부적절한 사례라는 판단이다. 참된 군인인 그에게 등을 돌리는 그들이 진정한 군인일 리가 없다는 것이다. 강 상병은 자신을 병원에 보내려 하는 군인들을 향해 참을 수 없다는 듯 광적으로 웃어댄다. 그가 자신을 걱정스럽다는 듯 바라보는 군인들에게 어떻게 비웃음을 던지지 않을 수 있겠는가? 그의 눈에 더할 수 없이 부적절한 것이 바로 그들인 이 순간에 말이다.

따라서 강 상병이 해안 부대와 맞설 때 그는 체제에 저항하는 것이 전혀 아니다. 적어도 그의 관점에서 체제는 오히려 그 자신의 편에 있으며 부대원들은 그것이 요구하는 바에 미치지 못하는 '엉터리' 군인들이다. 이러한 판단은 강 상병이 군부대를 공격하는 방식에서도 여실히 드러난다. 그는 그들이 얼마나 무능력한 군인인지를 증명이라도 하려는 듯 군인의 정체성을 구성하는 핵심적인 지점에서

---

14) 부대원들과 주민들은 제대한 후에도 부대로 되돌아오는 강 상병에게 '미쳤다'는 말만을 반복한다. 강 상병에게서 느껴지는 이질감을 뭐라 정확하게 표현할 수가 없는 그들은 그저 '미쳤다'는 표현을 통해 이질감의 극단적 강도를 드러낸다.

그들을 불명예스럽게 한다. 무기와 공간을 안전하게 지키고 상대와 맞서 공격하고 수비하는 행위들은 '군인이 무엇인 바'를 정의하는 요소들이다. 하지만 그들은 그 무엇 하나 제대로 해내지 못한다. 그것도 한 개인을 대상으로 말이다. 다른 한편으로 강 상병의 폭력 행사는 그들에 대한 처벌이자 응징이다. 그는 참된 군인으로서 자신에게 주어진 의무를 수행하는 것이다. 한때는 동료이기도 했던 군인들을 향해 총부리를 겨누고 방아쇠를 당기는 강 상병에게서 느껴지는 것은 분노나 망설임이 아니라 결단의 단호함이다. 그는 감정적 동요로 인해 분란을 일으키는 것이 아니라 단지 법의 심판을 실행하는 것이다.

뜬금없게 느껴질 수도 있는 영화의 종결부는 이러한 사태의 요점을 응축하고 있다. 군부대의 혼란이 극에 달하는 지점에서 스크린은 명동의 한복판에 서 있는 강 상병의 이미지로 전환된다. 군복을 완벽하게 갖춰 입은 그가 총검술을 펼치자 지나던 행인들은 그의 둘레로 모여들어 킬킬거리며 구경한다. 하지만 우스꽝스럽다는 듯이 바라보던 한 남자가 그의 총칼에 찔려 쓰러지자 주위는 삽시간에 아수라장이 된다. 경찰은 신고를 받고 달려와 그를 포위하고 그는 그들 중 하나를 향해 총을 겨눈다. 그리고 화면이 하얗게 페이드-아웃 fade-out되면서 총성이 울린다. 이것은 군부대와 강 상병 간에 발생했던 사태와 동일하다. 그는 너무나 진지하게 자신에게 지워진 의무를 수행하고 있지만 그들은 그를 알아보지 못한다. 그는 법의 수호자로서 그들의 몰인지와 무능을 벌하고 바로 잡아야 한다. 그는 목숨을 포함한 자신의 모든 것을 법이 도래할 미래의 그날을 위해 봉사하는 것에 바친다. 그것이 그의 사명이다. 우리가 여기서 목격하는 것은 전체주의적 권의의 모체로서 물신주의적 태도다. 강 상병은 "자신이 다른 사람들과 똑같다는 것을 잘 알고 있음에도 불구하고 스스로를 특수한 재질로 주조된 사람, 역사의 의지가 직접 구현된 대상이라는 물신에 참여하고 있는 개인"이라고 믿는다.[15]

그런데 우리는 이러한 태도를 근거로 손쉽게 그를 도착증자로 취급하지 않도록 조심해야 한다. 혼란스러운 점이 없지는 않지만, 그는 도착증자라기보다 도착적 전략을 구사하는 신경증자이다.[16] 단서는 강 상병이 겪는 고통(죄의식)인데, 증상의 일종인 그 고통은 도착증자에게는 나타나지 않는 것이다. 그가 도착증자였다면 처음부터 자신이 무대에 올리는 그 모든 드라마를 태연히 즐기기만 했을 것이다. 그의 내적 존재는 전혀 건드려지지 않을 것이므로 고통스러울 일이 없다.[17] 강 상병이 고통을 넘어서는 것은 오직 도착적 전략을, 타자의 향유를 위한 도구의 자리를 취하고 난 이후이며, 그 전환의 동기가 바로 고통(혹은 죄의식)이다. 군부대원들의 태도가 그를 부단히 괴롭히고 힘들게 하지만 결정적으로 그가 달라지는 것은 밤안개가 짙게 깔린 악몽의 시퀀스 이후부터다. 부대 근처의 해안가에 잠들어 있던 강 상병은 느닷없이 나타난 미영(죽은 민간인의 애인)의 손에 이끌려 경계구역 안으로 들어간다. 그가 저항해보려 하지만

---

15) 슬라보예 지젝, 『그들은 자기가 하는 일을 알지 못하나이다』, 486쪽.

16) 이 혼란스러움은 도착증과 도착적 전략을 구사하는 신경증자 간의 본래적 유사성에 기인한다기보다 이 인물을 창조한 감독에 의해 초래된 것으로 보인다. 그 둘은 겉보기에 상당히 유사하기 때문에 혼동하기가 쉽다. 하지만 여기서 언급하는 혼란스러움은 강 상병이 허구적 인물이라는 점에 관련한다. 창조된 영화 속 인물이 정확하게 정신 병리적 구조를 재현하는 경우는 그리 흔하지 않으며 그것은 오히려 당연하다고도 볼 수 있다.

17) 슬라보예 지젝, 『부정적인 것과 함께 머물기』, 140쪽.

그의 몸은 어쩐지 말을 듣지 않고 그녀가 이끄는 대로 끌려간다. 문득 정신을 차리고 보니 그가 잡고 있는 손은 덩그러니 잘려진 팔이고, 이에 놀라 지른 그의 비명은 군인들의 난사를 초래한다. 한 마디로 미영에 의해 강 상병은 자신이 죽인 민간인과 동일한 위치에 서게 된 것이다. 이 장면에서 우리가 어떻게 그의 죄의식을 놓칠 수 있겠는가?

　이 죄의식은 그를 이끄는 심적 역동에 대해 하나의 해명을 추가한다. 죄의식이 그를 도착적 전략으로 안내하는 그 순간에 그는 초자아의 명령(즐겨라!) 아래 있다. 강 상병은 얼핏 도착적 전략 이전과 이후에 동일하게 법에 밀착해 있는 것으로 보이지만, 실상은 그렇지가 않다. 그를 지배하는 법과 연동하는 윤리적 작인이 달라진다. 이전의 그가 따르는 (아버지의) 법은 자아이상과 관련한다. 그것은 사회적 삶을 규율하고 평화를 유지하는 데 이바지하며, 공적 법과 같은 방향을 가리킨다. 그런데 공적 법은 불완전하고 비전체적인 특성으로 인해 외설적 초자아를 필요불가결하게 동반한다.18) 초자아는 상징적 질서의 유효성이 궁지에 몰릴 때 출현하는데, 법의 실패를 부인하는 주체가 느끼는 죄의식이 향유를 명령하는 초자아의 법을 가동시키기 때문이다. 초자아는 죄의식으로부터 에너지를 길어 주체에게 압력을 행사한다. 이 압력은 주체로 하여금 자신의 가장 귀중한 것을 희생하도록 만든다. 죄인이 죄과를 치루기 위해 스스로에게 숭고한 고행을 부과하는 것이다. 자신의 모든 것을 걸고 엉터리 군인들을 처벌할 때 강 상병이 하고 있는 것이 바로 이것이다. 그는

---

18) 슬라보예 지젝, 『향락의 전이』, 이만우 옮김, 인간사랑, 2002, 114쪽.

자신을 타자의 향유의 도구로 헌납하고 그 대의를 위해 위험 속에 몸을 던진다. 하지만 현상적으로 고행의 길을 걷는 자기-희생의 장면은 실재의 차원에서 그가 즐김을, 향유를 의지한다는 것willing을 의미한다. 그는 자신의 삶을 고통의 장면으로 조직하는 바로 그 행위 속에서 어떤 향유(고통 속의 쾌락)를 이끌어낸다.[19] 물론 강 상병이 향유의 의무를 따르는 자기-희생의 행위를 윤리적인 어떤 것으로 인지한다는 것은 말할 필요도 없다.

강 상병을 통해 구현되는 두 형상은 동일한 개인이 '욕망의 주체'와 '대상-응시'로 이중화되는 것에 다름 아니다. 한 쪽에는 군부대의 일원인 그가 있다. 그는 조금 특이하긴 하지만 여전히 상징적 현실 속에 자기 자리를 가지고 있다. 그를 욕망의 주체로 특징짓는 것은 "욕망의 (초월적) 원인과 욕망의 대상 사이의 차이이며, 욕망의 주체와 실재적인 바로서의 그것의 대상 사이의 '시간적 차이'로서 현시되는 차이이다."[20] 군이 부여한 위임에 충실하고자 하는 강 상병은 해안에 누군가 나타나기만을 눈을 부릅뜨고 기다린다. 그 누군가는 간첩일 것이라 가정되는 누구이며 그의 욕망을 만족시켜줄 것이라 기대되는 매혹적인 대상이다. 이 매혹은 간첩의 실정적 속성들로부터 나오는 것이 아니라 강 상병이 그 가상적 존재로부터 욕망을 불러일으키는 원인을 감지한다는 사실로부터 출현한다. 이 원인이 바로 평범한 사물을 모호한 욕망의 대상으로 만드는 대상 a이다.

하지만 강 상병이 그 대상-원인을 손에 움켜쥐었다고 생각하는

---

19) 향유와 관련한 주체의 도착적 태도는 슬라보예 지젝, 『까다로운 주체』, 452-463쪽 참조.

20) 알렌카 주판치치, 『정오의 그림자』, 조창호 옮김, 도서출판 b, 2005, 261-2쪽.

순간, 대상 a는 손가락 사이로 빠져나간다. 주체가 그 대상을 따라잡는 것은 불가능하다. 대상을 획득하는 순간 주체는 언제나 "이건 그게 아니야"라고 말한다. 강 상병이 그토록 고대하던 임무를 완수하고 나서 사실된 사람이 간첩이 아니라 민간인임을 발견했을 때, 그의 마음속에서 메아리쳤을 말 또한 바로 "이건 그게 아니야"가 아닌가? 혹자는 강 상병의 사례에 걸린 문제가 단순한 오인이며, 진짜로 간첩을 잡았다면 강 상병의 욕망이 실현되었을 것이라고 반론을 제기할 수도 있다. 그러나 바로 그 오인이 욕망의 대상-원인과 관련해 언제나 문제가 되는 지점이다. 이는 연애에서 흔히 발생하는 상황을 떠올려보면 바로 알 수 있다. 사랑이 식었을 때 우리는 종종 "당신은 내가 생각했던 그 사람이 아니에요"라고 말한다. 이것은 "예전에는 당신이 대상 a를 가진 줄 (잘못) 알고 있었는데 가까이서 보니 그렇지 않군요"라는 말을 돌려 하는 것일 뿐이다. 강 상병의 오인은 이론의 여지없이 욕망의 주체가 언제나 필수불가결하게 걸려드는 함정의 사례다.

이 욕망의 역동은 정확하게 강 상병이 미영의 손에 이끌려 해안경계구역 안에 들어가는 순간부터 사라진다. 이제 그는 뭔가를 소망하지(욕망하지) 않는다. 혹시나 부대가 받아들여줄까 주위를 맴도는 일도, 자기가 여전히 군인이라고 떼쓰는 일도 하지 않는다. 그는 자신을 위한 어떠한 상징적 자리도 가지고 있지 않으며 그것에 연연해하지도 않는다. (상징적 법이 아니라) 초자아의 법이 부여한 의무를 수행하는 데 골몰할 뿐이다. 흥미로운 것은 그가 한번 경계구역으로 들어간 후부터는 줄곧 그곳에서 뭔가를 한다는 사실이다. 그는 끊임없이 그 장소에서 군인들을 교란시키고 공격한다. 여기서 그의

2. 라깡/한국/영화

지형학적 위치는 보기보다 의미심장하다. 이전에 그가 욕망어린 시선을 던지는 '주체'의 편에 있었다면 이제는 그 시선이 향하는 '대상'의 편에 서있다. 아니 그는 말 그대로 대상이 된다. 경계구역에 들어서는 순간부터 그는 군인들이 총을 쏘아대고, 잡으려 하고, 없애려 하는 대상이 된다. 강 상병의 대상화는 심적 역동의 차원에서도 설명이 가능하다. 군부대에 대한 그의 폭력적 행위는 도착적 전략의 일환인데, 앞에서 언급했듯이 그 전략의 요지는 주체가 자신을 타자의 향유의 도구로, 대상 a로 규정하는 것이다. 이것이 의미하는 바는 주체의 자기말소이다. 그는 더 이상 욕망의 주체가 아니다. 그는 대상이다.

위의 두 형상은 강 상병과 대상 a의 관계에 발생한 변화에 조응한다. 그가 욕망의 주체일 때, 대상 a(욕망의 대상-원인)는 그를 매혹하고 추동하는 어떤 것이다. 그가 위험스럽고 치명적인 대상이 되면, 그는 대상 a 그 자체이다. 여기서 요점은 대상 a가 한 번은 매혹적인 것에, 또 한 번은 치명적인 것에 관련한다는 사실이다. 그 차이를 이야기하기 위해서는 먼저 다음과 같은 주판치치의 말에 귀 기울일 필요가 있다. 그것은 시원적으로 주체와 대상 간에 관계가 어떻게 발생하는지를 설명한다.

> (봄의, 표상의, 앎의) 주체와 대상들의 세계를 가르는 분할선의 구성은 주체의 일부가 대상 편으로 건너가는 것과 일치하며, 그리하여 주체-대상 관계에 근본적 비대칭성을 도입한다. 다른 말로 주체는, 대상들이나 사물들 사이에 거주하는 '주체로부터 나온 사물'이 있는 한에서만, 즉 원초적 단절의 발생을 통해 '세계의 원질' 안으로

용해되어 들어간 주체성의 파편적 잔여가 있는 한에서만, 대상들이
나 사물들의 반대편에서 (그것들을 보고, 그것들을 탐색하고, 그것
들에 관해 배우면서) 자기 자신을 발견한다.[21]

대상 a는 주체가 탄생하는 순간 그로부터 떨어져나간 작은 조각이
다. 그것이 대상 편에 있음으로 해서 주체는 매혹적인 욕망의 대상들
을 발견할 수 있게 된다. 대상 a는 그것을 중심으로 주체의 욕망이
조직되고, 주체의 시각장 전체가 돌아가는 맹점(결여)이다. 바로 이
공백이 주체의 '시선'과 대립되는 바로서의 대상-'응시'다. 대상-응
시는 주체의 시선이 향하는 사물 속에 언제나-이미 새겨진 주체에
다름 아니다. 하지만 대상-응시가 '자신을 보여지도록 만들 때' 그것
은 상징적 특질을 완전히 상실한 채 시선의 주체에게 응시를 되돌려
주는 섬뜩한 어떤 것으로서 출현한다. 그것은 주체로부터 떨어져나
간 이후에도 여전히 주체의 외밀적 일부인, 죽음 이후에도 여전히
살아 끊임없이 되돌아오는 신체-없는-기관이다. 이제 그것은 본연의
이질적이고 불투명한 모습을 드러낸다. 강 상병의 두 형상은 주체와
그의 환영적인 섬뜩한 분신이다. 전자의 이야기는 훌륭한 군인이
되기를 욕망하는 강 상병이 간첩이라는 대상에 매혹되어 열심히
보초를 선다는 것이다. 후자의 이야기는 (주체인) 군인들이 시각장
안에서 자기 자신을 보여지도록 만든 대상-응시(강 상병)에 놀라
기겁한다는 것이다.
　〈해안선〉의 세계가 탈현실화되는 경로는 이런 것이다. 강 상병의

---

21) 알렌카 주판치치, 앞의 책, 159-160쪽.

세계가 흔들릴 때 군인들에게도 동일한 일이 발생한다. 아니 강 상병이 자꾸만 나타나기 때문에 그들의 세계를 지탱하던 상징적 직조물이 갈라지고 파괴된다. 우리는 이 순간의 강 상병에 대해 "(이미 현실을 교란하고 있으며 현실로부터 돌출해 있기는 하지만 아직은 현실 속에 포함되어 있는) 과잉으로부터 (현실 자체의 붕괴를 초래하는) 과잉의 완전한 자율화로의 이동"이라고 말할 수 있다.[22] 이런 위기에 봉착해 군부대가 그를 제거하려 하는 것은 (옳지는 않지만) 이해하고도 남음이 있다. 그것만이 대타자의 일관성의 외양을 유지하고 욕망의 진리와의 대면을 회피할 수 있는 길이기 때문이다. 물론 이 길의 끝에서 그들을 기다리는 것은 더 많은 죄의식과 초자아의 향유에로의 압박이다. 그들은 무고한 자에게 희생을 강요했으며, 그로 인해 더 많은 희생자들이 발생했다. 설상가상으로 군부대는 그 희생자들의 죽음과 관련한 진실을 은폐함으로써 이미 죽은 자들을 한 번 더 희생시키려 한다.

   현실의 질서를 유지하기 위한 선택은 역설적이게도 그들을 점점 더 죄인으로 만들고 급기야는 현실의 중단을 야기한다. 그들은 더 이상 상징적 법이 아닌 초자아의 법에 따라 행동한다. 그들은 그들이 혐오해 마지않는 강 상병과 닮아간다. 얼굴에 검은 칠을 하고 광기어린 눈으로 두리번거린다. 차이가 있다면 공동체로부터 완전히 이탈한 강 상병과는 달리 그들은 더 강력한 공동체 정신으로 똘똘 뭉친다. 이상하게도 군인들의 결속력은 강 상병을 제거하려는 행위 속에서 그 어느 때보다 강해진다. 그들이 강 상병에게 하려는 짓은 군 체제의

---

22) 슬라보예 지젝, 『신체없는 기관』, 317쪽.

공식적 담론이 인정할 수 없는 행위다. 간첩이 아니라는 것을 뻔히 알면서도, 마치 간첩으로 오인한 양 그를 사살하려는 것이다. 공적으로 승인될 수 없는 명령인 것을 알면서도 그 명령에 일사분란하게 움직이는 그들의 모습은 가장 순수한 형태의 공동체 정신을 구현한다. 우리는 '하나'라는 의식 아래 그것의 명령을 무조건적으로 따르는 이들의 행위는 공동체에 완전히 동일시하지 않는 이상 불가능하다. 초자아의 법에서 가장 흥미로운 점이 이것이다. 그것은 공동체의 명시적 규칙을 위반한다. 동시에, 아니 그렇기 때문에 공동체 가치와 최고 수준의 동일시를 요구한다. "공동체를 가장 긴밀하게 결속시키는 것은 공동체의 정상적이고 일상적인 순환을 조절하는 법과의 동일시가 아니다. 그것은 법의 위반의 어떤 형식, 법의 중지의 형식, 향유의 형식과의 동일시이다."23)

강 상병과 군인들은 모두 상징적 법이 더 이상 영향력을 발휘하지 못하는 공백의 영역에 들어와 있다. 그런데 어찌하여 군인들은 그토록 강 상병에 대해 무력하기만 한 것인가? 이제 그들이 하지 못할 짓이라곤 아무것도 없는데 말이다. 그 이유는 그들과 강 상병이 그 공백의 영역에서 하고자 하는 바가 다르기 때문이다. 군인들은 기존의 질서를 유지하려고 그곳에 들어와 있는 반면, 강 상병에겐 지켜야 할 것이 없다. 그에게 법은 아직 도래하지 않았으며, 그는 그 도래를 위해 어떤 희생도 마다하지 않겠다며 자신을 던지고 있다. 그래서 그 둘 간의 힘겨루기는 시작부터 이미 판가름이 나 있는 것이다. 군인들이 강 상병을 보지 못하는 것은 그가 비가시적이라서가 아니

---

23) 슬라보예 지젝, 『향락의 전이』, 115쪽.

다. 그들이 실재의 체현물인 그를 제대로 바라보지 않으려 하기 때문이다. 그의 모습이 물결무늬로 일그러진 왜상anamorphosis으로, 혹은 과도하게 강한 빛과도 같이 나타나는 것은 군인들이 그를 견뎌내기에는 너무 강렬하고 격렬한 것으로 여기기 때문이다.

강 상병을 직시하는 자가 아주 없는 것은 아니다. 강 상병의 가장 절친한 친구였던 김 상병은 강 상병을 사건의 현장에서 목격한다. 하지만 이것은 (주체인) 군인이 대상인 강 상병을 목격하는 것이 아니다. 그 목격은 강 상병의 악몽의 시퀀스가 그랬듯이 김 상병을 대상 편으로 이끄는 홀림이다. 강 상병을 뒤쫓아 가는 김 상병은 자신도 알지 못하는 사이에 경계구역으로 들어가 군인들을 공격한다. 그는 이제 대상이며, 또 다른 강 상병이다. 어느 시점부터 강 상병과 김 상병 간의 구별이 모호해진다. 군인이 총에 맞아 쓰러질 때 그것이 강 상병의 짓인지 김 상병의 짓인지 분간을 할 수가 없다. 김 상병의 도착적 태도는 군인들이 미영에게 비인간적인 낙태를 시행한 사실과 관련되어 있다. 군인들은 애인의 죽음으로 실성한 그녀를 자신들이 윤간한 사실이 드러나자 그 증좌가 되는 태아를 낙태시켜 사건을 무마하려 한다(부인하려 한다). 낙태 행위 그 자체도 비인도적이지만, 더 끔찍한 것은 군인들이 그것을 시행한 방식이다. 그들은 억수가 퍼붓는 밤 해안가에서 마취제도 주사하지 않은 채 미영의 생살(태아)을 도려낸다. 이 참혹한 광경을 지켜본 김 상병은 더 이상 이전과 동일한 방식의 부인을 할 수가 없게 된다. 그는 더 이상 실제적 지식에 눈을 감음으로써 마치 아무런 일도 없었던 듯이 살아갈 수 없다.

사실 <해안선>에서 가장 치명적인 존재는 미영이라고 말할 수 있다. 표면적으로는 강 상병에 의해 그 세계가 붕괴되는 듯하지만, 그 모든 일들 뒤에는 언제나 그녀가 존재한다. 강 상병을 경계구역으로 유인하고, 김 상병을 강 상병에게 동일시하도록 만든 것도 바로 그녀다. 군인들의 윤간에는 살짝 미묘한 측면이 있는데, 그녀가 그들을 향해 던지는 매혹적인 눈길과 미소는 그녀가 그들의 윤간을 유도하는 것은 아닐까 하는 의문을 불러일으킨다. 여하간 그녀가 부대원들에게 초래하는 상처는 강 상병의 경우보다 훨씬 근본적이다. 그녀의 사례는 강 상병의 사례처럼 누군가에게 책임을 떠넘기며 손쉽게 부인할 수 있는 종류의 것이 아니다. 폭우 속에서 그녀의 낙태를 진행하는 군인들은 자신의 행위가 악마에게 영혼을 팔아넘기는 것임을 잘 알고 있다. 이 순간은 영화 전체를 통틀어 인물들이 스스로의 죄를 대면하는 유일한 장면이다.

4. 비극적 허무주의가 놓치고 있는 것

<해안선>의, 김기덕 감독의 메시지는 명백하다. 그것은 법과 현실의 틈새를 메우는 것이 불가능하며 그 원인이 바로 주체에게 있다는 것이다. 인물들은 합리적으로 행동하는 듯하지만 실은 눈에 보이는 사실에 눈을 감기 위해 필사적이다. 그들은 부인을 통해 틈새를 메우고 현실의 질서를 유지한다. 강 상병은 이 허위의 악순환에 반기를 들고 그 고리를 깨뜨리려 하지만 그것은 불가능에 가깝다. 모두가 강 상병을 끔찍하게 여기며 있는 힘을 다해 저항하기 때문이다. 그래서 이 영화는 기괴한 영웅담이다. 영웅은 영웅으로서의 아우라를

2. 라깡/한국/영화

전혀 가지고 있지 않은 괴물스러운 광인이며, 그의 처절한 노력과 헌신은 혼란을 야기하는 헛소동으로 귀결된다. 오늘날 영웅이 불가능한 것은 사람들이 숭고한 노력과 헌신을 실행할 능력을 상실해서가 아니다. 사람들이 상실한 것은 오히려 도처에 이미 존재하는 그것들을 인지하는 능력이다.

이 관점은 주체를 주어진 구조에 종속되는 존재로 간주함으로써 틈새에 대한 책임을 회피하는 태도보다는 덜 소박한 것일 수 있다. 하지만 그것은 중요한 한 가지를 놓치고 있는데, 영웅의 역할을 떠맡은 자 역시 다른 이들과 마찬가지로 부인의 원환고리에 갇혀 있다는 사실이다. 그는 대의를 위해 헌신하는 것처럼, 겁쟁이들이 환상을 통해서 꿈만 꾸는 그것을 영웅적으로 실행하는 것처럼 보이지만, 그가 실제로 하는 것은 주체성 본연의 차원을 포기하는 것에 불과하다. 우리는 주체성이 두 층위의 작용에 기초하고 있음을 잊지 말아야 한다. 하나는 언제나-이미 존재하는 타자(상징적 질서)에 대한 복종이며, 다른 하나는 그로부터 최소한의 거리를 취하면서 주체가 스스로를 자율적인 존재로 (오)인지하게 하는 분리이다.[24] 강 상병은 이 분리의 매듭을 풀고 타자에 대한 복종을 단언한다. 그는 다른 이들이 무의식의 차원에서 하고 있는 것을, 의무로서 한층 더 강력하고 대담하게 수행하는 것일 뿐이다. 그래서 그의 저항은 단지 체계의 주변부를 혼란스럽게 만들 뿐인 거짓 위반이다. 체계는 타자와 주체의 관계를 규정하는 시원적 틀인 근본적 환상에 토대를 둔다. 그 환상의 영역 속에 거주하는 한 그가 무엇을 하건, 체계를 구조화하는

---

24) 주체와 타자 간의 이율배반적 관계는 물신적 부인을 설명하는 절에서 자세하게 다룬 바 있다.

원리 그 자체는 현 상태로 유지될 것이다.

　라캉이 본연의 윤리적 행위act를 환상의 횡단과 연결시키는 것은 이 때문이다. 환상이 구조화될 때 주체는 그 속에서 욕망의 진리에 관한 질문을 페매버림으로써 해결한다. '타자는 나에게서 무엇을 원하지?'라는 질문은 주체로서는 영원히 파악이 불가능한 수수께끼이다. 하지만 주체는 그에 대한 자신의 해석을 마치 타자로부터 얻은 해답인 양 여김으로써 (거짓으로) 해결한다. 주체가 환상을 횡단할 때 마주하게 되는 것은 이러한 자신의 과거이며 여전히 해결되지 않은 채로 다시금 섬뜩하게 다가오는 욕망의 진리의 질문이다. 주체가 큰타자를 통해 자신을 정당화하려는 태도를 버리고 자신의 욕망을 온전히 자신의 것으로서 떠맡을 때, 그는 '당신의 욕망에 대해 타협하지도 양보하지도 말라'는 라캉의 정신분석적 준칙을 실행하는 것이다.

행위로 기억하기:
2000년대 초반 한국영화와 트라우마의 반복강박

박제철

주체의 새로운 위기

IMF 이후 최근 한국사회에는 위기가 고조되고 있다. 그런데 이 위기는 이전의 위기와는 그 성격이 좀 다르다. '경제 위기'를 예로 들어보면, 과거에 불황은 항상 있어왔지만 잠시 허리띠를 졸라매면 극복할 수 있을 것이란 자신감 역시 항상 있었다. 위기는 곧 기회였던 것이다. 하지만 IMF 이후 국가 경쟁력을 극대화하기 위해 사회는 무한경쟁체제에 돌입했는데도(심지어 외환을 상환함으로써 형식적인 IMF 위기는 극복했지만) 위기감과 체감 불황은 여전히 계속되고 과연 끝이 있는지가 의문이다. 이 가운데 체감 빈부격차 역시 점점 심해지면서 계급 간 격차는 날이 갈수록 심화되고 그로 인한 계급 적대로 인해 사회는 계속 불안감에 시달리고 있다. 최근 우리는 이렇게 위기 극복의 희망이 수반되지 않는 위기를 겪고 있다. 게다가 우리는 이런 위기의 증상들을 미디어에서 매일매일 접하고 있다. 자신감으로 충만했던 '오 필승 코리아'의 스펙터클 직후 얼마 되지 않아 우리는 김선일 씨라는 한 평범한 이웃이 처참하게 살해당하는 것을 애써 못 본 체해야만 했고 영화 속에만 있을 줄 알았던 연쇄 살인범이 우리 이웃이었다는 섬뜩한 진실과 마주해야만 했다.

극도의 경기 침체 가운데 유일하게 호황을 누리고 있는—이제는 그렇지만도 않은—최근 한국 영화는 어떤가? 그 상이한 위기에 조응하는 어떤 증상을 찾아볼 수 있는가? IMF 타격 직후 다수의 한국 영화들은 당시의 위기감을 적잖이 반영하고 있었다. 가령 <편자>(이 정국, 1997), <약속>(김유진, 1998), <8월의 크리스마스>(허진호, 1998) 등 이른바 남성 멜로는 남성 정체성의 위기를,[1] <박하사탕>(이창동, 2000), <친구>(곽경택, 2001), <동감>(김정권, 2000), <파이란>(송해성, 2001) 등은 사회 전반적인 연대감의 위기를 다루고 있었다.[2] 하지만 그 영화들은 위기를 다룸과 동시에 그 위기에 대한 효과적인 해결책을 발견하는 과정 또한 다룬다. 전자인 남성 멜로의 경우, 마초적인 외양 이면에 있는 취약한, 마조히즘적인 성향을 회복함으로써, 후자의 부류에서는 망각의 늪에 묻혀있던 타자에 대한 욕망을 회복함으로써 그 위기를 적잖이 해소할 수 있었던 것이다. 마치 IMF 타격 직후에는 사람들에게 위기를 극복할 수 있을 것이라는 자신감이 어느 정도 있었던 것처럼 말이다.

---

1) 주유신, 「한국영화가 재현하는 성의 정치학: '관객 천만 시대'의 또 다른 명암」, 『영화언어』(2004, 봄), 67쪽.

2) 후자의 영화들에 대한 상세한 분석과 복잡한 함의에 대해서는, 문재철, 「영화적 기억과 문화적 정체성에 대한 연구: 포스트-코리안 뉴 웨이브 영화를 중심으로」, 중앙대학교 첨단영상대학원 박사 학위 논문, 2002를 참조할 것.

2. 라캉/한국/영화

하지만 최근 2002년 이후부터 그 성격과 해결 방식이 이전과는 상이한 위기를 다루는 영화들이 출현하기 시작했다. <공동경비구역 JSA>(박찬욱, 2000), <살인의 추억>(봉준호, 2003), <올드 보이>(박찬욱, 2003), <지구를 지켜라>(장준환, 2003), <생활의 발견>(홍상수, 2002), <그때 그 사람들>(임상수, 2005), <달콤한 인생>(김지운, 2005) 등이 그것이다. 이 영화들에서 발견되는 외관상의 공통적인 특징은 신체의 훼손과 같은 과도한 시청각적 이미지의 전시다. 하지만 주체성의 양상이라는 맥락에서 더 중요한 특징은 밑바닥까지 전락해가는, 자기파멸적인 인물들의 행동을 적나라하게 보여준다는 점이다. 뿐만 아니라 인물들은 종종 뭔가에 흘리기라도 한 듯 그런 자기파멸적 악순환에서 좀처럼 벗어나지 못한 채 교착상태에 빠져있다. 이런 식의 주체의 위기는, 상실한 진정한 욕망을 찾도록 하는 계기인 기존의 위기와는 달리 해소되는 것이 불가능하며 어떤 의미에서 회피만이 가능한 것처럼 보이기까지 한다.

이 글은 이런 새로운 성격의 위기와 그 위기를 반영하는 최근 몇 편의 한국영화를 정신분석적 관점에서 어떻게 조명할 수 있을까라는 물음에 답하려는 시도이다. 정신분석에서 (정상적이라고 간주되는) 신경증적 주체의 위기는 크게 두 가지 범주로 나눌 수 있다. 하나는 히스테리 증상이고 다른 하나는 트라우마의(혹은 충동의) 반복강박이다. 나의 기본적인 제안은 IMF 직후에 등장한 한국영화들이 맞닥뜨린 위기가 전자에 상응한다면 2002년 이래 새로운 한국영화의 흐름에서 접하게 되는 위기는 후자에 상응한다는 점이다. 이 영화들에서는 등장인물들의 수준(내용의, 진술의 수준)에서뿐만 아니라 영화가 전개되는 수준(형식의, 언표 행위의 수준)에서도 두드러지게 반복강박이 출현하는 것을 생생하게 접할 수 있다.

이와 더불어 내가 제안하고 싶은 또 하나의 요점은 이들 영화 가운데 어떤 경우는 단지 반복강박을 현재화하는 것으로만, 즉 위기에 빠져있는 것으로만 그치는 것이 아니라 가까스로 이를 해소하는 상이한 제스처들 또한 보여준다는 점이다. 나는 세 편의 영화 <살인의 추억>, <올드 보이>, <생활의 발견>을 검토할 것인데, 이중 <올드 보이>와 <생활의 발견>은 반복강박을 현재화하는 것과 더불어 그로부터 벗어나는 서로 다른 시도를 보여준다. 앞으로 보게 되겠지만 그 두 시도는 바로 프로이트가 반복강박을 피하는 방법으로 제시한 두 가지 시도에 상응한다. 하지만 프로이트는 그 가운데 전적으로 다른 하나의 해결책을 배제했다. 나는 이 글의 마지막에서 프로이트는 이렇게 배제했지만 라캉이 '성구분 공식'을 통해 열어놓은, 반복강박에 대한 새로운 해결책을 소개할 것이다.

트라우마의 반복강박과 그 프로이트적 해결

우디 앨런 감독의 영화 <애니씽 엘스>(2003)에서 남자 주인공 제리는 새로 사귄 여자친구와의 관계가 원만치 않자 정신분석가를 찾아간다. 제리는 분석가에게 풀리지 않는 자신의 상황을 흥분하며 떠들어대지만 분석가는 이에 대해 무관심한 채 그저 매번 "꿈 얘기를 해보세요"라는 말만 되풀이한다. 정신분석이 현실적인 갈등에 대해 그 어떤 개입도 하지 못하는 무력하고 자족적인 실천임을 통렬하게 비꼬는 에피소드다. 정신분석 제도가 전무한 한국에서 정신분석에 대해 갖고 있는 통념 또한 여기서 크게 벗어나지는 않을 것이다. 가령 이런 식이다. 환자는 어떤 증상을 분석가에게 호소하고 분석가는 환자에게 자유연상을 요구한다. 그 과정에서 환자는 결국 자신의 무의식적 욕망의 진리와 직결된, 이제껏 망각되어 왔던 먼 과거의 체험을 환기시켜내며 그와 동시에 증상은 해소된다.

하지만 프로이트는 분석과정이 이렇게 순탄하기는커녕 어느 시점부터는 분석 주체의 증상이 악화되는 것을 피할 수 없다는 점을 수차례 강조했다. 그 뿐만 아니라 그는 실상 그 증상 악화의 국면이야말로 분석 과정에서 핵심적이며 분석의 성공은 그 국면을 어떻게 통과하느냐에 달려있다고 보았다. 그는 이런 국면에 충동의(혹은 트라우마의) '반복강박'이라는 명칭을 부여했다.

정신분석에 대한 그런 일면적 이해는 프로이트의 이론을 구성하는 두 축 중 하나인 '욕망'에만 관심이 집중되었던 탓이기도 하다. 최소한 1914년 이전 프로이트는 욕망과 그 왜곡된 실현(억압과 억압된 것의 회귀)에 주로 관심이 있었다면 그 이후 그는 충동과 그 반복강박적 발현으로 강조점을 옮기기 시작했다. 분석의 단계를 3단계로 구분하고 각각에 적합한 기법을 제안하는 프로이트의 「기억하기, 되풀이하기, 훈습하기」(1914)는 분석 과정에서 어떻게 욕망과 충동을 모두 고려해야 하는가에 대한 최초의 밑그림을 제시하고 있다. 분석 초기에 분석 주체의 작업은 주로 자유연상을 통해서 억압된 기억의 단편들을 환기시켜 내는 것에 집중되어있다. 하지만 어느 순간 분석 주체는 "잊어버린 것들과 억압된 것들 중 어떤 것도 기억해내지 못하고 대신 그것들을 실연[행동화act out]한다. …… 그는 그것

을 기억이 아니라 행위로 재생산한다. 그는 그것을 되풀이하고 있다
는 것을 물론 알지 못한 채 그것을 되풀이한다.["3) 이런 반복강박은
일종의 '(표상이 아닌) 몸으로(행위로) 기억하기'라고 부를 수도 있을
것이다. 여기서 분석 주체가 반복하고 있는 것은 단적으로 말해 트라
우마적 상황이다. 그/녀는 이제껏 그토록 대면하기를 거부해왔던
바로 그 상황 속으로 스스로를 내던지는 것이다.

그렇다면 주체는 왜 그런 무모한 시도를 거듭 반복하는가? 프로이
트는 주체에 고유한 '충동의 고착'이라는 말로 이에 답한다. 히스테
리 증상에 내포된 그 모든 억압 과정은 이 고착된 충동이 발현되는
것에 대한 방어로서 작동하며 그런 방어가 더 이상 작동하지 않을
때 그 충동은 (압축과 전치에 의해 왜곡되지 않은 방식으로) 직접
발현된다는 것이다. 프로이트는 신경증 증상이 가장 악화된 형태인
반복강박을 어떻게든 극복하는 것을 분석 과정의 가장 핵심적인
과제로 설정했다. 프로이트는 그 과제를 '훈습하기[철저작업하기
working-through]'라고 명명했다.

프로이트에게 반복강박의 국면이 분석에서 극복해야 할 핵심적
국면이라는 것은 적어도 두 가지 이유에서다. 먼저 반복강박은 신경
증의 근본 원인인 충동 고착을 가장 직접적이고 순수한 형태로 보여
준다는 점에 주목할 필요가 있다. 정신분석은 무엇보다 증상을 그
근본적인 차원에서 해소할 수 있는 원인요법을 지향한다는 점을
염두에 두면 반복강박을 극복하는 것이 중요한 것은 두말할 필요도
없다. 또 한 가지는 프로이트의 다음 구절에서 시사된다.

---

3) 지그문트 프로이트, 「기억하기, 되풀이하기, 훈습하기」(1914), 『끝낼 수 있는 분석과
   끝낼 수 없는 분석』, 이덕하 옮김, 도서출판 b, 2004, 110쪽.

2. 라캉/한국/영화

    피분석자의 병이 분석의 시작과 함께 사라질 수 없다는 것이, 그리고 우리가[분석가들이] 그의 병을 역사적(과거의) 문제로서가 아니라 현실의(현재의) 힘으로서 다루어야만 한다는 것이 이제 분명해졌다. 이 병의 단편 단편이 치료의 시야와 영향권 안으로 밀려들어오고 환자가 그것을 실제로서, 현실로서[현재의 것으로서] 체험하게 될 때 우리는[분석가들은] 그것에 대해 치료 작업을 행해야 한다.4)

    물론 자유연상에 의한 기억 환기를 통해 과거의 체험을 새롭게 이해하는 것은 주체에게 변화를 가져온다. 주체는 망각 속에 억압했던 자신의 욕망을 표명하고 추구할 기회를 되찾을 수 있는 것이다. 하지만 과거의 트라우마적인 어떤 체험은 결코 기억으로 소환되지 않고 현재화된 행동으로만 반복된다. 이런 순간은 분명 정신분석 과정에서의 위기 국면이다. 하지만 그 국면은 과거에 대한 인식의 변화만으로는 주체의 근본적인 변화에 이르지 못한다는 것을 깨닫게 되는 계기이기도 하다. 인식 변화보다 더 중요한 것은 주체가 현재에 반복하고 있고 어쩌면 미래에도 반복하고 있을 행동에서의 변화라는 것이다. 그렇다면 그런 행동이 분석가와의 관계 속에서 출현하는 계기는 주체를 근본적인 수준에서 변화시키기 위해 개입해 들어가야 할 절호의 기회인 셈이다. 프로이트의 말대로 "부재중이거나 초상으로 존재할 때에는 어떤 것도 때려잡을 수 없[지만]" 반복강박적 행동으로 현재화되면 우리는 그것을 때려잡을 기회를 얻는 것이다.5)

    그렇다면 프로이트에 따르면 트라우마의 반복강박을 극복하는

---

4) 같은 글, 113쪽.
5) 지그문트 프로이트, 「전이의 역동에 대하여」(1912), 같은 책, 44쪽.

것은 어떻게 가능한가? 이에 대해 그가 최초로 제안한 철저작업은 '완성에 가깝게 작업에 공을 들이는 것'이라는, 그 명칭 자체가 함축하는 뉘앙스 이상은 말해주는 게 거의 없어 보인다. 하지만 1920년 이후의 후기 작업에서 그의 제안은 좀더 명확해 보인다. "결국, 분석이란 병적 반응을 불가능하게 하려는 것이 아니라 환자의 자아에게 이런 식으로나 저런 식으로 결정할 수 있는 '자유'를 주[어야 한다는 것이다.]"⁶) 프로이트가 여기서 가능한 선택지로 본 것은 두 가지, 충동의 고착을 긍정하는 것 아니면 더 확고하게 억압하는 것이다.⁷)

두 가지 경로 중 어떤 것을 택하더라도 주체는 트라우마가 반복되는 상황에서 (적어도 잠정적이나마) 벗어날 수 있다. 하지만 좀더 근본적인 변화는 첫 번째 경로에서 일어난다. 여기서 주체는 신경증적 구조를 포기하고 도착증적 구조로 이행한다. 도착증을 규정하는 여러 특징들이 있겠지만 가장 중요한 특징은 라캉이 제시한 '향유(충동의 만족)에 대한 의지'라고 할 수 있다. 프로이트가 "신경증은 성욕도착의 부정"이라고 말했듯이, 충동이 발현되는 트라우마적 상황을 어떤 식으로든 거부하는 신경증자와는 달리 도착증자는 그 상황을 가장 이상적인 것이라 가정하고 그것을 억지로 발생시키려 부단히 노력한다.⁸) 가령 아버지가 자신을 성적으로 유린하는 장면이 신경증

6) 지그문트 프로이트, 「자아와 이드」(1923), 『프로이트 전집 14』, 박찬부 옮김, 열린책들, 1997, 145쪽, 각주 61, 번역 수정.
7) 분석의 종점에 관한 아마도 최종적인 프로이트의 견해로 보이는 다음 구절을 보라. "분석은 성숙하고 강화된 자아가 이런 이전의[유아기 초기의] 억압을 수정하는 일에 착수할 수 있도록 한다. 즉 일부는 허물어버리고 다른 일부는 인정하되 보다 견고한 재료로 새로 짓도록 한다."(지그문트 프로이트, 「끝낼 수 있는 분석과 끝낼 수 없는 분석」(1937), 『끝낼 수 있는 분석과 끝낼 수 없는 분석』, 33쪽.)
8) 지그문트 프로이트, 「성욕에 관한 세 편의 에세이」(1905), 『프로이트 전집 9』, 김정일

2. 라캉/한국/영화

자에게는 참을 수 없는 것이지만 도착증자는 그런 장면을 기꺼이 현재화하려고 한다. 어떤 의미에서 도착증자에게 충동의 발현은 전혀 트라우마적이지 않다. 충동의 발현이 트라우마적이게 되는 것은 그 발현은 항상 거세 위협에 직면한다는 가정 하에서이다. 그런데 도착증자는 거세를 '부인'하기에 그 발현은 그에게 이상적인 만족을 줄 따름이다.

반면 다른 경로, 즉 억압을 강화하는 것은 주체가 신경증적 구조를 유지하면서 반복강박으로부터 벗어나는 길이다. 여기서는 반복강박 자체가 신경증적 저항을 가동시키기 위한 구실로 기능한다.

> 저항이 이 상황[반복강박]을 자신의 의도를 위해 이용할 수 있으며 병들어있는 것에 대한 허가를 남용하려 할 수 있다. 저항이 다음과 같이 말하는 것만 같다: 이것 보세요. 내가 정말로 이런 것들과 관여하니까 어떤 일이 생기는지를. 그것들을 억압에 맡겼던 것이 옳지 않았나요?[9]

주체는 반복강박을 통해 자신을 도덕적 타락이나 비행을 일삼는 자로 간주하는 척한다. 하지만 그런 행동은 궁극적으로는 분석가가 주체를 죄인으로 낙인찍고 더 이상 그런 행동을 못하게 하는 것을 겨냥한다.[10]

옮김, 열린책들, 1996, 276쪽.

9) 지그문트 프로이트, 「기억하기, 되풀이하기, 훈습하기」, 115쪽.

10) 프로이트는 이런 방식의 억압의 강화를 통상적인 억압—정확히 말하면, '후억압'—과 구별하여 '유죄선고'라는 개념으로 세공해낸다. 그것은 초자아가 주체에게 죄(책감)를 부여함으로써 부적절한 행동에 종지부를 찍게 하는, 최종심급에서의 판결과

주체의 자유 선택을 강조하는 것에서 시사되듯이 프로이트는 두
가지 선택지 가운데 명시적으로 특정한 것을 지지하지는 않는다.
하지만 전성기기(구강기, 항문기 등)에 비해 성기기가 정상적인 발달
과정의 보다 최적점이라는 리비도 발달에 관한 그의 견해를 염두에
둘 때 그는 암묵적으로는 충동의 고착을 재차 거부하는 신경증적
경로를 선호한다고 말하지 않을 수 없다.11)

트라우마의 중핵과의 조우: 〈살인의 추억〉

<살인의 추억>은 1980년대 후반을 배경으로 실제 일어난 화성
부녀자 연쇄살인 사건에 대한 수사과정을 허구적으로 재구성하고
있는 영화다. 하지만 이 영화는 과거를 재구성하는 방식에 있어 기존
다른 두 부류의 한국영화와는 길을 달리하고 있다. 우선 <동감>,
<파이란> 등이 놓쳐버리거나 억압해온 개인사를 다루고 있는 데

같은 지위를 갖는다. "[억압과] 동일한 효과는 다른 방식으로 산출된다. 정신분석은
억압의 과정—이것은 자동적이고 과도한 과정이다—을 정신의 최상위 심급 편에서의
온건하고 과감한 제어로 대체한다. 한마디로 말해, 정신분석은 억압을 유죄판결로
대체한다."(지그문트 프로이트, 「다섯 살바기 꼬마 한스의 공포증 분석」, 『프로이트
전집 10』, 김재혁·권세훈 옮김, 열린책들, 1997, 183-184쪽, 번역 수정, 강조는 저자.)
11) Paul Verhaeghe and Frederic Declercq, "Lacan's Analytic Goal: Le sinthome or the
Feminine Way", *Re-inventing the Symptom*, ed. Luke Thurston, New York: Other Press,
2002, p. 79, n. 25 참조. 또한 베르에그와 데클레르크의 다음의 지적을 보라. "충동-고
착의 수긍에 대한 주체의 태도에 관해 프로이트가 취한 자유주의는 간혹 무능력함의,
더 잘 할 수 없음의 의미에 의해 독려되는 것처럼 보인다. 그의 몇몇 글은 고착의
수긍이 어떤 획득 불가능한 이상[전성기적 충동의 남근화]에 대한 대응으로 귀착된
다는 인상을 남긴다."(같은 책, p. 65.)

반해 이 영화는 큰 사회적 파장을 일으킨 사건을 다룬다는 점에서 공공사를 재구성하고 있다. 여기엔 기억을 떠올리는 특정한 개인도 없고(플래시백 장치도 없고 영화는 곧바로 과거에서 시작된다) 등장 인물들은 과거에 있었을 법한 스테레오타입들이다. 그렇다고 해서 이 영화가 우리가 적절한 거리를 두고 '추억'에 잠길만한 과거만을 제시하고 있는 것도 아니다. <친구>, <박하사탕> 같은 영화에서 우리는 과거의 트라우마를 고통스럽게 환기하지만 그 과정을 통해 과거의 다른—공동체적이고 목가적인—가능성을 회복하려는 욕망을 갖게 된다. 반면 <살인의 추억>에서 다루는 트라우마는 영화 끝까지 결코 해소되지 않는다. 바로 이 점이 이 영화가 보다 더 문제적인 이유이다.

물론 <살인의 추억>에서도 적어도 어떤 수준에서는 트라우마를 극복하고 있다. 비민주적이고 폭압적인 공권력에 저항하지 못했던 과거 우리들의 초상과는 분명한 단절을 성취하고 있는 것이다. 이는 주인공 두 형사의 대립과 갈등, 그리고 화해 속에서 분명히 드러난다. 눈만 보면 범인을 식별할 수 있다고 자만하는 박두만 형사(송강호 분)는 실은 증거를 조작하고 폭력으로 위협하면서 거짓 자백을 받아 내는 방식으로 무고한 사회적 약자들을 범인으로 몰아세우는 자이다. 그는 80년대 군사정권이 민중을 탄압한 것과 동일한 방식으로 인권, 합리성을 무시한 채 수사를 진행한다. 서울에서 파견된 서태윤 형사(김상경 분)와 새로 부임한 반장(송재호 분)은 이런 관행에 일침을 놓고 과학적이고 인권 보호를 중시하는 근대적인 수사 방식을 채택한다. 이들은 한동안 티격태격하지만 결국 박두만은 비합리적인 자신의 방식을 포기하고 서태윤의 방식에 동의하기에 이른다.

학생, 노동자 시위를 진압하는 데 대다수 경찰이 투입되어 정작 연쇄 살인범 검거에 투입할 경찰이 없다는 아이러니 또한 과거 공권력의 잘못된 관행을 근본적으로 반성하게 한다.

하지만 80년대에 지배적이었던 공권력에 대한 애도 작업과 더불어 또 다른 트라우마가 영화 후반부에 부상한다. 형사들은 결정적이지는 않은 몇 가지 징후들(빨간 옷, 비, 라디오 음악)을 통해 용의자(박해일)를 검거하는데, 그는 형사들의 협박에 대해 합리성과 인권을 요구하며 범행을 결단코 인정하지 않는다. 여기서 하나의 반전이 일어나는데 이제껏 합리성과 인권을 주장해왔던 서태윤은 용의자를 두들겨 패서라도 자백만 받아내면 된다는 입장으로 돌아선다. 그리고 마침내 그는 '실제로' 그 용의자를 죽도록 두들겨 팬다. 심지어 그 용의자가 범인이 아니라는 결정적 증거(DNA 검사)가 나왔음에도 불구하고 말이다. 한때 트라우마적 존재였던 불합리한 폭력적 형사들은 더 이상 위협적이지 않게 되었지만 이제는 외관상으로는 합리성을 주장하는, 정상적으로 보이는 인물이 더욱 더 트라우마적인 존재로 보이는 것이다.

영화에 분명히 명시되어 있지는 않지만 사실상 서태윤은 영화의 화자의 자리에 있다. 그는 마치 80년대의 군사정권에 의해 야기된 트라우마를 이미 극복한 90년대 이후 인물을 대변하는 것처럼 보인다. 과거를 재구성하는 것이 현재의 입장에서만 가능하다면 그 입장을 대변하는 서태윤은 현재의 우리 대신 이 영화를 언표하고 있는 자인 것이다. 그런 그가 영화 후반부에 흥분하여 폭력적이 되는 것은 말하자면 영화의 화자가 이야기 도중에 갑자기 흥분하는 것과 마찬가지 상황이다. 그는 마치 분석 세션에서 자유연상을 통해 기억을 환기시

커내다가 갑자기 트라우마를 반복강박하는 분석 주체와도 같다.

발현된 이 트라우마적 상황은 전적으로 우연한 것만은 아니고 사실상 영화 전체에 은밀하게 깔려 있던 환상이 현실화된 것으로 볼 수 있다. 그 환상은 폭력적인 취조를 일삼던 조용구 형사(김뢰하 분)의 말과 행동을 통해 얼마간 그 모습을 내비쳤다. 그는 대학생들이 MT 가서 성적으로 방탕하게 놀며 여대생은 교수와 자는 것은 아닐까 라고 의심하면서 그들을 동경하는 동시에 질시한다. 겉으로는 합리 적이고 순수한 체하지만 뒤로 호박씨 까는 존재들이라는 것이다. 용의자로 지목된 자는 그런 존재들의 외양을 모두 갖추고 있다. 그는 부드러운 손과 새하얀 얼굴을 가진 이른바 꽃미남이다. 왜 서태윤은 증거가 불충분한데도 그를 성급하게 범인으로 단정 지으려고 하는 가? 그 또한 조용구의 환상을 공유하고 있고 용의자는 그 환상을 강하게 자극했기 때문이다. 그런데 문제는 관객 또한 일정 정도는 그런 '억측'에 공감할 것이라는 점이다. 영화가 일종의 스릴러 장르 패턴을 따르기 때문이기도 하지만 무엇보다 영화 중간중간 삽입된 그 환상의 편린들이 그런 공감의 촉매제로 작용했을 것이다.

이 트라우마는 영화 속에서 해소되지 않으며 반복강박된다. 이 말은 영화가 과거의 트라우마의 반복강박을 '재현'하고 있다는 것이 아니다. 과거를 재현하는 가운데 과거로부터 지금까지 트라우마로 남아있는 사건이 현재 상황으로 '발현'되고 있다는 것이다. 영화 마지막 장면에서 박두만이 과거에 그랬던 것처럼 사체가 있던 하수 구를 현재 다시 들여다보는 것은 트라우마가 아직 해소되지 않았다 는 것을 암시한다. 그렇다면 이 트라우마의 반복강박으로부터 어떻 게 벗어날 것인가? <올드 보이>와 <생활의 발견>은 그로부터 벗어나는 두 가지 경로를 보여주고 있다.

억압으로의 도피 : 〈올드 보이〉

〈올드 보이〉는 단순히 복수극은 아니다. 이우진(유지태 분)은 오대수(최민식 분)에게 원한을 품고 복수하려는 자만은 아니기 때문이다. 이우진이 "오대수학 학자"라고 자칭하는 것은 빈말이 아니다. 그는 정말 오대수가 어떻게 행동하는지, 나아가 어떻게 변할 것인지가 궁금한 것이다. 한편으로 이우진은 자신이 누나를 살릴 수 없었다는 것에서 오는 죄책감에서 벗어나기 위해 오대수를 근친상간적 상황으로 유도한다. 오대수 또한 자신과 유사한 상황이 벌어졌을 때 딸을 죽도록 방치한다면 자신의 실패는 어쩔 수 없는 것으로 무마될 수 있을 것이라는 기대에서 말이다. 하지만 다른 한편으로 이우진은 적어도 무의식적으로는 오대수가 자기가 하지 못한 어떤 가능성을 열지는 않을까 하는 심정으로 오대수를 트라우마적 상황으로 몰고 가는 분석가처럼 행동한다.

이런 유사 분석과정 중에 우리는 오대수가 강박적으로 반복하는 트라우마적 특질 두 가지를 발견한다. 하나는 말이 너무 많다는 것인데 바로 그 때문에 이우진-이수아 남매의 삶은 산산조각이 났다. 다른 하나는 민해경 노래를 부르는 여자에게서 성적 흥분을 감추지 못한다는 것인데, 근친상간을 촉발한 직접적 요인이 되었던 것은 바로 이것이다. 둘 다 목소리—목소리는 대상 a의 하나라는 것에 주의하자—와 관련되는 한, 오대수가 고착된 충동은 기원祈願 충동인 것으로 보인다. 하지만 또 다른 하나의 트라우마적 특질이 있다. 그것은 여자의 젖가슴이며 앞서 말한 두 트라우마적 상황 모두와 관련되어 있다(물론 젖가슴의 특정 양태가 문제가 되겠지만 이 영화에서 그 정도의 디테일까지 신경 쓰지는 않는다). 이우진과 이수아의 성관계 장면을 엿보았던 오대수에게 특히 강한 인상을 준 것은 반쯤 내비치는 이수아의 젖가슴이었고 딸 미도(강혜정)에게 성적 흥분을 느끼게 된 계기 중 하나는 미도의 젖가슴을 빼앗길지 모른다는 위기감이었다(오대수는 자신의 감금인이 미도의 젖가슴을 만진 것에 분개하며 미도를 구해낸 직후 그녀와 성관계를 한다). 그렇다면 오대수의 다른 고착 충동은 젖가슴을 그 대상으로 하는 구강 충동일 것이다.12)

이렇게 자신의 트라우마적 충동 고착이 반복될 때 오대수는 어떻게 하는가? 그는 혀를 자르고 미도가 자신의 딸임을 알게 된 사건에 대한 기억을 지우려고 한다. 우선 기억을 지우는 것은 그와 관련된 트라우마의 적절한 해결책일 수 있는가? 트라우마를 야기하는 충동 고착은 기억으로서가 아니라 현재화된 행동으로 반복된다는 점을 다시 상기할 필요가 있다. 기억을 지우는 것은 트라우마의 내용을 제거하는 것일 뿐 트라우마의 근본적인 중핵인 그 형식을 결코 건드리지 못하는 것이다.

그렇다면 이 영화에서 아마도 가장 끔찍한 장면 중 하나인 혀를

---

12) 물론 영화는 오대수가 눈에 띄게 반복하고 있는 것으로 상정하는 다른 하나의 충동인 시각 충동을 제시하고 있다. 오대수는 여자의 다리에 페티시즘적으로 고착되어 있으며 은밀한 장면(가령, 남녀의 성관계)을 보려는 충동에 사로잡혀 있는 자이다. 하지만 시각 충동은 영화에서 근본적으로 트라우마적 상황을 촉발하는 인자로 설정되지는 않는다는 데 유의할 필요가 있다. 이우진이 오대수를 다그치는 것은 그가 그 장면을 엿보았기 때문이 아니라 그가 그 말을 했기 때문이었다.

자르는 행동은 어떤가? 그것은 트라우마에 대해 어떻게 작용하는가? 물론 이는 그가 더 이상 말할 수 없게 할 뿐만 아니라 젖가슴을 빨지 못하게 할 것이다. 하지만 그런 유사 거세 절차는 근본적으로 불완전하다. 우선 그는 여전히 목소리를 들을 수는 있다. 그뿐만 아니라 그가 말할 수 없고 빨 수 없다는 사실이 그가 기원 충동과 구강 충동에 대한 고착을 포기했다는 것을 뜻하지는 않는다. 그 충동은 여러 우회적인 방식으로 대체 만족의 길을 찾을 수 있다. 더 근본적인 것은 기원 충동의 부분대상으로서의 목소리는 침묵의 형식을 띨 수도 있다는 사실이다. 이우진이 미도가 오대수의 딸임을 폭로하는 장면을 자세히 보자. 이우진은 결코 그 사실을 직접 말하지 않았고 일련의 사진을 통해 우회적으로 암시만 할 뿐이다. 요컨대, 결국 오대수가 트라우마의 반복강박을 벗어나기 위해 취한 절차는 프로이트가 분석 주체가 반복강박을 벗어나기 위해 택할 수 있는 경로 중 하나로 언급한 억압의 재확증이다.

오대수가 트라우마의 고통으로부터 벗어나기 위해 한 행동은 우리에게 끔찍함을 선사하기는 하지만 납득하기는 어렵다. 끔찍하더라도 공감할 수 있는 행동이 있는가 하면 이 경우는 단지 끔찍함의 효과만을 준다. 그렇다면 반복강박을 피하는 다른 길은 없는가? <생활의 발견>은 그 다른 하나의 길로 우리를 안내한다.

트라우마 같은 것은 존재하지 않는다: 〈생활의 발견〉

홍상수의 영화들을 관통하는 특징이 하나 있다면 그것은 현재의

2. 라캉/한국/영화

한국사회를 에릭 샌트너가 말한 "임명investiture의 위기"가 전면화된 것으로 보는 관점이다.13) 상징적 위임에 걸맞은 사람은 없고 저마다 충동을 발현시키며, 혹은 라캉 식으로 말하면 '외설적 향유'에 빠져서 산다. 그런데도 홍상수 영화에서는, 특히 <오! 수정> 이래 그의 영화에서는 트라우마적 상황이 일어나지 않는다.14) 충동의 반복강박은 도처에 있는데도 트라우마는 없는 것이다. 이는 프로이트가 트라우마적 반복강박으로부터 벗어나는 경로로 꼽은 또 다른 하나인 도착증적 구조의 특징이다. 모방, 반복 모티프가 홍상수의 다른 어떤 영화보다도 더 두드러진다는 점에서 <생활의 발견>에서 그런 특징은 다소 분명하게 확인된다.

프로이트에 따르면 반복강박되는 것과 조우할 때 우리는 통상 섬뜩함the uncanny에 사로잡힌다.15) 하지만 <생활의 발견>에서 등장인물들은 강박적으로 반복되는 것에 대해 좀처럼 섬뜩함을 느끼지 않는다. 그렇다면 이 영화의 등장인물들은 반복강박에 대해 별 거부감을 갖지 않는 셈이다. 그들은 충동의 고착에 대해 더 이상 저항하지 않고 수긍해버린 것이다. 경수(김상경 분)는 보통 사람(신경증자)이라면 섬뜩해 할 그런 반복강박에 자신이 빠져있음을 확인한다. 기차

---

13) 에릭 샌트너는 프로이트가 상세히 분석한 슈레버 법원장의 정신병이 19세기 말 상징체계의 전반적 위기 상황에 의해 촉발되었다는 탁월한 설명을 제시하면서 그런 위기를 '임명의 위기'라는 말로 요약하고 있다. Eric Santner, *My Own Private Germany*, Princeton, NJ: Princeton University Press, 1996 참조.

14) 많은 평자들이 지적하듯이 <돼지가 우물에 빠진 날>, <강원도의 힘>이 지독한 냉소로 일관되는 경향이 있다면 <오! 수정>에서부터는 어느 정도 여유를 보이며 유쾌함을 띠기 시작한다.

15) 지그문트 프로이트, 「두려운 낯설음」, 『프로이트 전집 18』, 정장진 옮김, 열린책들, 1998, 125-127쪽 참조.

에서 자신을 알아본 선영(추상미 분)을 뭔가에 홀린 듯 집에 뒤쫓아온 경수에게 선영은 말한다. 경수가 예전에도 똑같이 그렇게 자신의 집에 찾아왔다는 것이다. 경수는 순간적으로는 기억을 못하지만 잠시 후 기억을 되찾는다. 하지만 그의 반응은 섬뜩해 하기는커녕 "너무 좋다"는 것이다. 그는 자신의 충동 고착을 확인하는 것이 지극히 만족스러운 모양이다.

반복강박되는 것은 단지 개인의 수준에서 그치지 않는다. 그것은 인물에서 인물로 모방 전파된다. 영화감독이 경수를 향해 경멸조로 던진 "우리 사람 되기는 힘들지만 괴물은 되지 말자"는 말은 이후 경수의 입에서 다른 사람을 향해 나온다. 이런 산종 과정은 최초에 그 말이 나왔을 때의 상황이 갖고 있는 섬뜩함을 점차 중화시켜나간다. 또한 경수를 사랑하던 명숙(예지원 분)이 편지에 남긴 글, "내 안의 당신, 당신 안의 나"는 선영이 경수에게 남긴 편지에 순서만 바뀌어 재등장한다. 그 자체 수수께끼로서 우리에게 트라우마적으로 각인될 수도 있을 그런 표현이 <생활의 발견>에서는 상투구로 전락하고 만다. 그렇다면 도착증적 구조는 단지 등장인물의 수준에서뿐만 아니라 인물들을 바라보는 영화의 관점 자체에도 각인되어 있다고 할 수 있다. 영화는 관객으로 하여금 도착증적으로 세상을 바라보라고 권유하고 있는 것이다.

물론 <생활의 발견>에서 반복강박적 행동이 항상 승인되는 것은 아니다. 경수는 명숙의 도발적인 사랑 고백에 대해 점차 거리를 두며 선영은 경수의 계속되는 만남의 요구를 물리친다. 하지만 이것이 충동의 고착에 대한 신경증적 거부를 뜻하는 것인가? 도착증적 구조에 대한 라캉의 엄밀한 통찰에 따르면 "도착증은 종종 빗금이 없는,

절대적인 주이상스를 추구하는 행동으로 보이지만 사실 겉으로 잘 드러나지 않는 진정한 목적은 법(법을 선포하는 타자)을 설정하는 것이다."16) 도착증자의 진정한 목적은 타자가 자신에게 지나친 만족을 주지 않고 그런 만족에 거부를 표시하는 데 있다는 것이다. 하지만 그렇다고 해서 그가 신경증의 부정 양식인 '억압'을 수행하지는 않는다. 억압은 상징적 권위에 대해 주체가 최소한의 의혹을 품게 되는 것을 전제로 한다. 하지만 도착증자는 그런 의혹이나 의문의 여지를 전혀 보이지 않는 것이 그 특징이다. 경수는 이 점에서도 도착증적 구조를 채택하고 있는 것으로 보인다. 운동권 출신 교수인 자신의 남편에 대해 선영이 "그는 우리들과는 다른 종류의 사람이에요"라고 말할 때 경수는 그에 대해 "난 그런 거 안 믿어요"라고 단호히 응수한다. 경수에게 상징적 권위는 일말의 수수께끼도 남기지 않는 것이다.

요컨대 <생활의 발견>은 우리에게 이런 제안 혹은 내기를 하고 있다. "강박적으로 반복되는 트라우마가 괴로운가? 그렇다면 그 반복을 긍정하라. 그러면 트라우마는 사라질 것이다." 물론 이미 도착증자거나 도착증적 구조를 채택하기로 작정을 한다면 영화는 관객인 우리에게 만족을 줄 수도 있다. 하지만 여전히 영화가 무언가 거북함을 주고 있다면 이는 도착증적으로 반복강박을 피하는 것이 달갑지 않다는 신호이다. 그렇다면 <올드 보이>가 채택한 억압의 확증 전략을 재차 채택함으로써 악순환에 빠질 것인가? 그것도 아니라면 다른 어떤 가능성이 있기라도 한 것인가?

---

16) 브루스 핑크, 『라캉과 정신의학』, 맹정현 옮김, 민음사, 2002, 312쪽.

트라우마 반복의 다른 해결과 관객의 반복강박

고통스럽게 반복되는 행동에 대해 프로이트가 내릴 수 있는—물론 결단은 분석 주체 자신이 한다는 것을 전제로—처방은 두 가지였다. 충동의 고착을 수긍함으로써 반복강박에서 트라우마를 제거하거나 아니면 더 강력한 억압의 장벽을 구축하는 것. 재차 강조하자면 이런 결론은 왜 반복강박이 일어나는가라는 물음에 대한 프로이트의 답인, 주체에 고유한 충동 고착이라는 변경 불가능한 사실로부터 나온다. 하지만 충동 고착이 주체에 대해 할 수 있는 말의 전부는 아니라면 어쩔 것인가? 반복강박으로부터 벗어나는 다른 길이, 혹은 본연의 헤겔적인 의미에서의 "부정의 부정"으로서 반복강박을 지양하는 길이 있다면 어쩔 것인가? 라캉은 한편으로 충동과 욕망의 논리를 세공함으로써, 다른 한편으로는 성구분sexuation에 대한 다른 접근을 제안함으로써 프로이트가 내놓기를 두려워 한 길로 우리를 인도한다.

주판치치의 다음 구절은 충동과 욕망의 논리에 라캉이 어떻게 접근하고 있는지를 훌륭하게 요약하고 있다.

욕망과 충동은 실로 무언가를 공유한다. 양자 모두 필요와 다르다. 이는 욕망의 경우든 충동의 경우든 주체가 모든 주어진 대상의 '부적합성'('이것은 그것이 아니다')을 경험한다는 것을 함축한다. 욕망과의 관계에서 이는 충분히 자주 강조되었다. 따라서 충동과 관련해서 라캉의 다음 언급을 인용하기만 하자: '충동은, 충동의 대상을 움켜잡음으로써, 이것은 충동이 만족될 방식이 정확히 아니라는 것을 어떤 의미에서 배운다.' 하지만 또한 욕망과 충동 간에는 근본적인 차이가 있다. 욕망은 만족되지 않은 상태로 남아있음으로써 스스로를 지탱한다. 충동의 경우 '이것은 충동이 만족될 방식이 아니라는 것을 이해한다'는 사실은 충동이 '다른 곳에서' 만족을 발견하는 것을 막지 않는다.[17]

프로이트에 따르면 충동은 대상에 대한 고착으로, 욕망은 그 고착에 대한 방어로 귀착된다. 그리고 충동은 욕망에 대해 궁극적으로 우위에 있다. 다시 말해 욕망은 충동 고착이라는 변경 불가능한 사실을 직접 드러내지 않기 위해 애쓸 뿐, 그 고착을 단적으로 거부하지는 않는다는 것이다. 하지만 라캉은 프로이트가 충동과 욕망의 일면만을 보았을 뿐 그 역설적인 변증법적 논리를 놓쳤다는 점에 주목한다. 충동이 만족을 발견하는 것은 사실이지만 그것은 대상에 대한 고착을 통해서가 아니라는 것이다. 충동은 주어진 대상이 아닌 '다른 곳에서' 만족을 발견한다. 또한 충동 고착에 소극적으로 저항함으로써 사실상 그 고착을 암묵적으로 인정하는 것만이 욕망의 운명은 아니다. 욕망은 만족을 주는 고착된 대상에 대해서도 '아니오'라고 거부하는 데까지 나아갈 수 있다. 결국 프로이트가 욕망과 충동의 공통분모로서 대상에 대한 고착만을 보았다면 라캉은 대상에 대한 거절Versagung을 그 공통분모로서 재설정한다. 그리고 그 거절 속에서 충동의 만족과 욕망의 불만족은 정확히 겹쳐진다. 따라서 라캉은 대상에 대한 고착이 발현되는 반복강박으로부터 벗어나는 경로로

---

17) 알렌카 주판치치, 『실재의 윤리』, 이성민 옮김, 도서출판 b, 2004, 369쪽.

프로이트가 제안한 두 가지 가능성으로부터 배제된 제3의 경로를
본다. 고착에 대한 백치 같은 긍정도, 억압적 거부도 아닌 '거절'의
길 말이다.

잘 알려져 있듯이 프로이트는 생애 말년까지도 '여자는 무엇을
원하는가?', 여자의 자리를 어디서 발견해야 하는가라는 물음에 대해
곤혹스러움을 표시해왔다. 분석의 종점을 두 가지 길로 요약하고
난 뒤에조차 남아있던 그 물음은 여전히 남아있는 다른 길이 있다는
증상이 아니었을까? 라깡은 트라우마를 해결하는 두 가지 방식—이
것은 프로이트의 두 가지 경로에 상응하는 것이 아니다!—을 구분하
고 그 구분에 성구분의 핵심이 있다고 주장함으로써 프로이트의
물음에 응답한다. 트라우마를 해결하는 남성적 방식과 여성적 방식
이 있고 바로 이 방식의 차이에 성적 차이가 있다는 것이다. 반면
이러한 라깡의 논의에 따르면, 프로이트가 제시한 두 가지 경로는
사실 남성적 방식에 모두 포괄되며 그럼으로써 여성적 방식을 놓친
다.

라깡의 성구분의 복잡한 함의를 여기서 일일이 거론하기는 어렵
고 간단히 요약하자면 이렇다. 먼저 지적해둘 것은 라깡이 제시한
트라우마를 해결하는 두 가지 방식은 칸트가 『순수 이성 비판』에서
논의한, 이율배반을 해결하는 두 가지 방식과 정확히 동형적이라는
것이다.[18] 칸트에 따르면 이율배반이란 두 가지 진술 사이에서 어느
하나가 옳다고 판정할 수 없는 교착상태를 일컫는다. 이런 이율배반
에는 두 가지가 있는데 하나는 '세계는 유한하다'와 '세계는 무한하

---

18) 이 같은 통찰은 조운 콥젝, 「성과 이성의 안락사」(『성관계는 없다』, 김영찬 외
옮김, 도서출판 b, 2004)의 논의에 전적으로 의거하고 있다.

다'라는 대립하는 두 진술 사이에서 볼 수 있는 수학적 이율배반이다. 다른 하나는 '자연적 인과율을 초월하는 의지의 자유도 세계를 규정한다'와 '오로지 자연적 인과율만이 세계를 규정한다'라는 두 진술 사이에서 볼 수 있는 역학적 이율배반이다. 칸트에 따르면 수학적 이율배반에서 벗어나는 길은 대립하는 두 진술 모두를 부정하는 것, 즉 세계는 무한하지도 유한하지도 않다는 결론에 도달하는 것이다. 반면 그는 역학적 이율배반에서 벗어나기 위해서는 대립하는 두 진술 모두를 긍정하면 된다고 말한다. 즉 한편으로는 자연적 인과율이, 다른 한편으로는 의지의 자유가 세계를 규정한다는 것이다. 여기서 라캉이 말하는 트라우마에 대한 여성적 해결책이 칸트가 말한 수학적 이율배반의 해결책에 상응한다면, 트라우마에 대한 남성적 해결책은 역학적 이율배반의 해결책에 상응한다.

프로이트가 트라우마로 정의했던 것은 사실 언어 혹은 상징적 질서 자체에 고유한 이율배반과도 같다. 그렇기에 말을 하는 존재인 한은 트라우마에 직면하지 않을 수가 없다. 하지만 칸트가 보여준 것과 마찬가지로 트라우마를 해결하는 두 가지 방식이 있다. 하나는 남성적 방식으로서 억압(남근 함수에 대한 종속)뿐만 아니라 충동 고착(남근 함수의 예외) 또한 긍정하는 방식이다. 하지만 이 방식만이 전부는 아니며 트라우마를 해결하는 다른, 여성적이라고 할 수 있는 방식이 있다. 그것은 억압을 부정할 뿐만 아니라 충동 고착도 부정하는 것에 있다. 라캉의 구분은 프로이트적 구분이 놓친 두 가지 점을 지적한다. 하나는 프로이트가 선택해야만 한다고 보았던 두 경로는 사실상 양립 불가능한 것이 아니라 공존 가능한 것이라는 점이다. 억압에 의해 충동과 거리 두는 것이나 충동을 수긍하는 것

양자는 결코 서로를 배제하지 않는다. 이 두 선택지 사이에는 그 어떤 적대도 존재하지 않는다. 프로이트가 놓친 다른 하나의 요점은 라캉이 여성적 길이라고 했던 또 다른 트라우마 해결책이다. 그것은 트라우마 해결의 남성적 방식과는 양립 불가능하며 따라서 그 둘 사이에는 환원불가능한 적대가 있다.

앞에서 검토했듯이 <올드 보이>에서는 억압의 확증을, <생활의 발견>에서는 충동 고착의 수긍을, 반복강박으로부터 벗어나는 길로 채택하고 있다. 바로 그런 한에서 그 두 영화는 트라우마를 해결하는 두 가지 남성적 해결책을 제시하는 것에 머문다. 이로부터 우리는 몇 가지 비판적 물음을 던질 수 있을 것이다. 이 두 편의 영화가 어쨌든 비평가들로부터 많은 호평을 받고 있다는 점을 고려한다면 비판적 담론이 적어도 주체의 위기를 해결하는 길에 관한 한 여전히 어떤 한계에 머물고 있지는 않는가 하는 것이다. 주지하듯이 <올드 보이>는 많은 대중들의 호응을 받았다는 점에서 일정한 전이 효과를 발생시켰을 수도 있다. 그렇다면 최근 한국사회의 위기에 맞서 형성되고 있는 한국사회의 집단적 주체성을 여기서 읽을 수 있지는 않을까?

하지만 동시에 결정적 물음을 던질 필요가 있다. 반복강박을 해결하는 여성적 경로를 채택하는 한국영화의 사례는 찾아볼 수 있는가? 만약 현재까지는 이에 대해 부정적인 응답밖에 할 수 없다면 이는 반복강박을 본격적으로 한국 영화에서 다루기 시작한 지 얼마 되지 않았고 최근까지의 한국영화(뿐만 아니라 현실)에서 반복강박을 겪는 인물이 주로 남성에 국한되어 있다는 정황과도 무관하지는 않을 것이다. 하지만 라캉적인 의미에서 여성적인 것의 출현은 단지 주어

2. 라캉/한국/영화

진 어떤 정황에 의존하는 것이 아니라, 일종의 '무無로부터의 창조'가 이루어지는 국면이라는 점을 염두에 둘 때 문제는 단순히 객관적 조건에 있는 것이 아니라 오히려 '주체적' 조건에 있다고 말해야 할 것이다.

영화에서 드러나는 반복강박을 다루면서 나는 줄곧 그것이 분석 세션에서 일어나는 것과 동등한 효과를 가질 수 있을 것이라 가정했다. 이 가정은 물론 가정일 뿐이지만 그것을 뒷받침할 만한 근거 두 가지를 언급할 수 있다. 하나는 분석가와 분석 주체의 일대일 조우라는 전형적 분석 세션이 아니라 일대다와 같은 조우 형식도 분석 효과를 가질 수 있다는 라캉의 언급이다. 그는 1964년 세미나에서 자신의 세미나의 지위에 대해 말하면서 그것이 분석적 실천의 한 요소라고 강조한 바 있다.[19] 이것은 집단적인 정신분석이라는 형식이 가능할 수도 있다는 것을 시사한다. 영화 또한 (현재의 영화관이라는 관람 체제에서건 아니면 가정의 개별적 관람이라는 형식에서건) 수많은 관객이 동일한 경험을 할 수 있는 기회를 준다는 점을 고려해보면 영화 관람 또한 집단적 정신분석의 한 형식이 될 수도 있지 않을까?

다른 근거는 프로이트가 분석 실천의 지침으로서 수차례 강조하는 사항과 관련이 있다. 프로이트는 일종의 부정적 전이인 반복강박의 위험성을 충분히 인식하고 있었다. 주체에게 트라우마가 반복되

---

19) Jacques Lacan, *The Four Fundamental Concepts of Psychoanalysis*, ed. Jacques-Alain Miller, trans. Alan Sheridan, New York: Norton, 1977, p. 2. 라캉은 그로부터 5년 후 '정신분석의 이면' 세미나에서 (불)가능한 네 가지 사회적 결속 양식에 네 가지 담론을 대응시키는 작업을 하는데, 분석적 담론 또한 여기에 포함시킨다. 이는 분석이 사회성, 집단성의 형식을 지닐 수 있다는 또 다른 증거이다.

는 것은 어쨌든 극도의 위기 상황이고 어떻게든 해결의 길로 인도하는 것은 쉬운 일이 아니다. 주체는 억압을 확증하는 하나의 해결책으로서 죽음을 선택할 수도 있다. 프로이트가 반복강박이 일어날 때 가능한 한 분석 세션 밖에까지 영향이 미치지 않도록 유의해야 한다고 경고했던 것은 바로 이런 연유에서다.[20] 반복강박은 가능한 한 분석가와 분석 주체 사이의 관계에서만 일어날 수 있도록 한정시켜야 한다는 것이다. 물론 이 말은 반복강박의 해결까지도 분석 세션에서만 한정시키라는 것은 아니다. 반복강박이 현실에 미치는 영향을 최소화하면서도 반복강박의 해결은 현실에서 최대한의 효과를 갖도록 하려는 것이 프로이트의 생각이었을 것이다. 그렇다면 현실과의 최소한의 거리가 있다는 바로 그 점에서—영화는 곧바로 현실은 아니다!—영화는 반복강박이 현실에 미치는 영향을 최소화할 수 있는 하나의 매체일 수도 있지 않을까? 물론 영화는 현실의 광학적 흔적이라는 점에서 다른 어떤 매체보다도 더 현실과 직접적인 연관을 갖는다. 그렇기에 영화를 통한 반복강박은 그만큼 더 관객 주체에게 현실과 맞먹는 영향력이 있을 수 있다. 다른 그 어떤 매체보다도 영화를 둘러싼 윤리적 갈등이 첨예한 것은 바로 이런 이유에서다. 하지만 영화의 시공간과 영화를 관람하는 시공간의 최소한의 차이는, 즉 영화가 갖는 최소한의 매개성은 반복강박의 현실 효과를 최소화하는 데 기여할 수도 있을 것이다. 프로이트가 예술 창작이 분석을

---

20) 가령 프로이트의 다음 언급을 보라. "환자가 자신의 충동을 실행에 옮김으로써 해를 입는 것을 막는 가장 좋은 방법은 치료가 지속되는 동안에는 인생에서 중요한 그 어떤 결정도—예를 들어 직업을 선택하거나 결정적으로 중요한 사랑 대상을 선택하는 것[결혼]—하지 않고 그것을 병이 나을 때까지 미루게 하는 것이다."(지그문트 프로이트, 「기억하기, 되풀이하기, 그리고 훈습하기」, 116쪽.)

대신하여 승화에 이를 수 있다고 보았던 것은 아마도 이런 이유에서
였을 것이다. 나는 여기에 오늘날의 영화 관람 또한 가능한 다른
승화의 길을 열어주고 있다는 점을 덧붙이고 싶다.

복수는 나쁜 것?
박찬욱의 복수 연작의 '주체성'에 관한 정신분석적 접근*

김소연

현실에서 실재로, 주제의식에서 스타일로

90년대 중반 이후 한국영화가 리얼리즘적 지향 혹은 강박에서 벗어나 장르적 상상력을 거리낌 없이 가동해왔음은 누구나 공감하는 사실일 것이다. 그리고 그에 따라 주로 사회현실 속에서 소외된 인간 혹은 집단에게 직접적인 관심을 보이며 이를 정직하게, 동시에 비판적으로 재현해내고자 하는 리얼리즘적 사명감이 약화되고, 현실을 참조하되 이를 장르 관습의 틀 속에서 재전유하는 영화 만들기의 방식이 대세를 이루게 되었음도 새삼 강조할 필요가 없는 사실일 것이다. 그런데 최근 한국영화가 보여주는 장르성과 리얼리티의 관계를 살피다보면 우리는 그 안에서 다시금 어떤 분열을 발견하게 된다. 흔히 상업적 기획영화로 간주되는 영화들이 짐짓 민족사의 향방까지도 걱정하면서 그 세태 풍자적 요소를 흥행성과 버무리며 대중들과의 소통을 도모하는 반면, 이른바 작가주의 영화들은 오히려 '장르적 과잉결정'[1]을 심화시키는 가운데 지금 이곳의 시공간에 대한 직접적 참조에 구애받지 않는 '원형적' 혹은 '환상적' 이야기를 구사하는 특징을 보여주고 있다는 점이다.

이러한 현상은 오늘날 한국영화가 '실재'를 무대에 올리는 두 가지 방식을 드러낸다. 사회 속에서 실재는 봉합되기 힘든 계급적, 성적, 민족적, 인종적 '적대'의 형태로 나타나게 되는데, 이러한 적대들을 드러내는 동시에 무마하는 상업적 기획영화들과 달리 작가영화들은 현실의 질서를 교란하는 실재의 침입으로 인해 발생하는 사태를 적나라하게 전시하는 데 더욱 집중하는 양상을 보여주고 있는 것이다. 우리는 이러한 각각의 경향을 '실재의 침입에 대한 방어'와 '실재의 상연'으로 이해할 수 있을 것이다. 그리고 실재의 상연은 진실(진리)의 거점인 무의식의 차원을 비로소 드러내며 '진리의 충격'을 노리게 된다는 의미에서, 이런 경향의 영화들을 '실재적 리얼리즘'이라는 이름으로 범주화할 수도 있을 것이다.[2]

이 글의 관심사인 박찬욱 감독의 '복수 연작'은 단연 후자의 경향을 대표하는 영화들이다. 그의 성공적인 재기작이었던 <공동경비구역 JSA>만 해도 여전히 리얼리즘에 의해 과잉결정되어 있는 듯했으

---

* 이 글을 쓰는 동안 필자가 청하는 대화에 기꺼이 응해주었던 동료 이성민 씨에게 감사한다. 그의 공들인 번역서들과 유익한 대답, 친절한 고무에 힘입어 이 글은 완성되었다.

1) '장르적 과잉결정'이라는 개념은 박제철, 「복수의 숭고함과 그 불만들: <복수는 나의 것>의 윤리적 결과들」('영화와 시선' 시리즈 『복수는 나의 것』, 새물결, 2006)에서 처음 사용되었다.

2) '실재적 리얼리즘'이라는 개념과 범주에 관해서는 졸고, 「장르적 상상력과 실재적 리얼리즘의 윤리학」, 『영화연구』, 한국영화학회, 27호, 2005년 12월호 참조.

2. 라캉/한국/영화

나, '복수' 연작이 한편 한편 완성됨에 따라 우리는 점점 더 리얼리티
에 대한 참조보다는 장르적 상상력에 의한 과잉결정이 심화되어감을
목격하고 있다. <복수는 나의 것>이 등장인물들의 정체성을 분열시
켜 파국을 초래하는 근본 원인을 계급계층간 '적대'에서 찾음으로써
여전히 리얼리즘 영화의 현실 비판적 기능을 의식하고 있음을 드러
낸다면, <올드 보이>에서 리얼리티는 등장인물의 삶에서 유리된 채
분할 화면의 한 쪽으로 밀려나 영화적 현실의 시공간적 좌표로서만
기능할 뿐이다. 여기서 더 나아가 <친절한 금자 씨>는 영화가 어떤
식으로든 현실적 개연성을 담보해야 한다는 리얼리즘적 강박을 완전
히 떨쳐낸 듯,3) 사실상 역사적 시공간을 별로 상기시키지 않는 추상
적이고 신화적인 한 편의 장르-변주 이야기처럼 제시되고 있다.4)
  한편 장르적 상상력의 발휘는 리얼리즘 양식으로부터의 이탈을
수반하며 이루어지고 있다. 한국전쟁 이후 형성된 리얼리즘 담론5)에

---

3) 『씨네21』에 실린 한 인터뷰에서 박찬욱 감독 자신도 근작으로 올수록 '리얼리즘'에
  서 이탈하고 있음을 다음과 같이 밝히고 있다. "김소영: <친절한 금자 씨>에도
  판타지나 그로테스크한 구전동화적 요소가 곳곳에 드러난다. 박찬욱: 맞다. 한참
  공부하던 80년대 초중반을 지배했던 담론이나 당시의 리얼리즘 논의가 나한테는
  언제나 좀 답답했다. 그렇지만 지배당했던 의식이기 때문에 완전히 자유로울 수는
  없었다. 그래서 처음부터 <친절한 금자 씨>처럼 만들 생각을 못했던 건데 차츰
  그 방향으로 가고 있는 것 같다."(http://www.cine21.com/Article/article_view.php?mm=
  001001001&article_id=32201).
4) 이러한 변화는 봉준호 감독의 <플란다스의 개>에서 <살인의 추억>으로의 이행에서
  도, 김지운 감독의 <반칙왕>에서 <장화, 홍련>, <달콤한 인생>으로의 이행에서도
  유사하게 감지된다는 점에서 '증상적(징후적)'이다.
5) 한국전쟁 이후 형성된 리얼리즘 영화담론의 성격과 특징, 그것이 실제 영화비평에
  끼쳤던 영향에 관해서는 졸고, 「전후 한국의 영화담론에서 '리얼리즘'의 의미에
  관하여: <피아골>의 메타비평을 통한 접근」, 『매혹과 혼돈의 시대: 1950년대 한국영
  화』, 도서출판 소도, 2003 참조.

서부터 이어져온, 롱 쇼트와 롱 테이크에 대한 저 장구한 집착이 청산되고 스타일(만)이 작가성의 진원지로 급부상하면서 모든 창조적 에너지의 출로로서 기능하고 있는 것이다. 박찬욱 감독은 이처럼 독자적인 스타일의 구축을 통해 고정관객층 확보에 성공한 감독들 중 대표주자라고 해도 과언이 아니다. 그의 <복수는 나의 것>은 주제의식에서 스타일로 작가성의 전거가 이동하는 과정을 유연하게 매개했던 영화였는데, 그러한 맥락에서 보면 이 영화에서 '잉여'는 스타일의 단독성이 아니라 오히려 리얼리즘적(사회비판적) 문제의식에 있었다고 해야 마땅하다. 어쨌든 이 작품을 통해 박찬욱 감독은 오늘날 한국에서 '작가 감독'으로서 이름을 등재할 수 있는 조건이 이데올로기적 관념의 전시로부터 미적 자의식의 전시로 변화하는 데 결정적인 징검다리를 놓았던 셈이다. 그것이 우연이었든 의도였든 간에 말이다.

복수의 악무한과 욕망의 주체들

라캉주의적 관점에서 보자면, 실재의 침입을 드러내는 듯하지만 다시금 그 봉합에 성공함으로써 결국은 실재의 재상징화를 도모하는 영화들보다는 실재의 침입이 가져오는 섬뜩한 결과를 무방비로 노출하는 영화가 적어도 윤리적으로는 더 급진적이다. 현실을 지탱시켜주는 환상의 (재)구축으로 귀결하는 영화보다는 환상을 낱낱이 해부함으로써 새로운 상징적 질서의 생성을 상상할 수 있게 해주는 영화야말로 이 혼란스런 시대를 살아가는 우리에게 더욱 긴요할 테니까

2. 라캉/한국/영화

말이다. 그런데 라캉주의는 여기서 우리를 한 걸음 더 나아가게 한다. 요컨대 관건은 실재의 상연 그 자체가 아니라 실재를 어느 편의 논리로 다루는가에 있다는 것이다. 라캉의 성구분sexuation 공식은 사유의 논리가 남성편과 여성편으로 나뉠 수 있다고 가르치는데, 결론을 말하자면 실재를 다루는 논리가 남성편에 머물러 있는 한, 윤리적 주체의 탄생은 이루어지지 않는다는 것이다. 다시 말해 기존의 사회적 질서가 실패하는 지점에서 돌연히 상징적 그물망으로부터 탈출하거나 상징적 자살을 감행함으로써 타자의 차원을 일시정지시키고 새로운 질서가 수립될 계기를 창조해내는 '행위'의 주체는 오직 여성이어야만 하며 여성일 수밖에 없다는 것이다.6) 그렇다면 박찬욱의 근작들은 과연 실재를 어느 편의 논리로 상연하고 있는가. 복수

---

6) 물론 여기서의 남성과 여성은 생물학적 성이 아닌 정신분석적 성을 지칭하는 것이다. 남성편의 논리는 세계가 '보편성' 및 그 보편성의 한계를 구성하는 '예외'로 이루어져 있는 닫힌 집합으로서의 '총체'라는 것이며 따라서 이러한 세계에서 실재는 상징적 질서의 한계를 드러내는 작은 얼룩, 즉 예외로서 다루어진다. 반면 여성편의 논리는 실재가 예외 없이 세계 내의 모든 대상과 현상에 존재한다는 것, 따라서 전체 안에 무한한 균열 혹은 심연의 차원을 열어놓는 문턱이 되며 따라서 세계는 열린 집합으로서의 '비-전체'라는 것이다. 따라서 새로운 질서를 다시금 하나의 돌출적 예외로서 규정하고 기존 상징적 질서의 일관성 속에 포섭함으로써 보편성의 틀을 유지해나가는 남성과 달리, 여성은 기존의 상징적 질서에 온 존재가 다 제약되지 않으며 따라서 상징적 질서가 개인을 장악하는 데 실패하는 지점에서 다르게 향유하고 행위할 수 있는 '자유'의 가능성을 갖는다. 여성만이 주체가 될 수 있는 것은 이 타자적 향유의 가능성에서 비롯된다. 새로운 사회적 담화의 창조라는 윤리적 책임을 지는 존재를 우리가 '주체'라고 부른다면, 주체는 상징적 질서의 호명에 응함으로써 만들어지는 것이 아니라, 오히려 호명의 실패로 인해, 의미를 완결하는 것의 불가능성으로 인해 탄생할 수 있기 때문이다. 그래서 주판치치는 "남자들을 주체가 되게 하라!"가 오늘날의 실천적 정언명령이라고 주장한다(알렌카 주판치치, 「구멍 뚫린 시트의 사례」, 『성관계는 없다: 성적 차이에 관한 라캉주의적 탐구』, 김영찬 외 역, 도서출판 b, 2005, 225쪽).

연작의 주인공들은 남성편에 있는가, 여성편에 있는가? 이와 관련하여, 그의 복수 연작의 마무리가 여성 주인공을 통해 이루어지고 있다는 사실은 이 질문에 관하여 더더욱 우리의 흥미를 북돋운다. 박찬욱, 그는, 금자 씨, 그녀는, 과연 남성인가, 주체인가?

우선 전작前作들을 살펴보자. <복수는 나의 것>과 <올드 보이>를 관류하는 복수 이야기의 기본 패턴은 대체로 유사하다. 필요조건은 죄인과 그 죄의 희생자, 충분조건은 희생자 측에서의 사형私刑을 통한 복수다. 하지만 복수를 실행하는 과정에서 그 죄의 우연성이, 나아가 죄인과 희생자의 전도된 위치가 드러난다. 결국 순수한 죄인도, 순수한 희생자도 존재하지 않으며, 오직 있다면 그들을 그 지경까지 몰아간 파괴적인 운명 혹은 상황논리뿐이다. 이러한 구조적 필연성 때문에 우리의 주인공들은 실제로 죽거나 아니면 상징적으로 죽는다.

특히 <복수는 나의 것>은 물고 물리는 죄와 벌의 악무한을 가동시키는 '구조'의 전능한 의지에 관한 진절머리 날 만큼 집요한 보고서다. 클로즈업으로 조여 들어가야 마땅할 듯한 대목에서 역으로 카메라가 무한히 후퇴 혹은 상승하여 공간 전체, 도시 전체를 조망하는 버드 아이 뷰 쇼트들은 이러한 사고의 직설적 형식화다. 여기서 가능한 최선의 실천적 정언명령은 아마도 '입장 바꿔 생각해봐' 정도겠지만, 이 영화는 입장 바꿔 생각하기란 불가능하다고, 사람은 구조 속에서 자신에게 주어진 위치를 궁극적으로는 벗어날 수 없노라고 단언한다. 이렇듯 노동자도 자본가도 경찰도 사기꾼도 혁명가도 모두가 구조의 자동인형이자 타자의 담화의 복화술사일 뿐이라면, 그들을 그렇게 만든 저 혼돈의 시공간은 주체가 되기를 영구적으로

2. 라캉/한국/영화

봉쇄하는 닫힌 세상이 되어버리고 만다. 어느 누구도 구조의 실패, 곧 타자 속의 결여를 체현하는 주체가 될 수는 없다는 인식, 이것이 바로 <복수는 나의 것>의 비극적 전언이다. 구조의 위력이 '발 없는 말'의 수행성으로 바뀐 <올드 보이> 역시, 한 번의 말실수 때문에 줄줄이 죽음이 이어지지만 말의 주인이 그 말의 작용 범위와 효과를 장악할 수 없다는 점에서 동일한 비극성의 틀을 보여준다.

한편 이 두 개의 복수담에서 복수의 주체/대상인 인물들은 그대로 실재가 침투하는 현실 속의 구멍이다. 은폐된 '적대'의 균열이 이들의 반목 속에서 드러나며 억압된 '욕망'의 진실이 이들의 복수과정을 통해 알려진다. 일견 이들의 복수는 기존 상징적 질서로부터의 치명적 일탈이자 그 질서에 대한 가차 없는 공격으로 보이고, 복수의 수행자는 상징적 규제 혹은 규율로써 매개되지 않기에 어떠한 대화도 불가능한 '실재로서의 타자들'로 느껴진다(시체에서 신장을 도려내 날것으로 씹어 먹는 '류'나, 여자인 '영미'를 전기고문하고 그녀의 시체 앞에서 태연히 자장면을 먹는 '동진', 15년 동안의 감금생활 이후 스스로도 '괴물이 되어버렸다'고 고백하는 '오대수'나 기계 심장과 그 리모컨을 한 몸에 부착하고 사는 '이우진', 이 모두를 어찌 편안한 마음으로 우리의 '이웃'이라 불러줄 수 있겠는가).

하지만 이 인물들의 복수는 여전히 남성편의 논리를 실현하는 데 머물러 있다. <복수는 나의 것>의 경우, 유괴범 류에 대한 동진의 복수, 장기밀매단에 대한 류의 복수는 스스로 상징적 질서를 이탈하여 도덕적 실패(복수)를 결행함으로써 상징계의 처벌을 유도하려는, 그리하여 궁극적으로는 상징적 질서를 강화하려는 행동이다. 반면 동진에 대한 류의 복수 및 혁명적 무정부주의 동맹 회원들의 복수는

그러한 도덕적 마조히스트에 대한 상징적 처벌로서의 복수다. 전자
의 복수는 예외적이고 후자는 보편적이라는 의미에서 이들의 복수는
남성편의 논리와 동일하게 구조화되어 있다.7) 마찬가지로 <올드
보이>의 경우에도 이우진의 복수가 상징적 질서와의 관계에서 마조
히즘적이라면(궁극적으로 그의 욕망은 처벌하는 게 아니라 처벌받
는 것이었다) 오대수의 복수는 이우진의 일탈에 가하는 타자 혹은
사회의 처벌에 해당한다는 점에서 마찬가지 논리에 의존하고 있다.
결국 기껏해야 예외의 논리에 의지할 수 있을 뿐인 남자들만이 넘쳐
나는 이 두 영화에 주체는 도대체 어디 있는가, 묻지 않을 수 없다.

이들이 근대적인 윤리의 주체일 수 없다는 것은 정신분석적 의미
에서 이들이 '충동'의 층위가 아닌 '욕망'의 층위에서 향유한다는
사실로도 확인된다.8) 류에게는 누나와 영미가, 동진에게는 딸이 상

---

7) 이러한 해석은 박제철의 것이다. 앞의 글 참조.
8) 욕망의 층위에서 향유한다는 것이 무슨 뜻인가. 정신분석학에 따르면, 언어를 배움으
로써 상징화된다는 것은 그 이전에 그/녀가 즐기던 향유의 극히 일부분만을 성감대
에 존속시킨 채 대부분의 향유를 빼앗기는 과정이다. 언어는 향유의 실재를 온전히
다 의미화할 수는 없다는 것이다. 그러나 주체는 저 잃어버린 향유, 시원적 아버지가
모든 여자를 소유하면서 영위할 수 있었던 저 절대적이고도 완벽한 향유가 가능하다
는 환상을 버리지 못하고 초자아의 '즐기라'는 명령에 의해 끊임없이 그러한 향유를
추구하게 되는데, 이것이 곧 욕망이다. 하지만 상징화 자체가 향유의 근원적 박탈을
통해서만 성립하는 것이기에 욕망의 궁극적 성취는 구조적으로 불가능하다. 상징화
된 존재는 다만 환상 속의 욕망의 지탱물, 즉 욕망의 대상-원인(대상 *a*)을 뒤쫓을
수 있을 따름이며, 일단 손 안에 붙잡은 것은 이미 절대성을 상실하기 때문에 욕망의
대상-원인은 무한한 환유의 논리에 종속될 수밖에 없다(욕망의 악무한). 절대적
향유를 예외로 삼고, 나머지 향유 전체를 무한한 환유적 관계로 계열화하는 이러한
욕망의 논리가 고스란히 남성편의 논리를 반복하고 있음은 두말할 나위도 없다.
그래서 욕망의 향유는 남근적 향유라고도 불린다. 이는 '남성적' 주체가 대상으로서
의 여성을 환상의 틀 속에서 욕망하며 기관적, 자위적 향유를 누린다는 뜻이기도
하다.

실된 욕망의 대상-원인으로서의 예외적 지위에 놓이지만, 류와 동진이 아무리 이 상실감을 복수에 복수로써 상쇄하려 해도 결국 죽은 이가 다시 살아오지는 않는 법이고 이들의 욕망은 끝내 이루어질 수 없도록 운명지어져 있다. 마치 어떤 절대적 복수를 이루고야 말겠다는 듯 덤비지만 결국은 개별적 복수들만을 계열화할 수 있을 뿐인 류와 동진은 복수를 향한 욕망의 악무한을 헤어나올 수 없는 욕망의 주체들인 것이다. 이처럼 붙잡히지 않는 대상과의 거리를 전제로 해서만 주체에게서 가동되는 욕망의 변증법은 언제까지고 주체를 '다른 무엇'을 향한 욕망 속에, 상호주관적 회로 속에 남겨놓기 때문에 그 상징적 연결망을 끊고 나오는 '행위'의 순간을 영구적으로 지연시킨다. 결국 법에 종속된 채9) 상호주관적 회로 속에서 움직이며 타자에게 말 걸기를 시도하는 욕망의 주체는 결코 그 자신은 물론이고 다른 아무것도 새롭게 탄생시킬 수 없다. 요컨대 류와 동진이 자신들의 복수의 수행을 통해 아무리 끔찍한 욕망의 실재를 상연한다 해도 그것이 상징적 질서의 틀 자체를 재정식화하는 계기를 창출하기는 어렵다는 얘기다.

　남성편의 논리는 관람행위 속에서도 유사하게 관철될 수 있다. 만일 관객들에게 류와 동진과 이우진과 오대수가 그들의 괴기스러움으로 인해 공동체에서 배제된 예외로, 상징적 질서의 한계로서의

---

9) 시원적 아버지가 즐겼을 "종의 보존과 연관된 본능적 활동", 즉 "단순한 동물적 성교"로서의 절대적 향유가 상징적 거세로 인해 금지되었음에도 불구하고 그것을 욕망한다는 것이 욕망의 논리인 한, 욕망은 본질적으로 금지의 '법'에 종속되어 있다. 따라서 욕망의 논리는 '이것을 하는 것은 금지되어 있다. 하지만 그럼에도 불구하고 나는 그것을 할 것이다'이다. 레나타 살레츨, 『사랑과 증오의 도착들』, 이성민 옮김, 도서출판 b, 2003, 115쪽, 84쪽 참조.

얼룩으로, 이성의 규칙을 벗어난 '메타적' 현상으로만 취급된다면, 그들의 일탈은 궁극적으로 상징적 질서의 보편성과 일관성을 보장해 주는 배제 또는 차별화의 메커니즘을 작동시키는 데 그칠 것이다. 게다가 이들은 결국 실제로든(류, 영미, 동진) 상징적으로든(오대수) 모두 살해당함으로써 사회로부터 떨어져나가는 어떤 폐기물이 될 뿐이다. 그러므로 내러티브의 층위에서 이루어진 이들의 죽음이 관객들이 속한 현실의 층위와 연결될 때 상징적 질서의 성공적 재통합이라는 보수적 안온함을 관객에게 되돌려 주리라는 것은 충분히 가늠할 수 있는 일이다. 물론 혀 잘린 오대수가 유일하게 살아남아 '이제 당신들은 이 참혹한 사랑을 어찌할 것인가'라는, 불편하기 짝이 없는 질문을 스크린 밖으로 던져오기는 하지만, '걔들은 그렇게 살라지 뭐'라고 응수하며 미도와 오대수의 선택을 간단히 예외의 영역으로 넘겨버리기만 하면, 관객들은 전혀 실재로부터 위협받지 않은 채 자신들의 현존 질서로 돌아갈 수 있는 것이다.

욕망의 층위에서 향유하는 자가 윤리적일 수 있으려면 자기 욕망을 끝까지 양보 없이 밀어붙이는 길밖에는 없다. 궁극적으로 욕망의 '양보 없는' 추구는 타자의 욕망을 통해 욕망하기를 거부한다는, 즉 세상이 돌아가는 방식에 전혀 신경 쓰지 않는다는 뜻이고 그럼으로써 스스로 '신'이 되어 자기 선택(혹은 비선택)의 책임을 온전히(그 무의식적 의도의 차원까지도) 떠맡는 '행위'의 차원으로 들어간다는 뜻이기 때문이다. 그렇게 되면 그는 "자신의 환상을 실현하기 위해 죽을(혹은 죽일) 준비가 된"[10] 자로서의 윤리적 존엄을 확보하게

---

10) 알렌카 주판치치, 『실재의 윤리: 칸트와 라캉』, 이성민 옮김, 도서출판 b, 2004, 382쪽.

된다. 오늘날 "테러리스트, 광신도, 원리주의자, 미친 놈 등"11)으로
불리는 이들이 바로 그들이다.

하지만 이러한 환상의 윤리는 '주인 담화'의 시대, 즉 자신의 말이
곧 법이라는 환상에 기초한 예외적 존재로서의 주인(왕 또는 전제자)
이 지배하던 시대의 윤리다.12) 고전적 윤리 또는 주인의 윤리라고
부를 수 있을 이 윤리는 기본적으로 환상에 토대를 두고 있다. 그렇기
때문에 이 윤리는 '대학 담화'가 헤게모니를 잡게 된 근대 이후,
즉 주인의 말 대신 지식이 지배를 정당화하는 시대에는 통하지 않는
다. 욕망의 층위에서 향유하는 <복수는 나의 것>과 <올드 보이>의
주인공들은 '복수'라고 하는 자신의 욕망을 끝까지 양보하지 않고
추구함으로써, 전제적 '주인'이 대리하던 선택을 거부하고 스스로를
자신의 선택의 새로운 주인으로서 위치설정했다는 의미에서 저 유명
한 안티고네가 실현했던 고전적 윤리의 주체라고도 볼 수 있다. 하지
만 오늘날 그들에게 수여되는 것은 애석하게도 윤리적 주체로서의
영예가 아니라 '기괴한 자들'이라는 주홍글씨일 뿐이다.

〈친절한 금자 씨〉, 구조주의로부터의 후퇴

근대적 윤리의 실현을 위해서는 욕망의 주체를 '충동'13)의 층위와

---

11) 같은 책, 382쪽.
12) 네 가지 담화에 관한 자세한 논의는 『이라크』, 도서출판 b, 2004, 170-187쪽 참조.
13) "충동은 주체가 기표의 주체가 되고 상징적 구조로 편입된 이후에 남는 어떤
     것으로서 이해될 필요가 있다. 주체가 말하는 존재가 될 때, 그/녀는 더 이상 동물의

만나게 하는 길밖에는 없다. 사실 욕망이란 주체의 병리적 중핵이라 할 수 있는 향유의 실재를 회피하기 위해 상징적 환유 속으로 탈주하려는 일종의 방어적 전략이기도 하다. 따라서 욕망의 주체는 충동의 주체가 됨으로써만 '충동의 윤리'로 나아갈 수 있다. 그렇다면 충동의 윤리는 어떻게 가능한가? 주판치치에 따르면 이는 주체가 자신의 욕망을 한계지점까지 밀어붙여, 다른 어떤 대상으로도 교환되거나 환유될 수 없는, 욕망의 절대적 대상-원인으로서의 순수 욕망과 조우함으로써 가능하다. "순수 욕망의 이 계기는 주체가 욕망에 대해 양보하지 않을 유일한 방법이 자신의 욕망의 바로 그 원인을, 그것의 절대적 조건을 희생하는 것이 되는 계기"14)이므로, 이 순수 욕망을 욕망한다는 것은 주체의 근본적 환상의 틀 자체를 내기에 건다는 뜻이고, 이로써 주체는 결국 환상을 통과하여 충동의 장으로 넘어갈 수 있다는 것이다.

이러한 충동의 윤리는 당연히 여성편의 논리로 설명된다. 주체가

본능적 방식으로 섹스를 할 수가 없다. 그렇지만 이러한 상실의 자리에서 우리는 주체에 대한 항상적 압력을 부과함으로써 본질적으로 주체를 표식하는 어떤 힘과 조우한다. 이 힘은 라캉이 리비도, 충동, 혹은 라멜르라고 다양하게 명명했던 것이다(『사랑과 증오의 도착들』, 82쪽). 그런데 대상을 획득함으로써 만족을 얻으려는 욕망과 달리 충동의 대상은 만족 그 자체다. 예컨대 식욕을 만족시킬 때 먹고 싶은 대상 자체를 추구하는 것이 욕망이라면 식욕의 만족을 추구하는 것이 충동이다. 주체는 대상(증상의 실재) 주위를 끊임없이 순환하는 원환운동 그 자체를 향유함으로써 만족을 얻는다. 따라서 충동은 금지에 대해 상관하지 않으며 법칙을 넘어서는 것에 관심이 없다는 점에서 무법적이다. 하지만 충동이 주는 만족은 충동에 의해 부과된 압력을 겪는, 그러면서도 목표(대상)를 반복해서 놓치는 고통스런 경험을 동반하는 만족이다. 그러므로 충동의 논리는 '난 이것을 하고 싶지 않다. 그럼에도 불구하고 나는 그것을 하고 있다'라는 것이다.

14) 『실재의 윤리: 칸트와 라캉』, 372쪽.

욕망의 층위에서 충동의 층위로, 즉 상징계로부터 실재계로 넘어갈 때 "예외의 지위를 갖고 있던 욕망의 절대적 대상-원인은 탈절대화되어"15) 충동의 대상(부분대상)으로 바뀐다. 이제 성취 불가능한 욕망의 예외적 대상-원인은 없으며 충동의 주체는 향유하려는 그 대상(목표)이 아니라 그 대상을 향해 가는 운동 그 자체(목적)에서 만족을 얻기 때문에, 주체에게 이 부분대상(들)은 만족을 주기는 하지만 '전부는 아닌' 것(비-전체)이 된다. 끊임없이 여자를 갈아치우는 돈주앙의 행각이 드러내는 것이 바로 이러한 논리다. 그를 계속해서 다른 여자에게로 이끌었던 것은 그녀가 '그것'(욕망의 절대적-예외적 대상으로서의 조건과 지위)을 갖고 있지 못해서가 아니라 반대로 '그것'을 갖고 있었기 때문이다. 다시 말해 돈주앙은 절대적 대상을 찾아 여러 여자를 탐색했던 게 아니라 여러 대상들을 탐색하는 그 순환운동 자체에서 만족을 찾았던 것이다.16)

하지만 충동의 윤리는 결코 "충동의 자기-폐쇄적 회로에 자신을 방기"한 채, 어쨌든 목표보다는 목표에 이르는 길 자체에서 만족을 찾는 것으로 끝내자는 뜻이 아니다.17) 주체가 환상 시나리오에 의해 은폐된 타자의 결여를 떠맡고, 자신의 향유의 일관성이 의존하고 있는 병적 특이성으로서의 증상과 '동일시'18)할 때 정신분석이 끝날

---

15) 같은 곳.

16) 충동의 형상으로서의 돈주앙에 관해서는 같은 책, 192-216쪽 참조.

17) 슬라보예 지젝, 『까다로운 주체』, 이성민 옮김, 도서출판 b, 2005, 481쪽.

18) 정치의 영역에서 이는 "사회적 메커니즘이 '작용하지 않는다'는 사실의 지표로서 기능하는 현상에 직면할 때의 동일화의 경험"으로 나타난다. 예컨대 '우리는 모두 체르노빌에 살고 있다', '우리는 모두 유태인이다', '우리는 모두 보트 피플이다' 등의 동일시가 그것이다. 이러한 동일시는 어떤 외상적 계기에 대한 공포도, 동정도

수 있듯이, 진정한 행위의 차원을 여는 '충동의 윤리'는 주체가 충동의 무한한 폐쇄회로를 벗어나 자기반성적 전회에 이를 때, 즉 "나 자신을 그것으로서, 내가 보고 싶어 하지 않았던 외상적 대상-사물[실재]로서"[19] 볼 때 개시된다. 이는 꼭두각시 인형의 줄을 당겼던 것은 구조의 의지가 아니라 나 자신의 의지라는 깨달음, 저 미치광이들, 저 적대의 대상들, 저 타자들의 기괴함이 실은 나 자신의 존재의 중핵이라는 깨달음이기도 하다.

이제 <친절한 금자 씨> 얘기를 해보자. 금자 씨 그녀는 복수 연작의 다른 주인공들과 달리 일단 '시각적으로' 여자다. 이 점은 이 영화가 복수 연작의 완결편으로서 기획되었다는 사실과 맞물려 자연히 금자 씨가 바야흐로 욕망의 주체를 넘어서 충동의 주체로 나아가는 어떤 인물형을 보여주지 않을까, 기대하게 한다. 물론 라캉주의적 성구분은 생물학적 의미에서의 남녀 구분과는 무관한 것이지만, 그래도 창작물에서 가장 손쉽게 성구분을 묘파하는 길은 아무래도 등장인물의 물리적 성과 정신분석적 성을 일치시키는 것일 테니까 말이다. 그렇다면 그녀는 진정 여성인가? 정녕 충동의 주체인가?

확실히 전작들과 <금자 씨>는 복수 이야기의 구조부터가 다르다. 전작들에서는 악이 선이 되고 선이 악이 되며 가해자가 피해자가 되고 피해자가 가해자가 되는, 복수의 주체와 복수의 대상 상호간의

아닌, 말 그대로 동일시이며, 이를 통해서만 이데올로기적 환상의 틀은 전복될 수 있다. 슬라보예 지젝, 『삐딱하게 보기: 대중문화를 통한 라캉의 이해』, 김소연 외 옮김, 시각과언어, 1995, 277쪽 참조.
19) 『까다로운 주체』, 491쪽.

자리바꿈의 순간이 섬뜩한 반전의 계기로 작용했었다. 그런데 이 영화에서는 이런 반전이 오직 피해자의 자리에서만 일어난다. 자식을 살리기 위한 불가피한 '희생'의 조처였던 금자 씨의 자수가 다른 세 아이의 유괴살인을 방조한 본의 아닌 '악행'이었던 것으로 판명되는 것이다. 이와 같은 '의미의 극적 전도'는 확실히 모든 고정된 사고와 사고방식에 대한 회의를 촉구한다. 이것이 바로 박찬욱의 복수 연작이 강제하는 상대주의적 반성의 힘일 것이다.

하지만 안타깝게도 <금자 씨>의 경우 이러한 회의와 반성은 찻잔 속의 폭풍에 그치고 만다. 전작들의 회의가 복수의 대상과 주체를 결정하는 구조적 위치 자체의 해체로 나아가는 데 반해 <금자 씨>의 회의는 오히려 그 위치의 재확인과 강화로 이어지기 때문이다. 말하자면 가해자 백 선생은 머리끝부터 발끝까지 악한 놈이고 피해자 금자 씨는 처음부터 끝까지 그 악한 놈의 불운한 희생자이자 속죄를 희구하는 선량한 양심의 소유자로 남는 것이다. 그러한 절대악의 형상을 모두가 힘을 합쳐 지상에서 몰아내는 이야기. <친절한 금자 씨>의 복수 이야기를 결말짓는 것은 그래서 권선징악의 보편적 도덕률이지, 극한까지 밀어붙인 상대주의의 통렬함이 아니다. 이것은 아예 '그 놈'이 인간 세상에 '예외'로서라도 발붙이고 사는 꼴은 눈뜨고 볼 수 없다는 단호한 경계의 확정이다. 확실히 이는 전작들의 성취로부터의 심각한 후퇴로 보인다.

어째서 이렇게 되었을까? 왜 <금자 씨>는 복수연작의 완결편임에도 그 윤리적 수준에서는 마치 프리퀼prequel 같은 영화가 되고 말았을까? 그것은 아마도 완결편에서는 복수 자체보다는 '속죄'의 과정을 그리고 싶다는 희망사항과 그 차이의 기표로서 '여성'을 선택한

것이 뒤얽혀 나타난 결과일 것이다(혹은 이 순서가 뒤바뀌어 여성
캐릭터를 설정하다보니 복수보다는 속죄를 그리게 되었더라도 결과
는 마찬가지다). 류와 동진은 저 복수의 심연 속으로 무한정 타락하기
만 하는 인물들이었고, 오대수와 이우진은 마침내 그 타락의 밑바닥
에 부딪쳐 피투성이가 되는 처참한 자기파멸을 통과함으로써 속죄에
이른 인물들이었다. 그러니 이제 이 연작을 논리적으로 완결하기
위해서는 속죄의 몸부림을 통해 추락을 상승으로, 타락을 구원으로
바꾸는 인물이 필요했을 것이다. 누가 그 일을 할 수 있는가. 누가
욕망의 악무한, 복수의 악무한을 벗어날 수 있는가. 작가는 여성에게
그 일을 맡겼다. 선한 의지("예민한 죄의식"[20])를 가진 존재로서의
여성이라는 컨셉은 이러한 논리적 연산의 결과일 것이었다. 그것은
다소 상투적이기는 하나 충분히 수긍할 수는 있는 계산법이었다.

　그러나 이 계산은 순서가 뒤바뀌어 있었다. 행위의 효과로서 산출
될 어떤 것을 행위의 원인으로 소급해서 환원해버렸기 때문이다.
다시 말해 욕망의 악무한을 충동의 무한으로 바꾼 '결과로서' 여성이
탄생하는 것임에도 불구하고, 이 영화는 여성이었기 '때문에' 행위할
수 있었다는 식으로 뒤집어버렸던 것이다.[21] 미의식[22]과 모성애[23]

---

20) 박찬욱 감독은 여러 인터뷰에서 금자 씨 캐릭터를 설명하면서 이와 유사한 발언을
　반복하였다. http://www.cine21.com/Article/article_view.php?mm=005001001&article_
　id=32455 참조.

21) 지젝은 같은 맥락에서 다음과 같이 지적하고 있다. "상징적 동일화에 대한 이러한
　여성적 저항을…… 상징화에 대립하는 선재하는 여성적 실체의 결과로 읽는다면
　우리는 치명적인 잘못을 범하는 것이 될 것이다. …… '여자의 전부가 남근적 기표에
　종속되는 것은 아니다'로부터 여자에게는 그것에 종속되지 않은 무언가가 있다는
　결론을 내리는 것은 잘못될 것이다. 그 어떤 예외도 없다. 그리고 '여자'란 존재하지
　않는, 하지만 그럼에도 불구하고 존재하는 요소들을 '비-전체'로 만드는, 바로 이

와 연대감[24])으로 대표되는, 금자 씨의 여성성을 드러내는 수많은 상투적 징표와 표상들을 복수의 실행 이전에(더 정확히는 복수로부터 퇴각하기 전에) 집중적으로 노출하면서도, '왜 그녀가 그러한 특성들과 연결되는가'의 근거를 전혀 제시하지 않는 것은 금자가 갖는 속죄의 염념을 여성이라는 생물학적 근거와 무조건적으로 결합시킨다. 이로써 이 영화는 전작들이 구조주의적 사유의 극한에서 성취했던 것을 넘어 나아가기는커녕 오히려 구조주의 이전으로, 일종의 본질론으로 물러나 버린다.

그런 의미에서 <금자 씨>는 복수 연작을 완결하는 작품이라기보다는 개시하는 작품이다. '나는 본래 착하고 너는 본래 악하니 너를 죽여 마땅하다'는 금자의 인식이 '너는 그 악행에도 불구하고 착한 놈이지만 널 죽일 수밖에 없다'는 동진의 인식으로 진척되고, 그것은 다시 '알고 보니 악한 놈은 네가 아니라 나였으니 나를 벌해다오'라고

'아무것도 아닌 것'이다." 슬라보예 지젝, 「성적 차이의 실재」, 『성관계는 없다: 성적 차이에 관한 라캉주의적 탐구』, 김영찬 외 옮김, 도서출판 b, 2005, 164-65쪽.

22) 범행현장을 재연할 때 마네킹의 손목을 묶은 전깃줄을 예쁘게 리본 모양으로 다듬어놓는다든지 단화 대신 하이힐을 찾는다든지 범행에 쓸 총을 은 조형물로 장식한다든지 하는 것 등이 그러한 표상들의 사례다. 게다가 "예뻐야 돼, 뭐든지 예쁜 게 좋아"라고 말하던 그녀가 장식해놓은 케이크는 또 얼마나 아름답던지.

23) 복수의 결행을 앞두고 딸을 찾아가기 위해 입양기관에 위험을 무릅쓰고 잠입한다거나 어렵사리 사전을 찾아가며 편지를 쓰는 노력 등.

24) 그녀는 자신의 복수를 자신만의 문제로 풀지 않고 타인들과 공유한다. 그 준비과정은 자매애적이고 그 실행과정은 외연을 더 넓혀 짐짓 가족애적이기까지 하다. 박찬욱 감독 역시 "남자라면 자신의 복수를 양보하지 않았을 것"이라고 밝혀, 타인들과의 연대감이 금자 씨의 여성성의 한 특징임을 명시한다. 이러한 '관계' 지향성은 영화 전체를 통해 지속되는, 쇼트 2의 이미지나 사운드가 쇼트 2의 일부가 되면서 연결되는 편집방식을 통해 시청각화되고 있다. 박찬욱 감독 또한 이 영화를 만들면서 신경을 쓴 것이 '편집'이라고 밝히고 있다.

하는 오대수의 인식으로 심화된다고 보는 게 논리적으로 합당하기 때문이다. 그러므로 복수 연작 중 가장 윤리적인 인물은 오대수일 것이고 가장 멀리까지 박찬욱 특유의 상대주의적 사유를 밀어붙인 작품은 단연 <올드 보이>일 것이다. <금자 씨>가 <올드 보이>에 미치지 못한다는 세간의 평가는 이러한 퇴행과 무관하지 않다.

영리한 금자 씨의 '선택 없는 선택'과 그 실패

그렇다면 비록 금자 씨가 성취한 것은 아니라 하더라도, '여자' 고유의 것으로서 '전제'된 그녀의 여성성은 과연 우리가 앞에서 살펴 봤던 '여성'으로서의 특징에 얼마나 부합하는가? 금자라는 존재에게 는 과연 얼마만큼이나 여성-주체로서의 정체성이 확립되어 있는가? 요컨대 금자 씨를 지배하는 것은 욕망인가, 충동인가? 다시금 말하건 대 충동이란 "문화의 타자"이고 "문화의 조작"을 허락하지 않는 것이 므로[25] 충동의 주체, 즉 여성-주체는 "법과 같은 수준에 있지만 법은 아닌" 주체이고 "언어 속에 있지만 언어 이상인 주체"[26]이며 "사회적 담론의 효과이지만 그 담론의 실현은 아닌 주체,"[27] 궁극적으로 "거 세의 위협을 허용하지 않는 주체"[28]다. 이러한 충동의 주체가 되려면 순수욕망을 양보 없이 추구함으로써 욕망의 심급을 넘어서야 한다고

25) 조운 콥젝, 「성과 이성의 안락사」, 『성관계는 없다』, 102쪽.
26) 같은 글, 101쪽.
27) 같은 글, 102쪽.
28) 같은 글, 125쪽.

이미 설명한 바 있다. 그러므로 감옥 안에서 김양희를 안고서 "그럼 죽어, 그리고 새로 태어나"라고 말하던 단호한 금자 씨는 정확히 진실을 말한 것이다. 주체가 된다는 것은 모든 상징적 법을 무효화하는 죽음-충동적 행위이기 때문이다. 그렇다면 금자 씨의 순수욕망은 무엇이었나? 그녀는 과연 그 욕망을 양보 없이 추구하였던가?

적어도 자신을 죄인으로 만든 백 선생에 대한 복수의 욕망은 금자 씨에게 절대적 순수욕망의 차원에 있는 것으로 보인다. 그리고 그 복수의 철두철미한 예비과정에서 우리가 보았던 금자 씨는 자신의 욕망을 절대로 양보할 생각이 없는 사람이다. 복수를 위해서라면 그녀는 동성애자가 아니어도 동성애에 가담할 수 있고(김양희: "언니, 나 사랑했던 거 아니지?"), 기독교를 믿지 않아도 신앙 간증을 하거나 심지어 목사를 은근히 유혹할 수도 있을 뿐더러(목사: "우리, 처음부터 다시 시작해 봐요"), 웃는 낯으로 사람을 죽이는 일까지도 서슴지 않는다. 이처럼 자신의 양보할 수 없는 욕망을 위해서 기꺼이 상징적 법을 위반하며 더 나아가 자신만의 법("예뻐야 돼, 뭐든지 예쁜 게 좋아", "누구나 죄를 지었으면 속죄해야 하는 거야. 큰 죄를 지었으면 크게, 작은 죄를 지었으면 작게", "Be white, live white" 등의 법조항과 "그때 진범을 밝혔으면 안 죽었을" 네 명의 아이들을 향한 애도로써 진선미를 따뜻하게 통일시킨 법)을 제정하기까지 하는 금자 씨에게 윤리적 존엄을 느끼지 않을 도리란 없다. 그러니 그런 그녀에게서 마침내 욕망의 기표인 남근을 현시하는 '숭고의 광채'가 뿜어져 나오는 것은 당연한 일이다. 우리는 김양희에게 예의 그 '이태리 타월론'을 설파한 다음 기도에 임하는 금자 씨를 둘러싼 저 노골적인 후광을 기억하고 있거니와, 그 밖의 장면들에도 배경을 어둡게

혹은 아예 검게 하고 클로즈업된 금자 씨의 얼굴은 더욱 환히 빛나
보이도록 하는 조명의 배려를 통해 끊임없이 그러한 '광채'가 이어지
고 있음을 쉽게 확인할 수 있다. 게다가 금자 씨를 촬영하는 저 은근한
앙각의 시선이라니! 어쩌면 이 모든 시각적 장치들은 '이제 다들
금자 씨의 법에 따르는 신민이 되어보자'라는 암암리의 설득처럼
느껴지지 않는가?

하지만 자그마치 13년여 동안 철두철미 욕망의 주체로서 살아가
던 금자 씨에게도 반전의 계기는 찾아온다. 그것은 딸을 위해 희생했
던 금자 씨의 선행이 백 선생의 악행의 원인이 되었다는 깨달음이었
다. 자신의 의도는 아니었을지라도 어쨌든 결과는 그리 되었다. 스스
로를 희생양으로만 그려왔던 금자 씨의 환상이 산산이 깨져버리는
순간이다. 이 사태를 우리의 금자 씨는 어떻게 해결하는가. 알다시피
그녀는 피해자 가족들을 모두 불러 모으고 진실을 조작했던 형사의
주재 아래 그들이 직접 복수를 결행하게 만든다. 아마도 이 대목을
금자 씨의 욕망의 양보로 볼 것인지 아니면 욕망의 실현으로 볼
것인지에 따라 마침내 그녀의 성性이 정의될 수 있을 것이다.

그런데 백 선생의 살해와 관련한 금자 씨의 태도에는 확실히 애매
모호한 측면이 있다. 표면적으로만 보면 그녀는 백 선생에게 복수해
야 한다는 욕망을 포기한 것 같지는 않다. 내가 했든 남이 하게 했든
어쨌든 백 선생을 죽이기는 했으니까. 하지만 최후의 일격을 앞두고
그녀는 죽은 아이들의 가족에게서 떨어져 짐짓 서너 발짝쯤 뒤로
물러나 있다. 박찬욱 감독은 이 시퀀스에 관해, 금자 씨가 여자였기에
가족들에게 복수를 양보할 수 있었다고,[29] 그러면서도 동시에, 복수
하는 가족들의 모습 속에 반영된 자기 자신의 모습을 보면서 돌연

"복수의 무익함"을 깨닫게 된다고 밝히고 있다.[30] 검은 가죽 코트의 넓은 칼라를 세워 얼굴을 반쯤 가리고 있는 게 바로 "처형자"의 위치를 벗어난 금자 씨의 그런 "구경꾼" 같은 태도를 드러낸다는 것이다.[31] 그렇다면 이것은 백 선생을 살해하는 '의식儀式'이 금자 씨에게 갖는 의미가 그 의식에 참가했던 다른 가족들과는 달랐다는 얘기다. 도대체 어떻게 달랐다는 말인가.

사실 백 선생을 여러 가족이 돌아가며 처형하는 의식은 그 참가자들을 오랫동안 괴롭혀왔을, 자기들이 아이를 제대로 건사하지 못해 유괴를 당하게 했다는 죄의식을 해소하는 과정이다. 그 일로 자살한 엄마, 이민 간 아빠가 있고 이혼한 부부가 있다는 것은 그 사건이 그들에게 얼마나 심각한 외상적 실재인가를 반증한다. 따라서 그 사건 때문에 호출되는 일 자체가 어쩌면 그들에게는 그리 반갑지

---

29) "여성과 남성이 하는 복수의 차이는 무엇인가. – 박찬욱: 우선 남자라면 그렇게 권총을 아름답게 장식하지는 않으리라 생각한다. 다음으로는 남자였다면 네 명의 희생자가 더 있다는 사실을 알고 나서 13년을 준비해온 복수의 쾌락을 그들에게 양보하는 결단을 내리지 못했을 것이라 생각한다"(http://news.naver.com/main/read.nhn?mode=LSD&mid=sec&sid1=106&oid=001&aid=0001090147).

30) "박찬욱: 그때부터는 금자가 복수극을 관찰하는 관객이 될 수도 있다. 클라이맥스 장면에서 금자는 웃옷의 깃을 세워 마스크처럼 자기 얼굴을 가리고 있다. 그때 비로소 금자는 복수라는 행위가 갖는 의미를 제대로 알게 된다. 자신의 분노를 실어서 방아쇠를 당길 때는 느낄 수 없는 감정이다. 그건 클라이맥스 장면에 나온 다른 등장인물들의 경우에도 마찬가지다. 복수의 무익함이라고 할까, 그런 걸 느꼈는지도 모른다"(http://www.film2.co.kr/feature/feature_final.asp?mkey=148513 참조).

31) "이성욱: 복수를 다룬 앞의 작품의 인물들은 영웅의 느낌이 없는데 금자는 영웅의 느낌이 있다. 마치 여전사 같다. 박찬욱: 하지만 영웅적인 행동은 못한다. 말했듯이 처형자의 입장에서 구경꾼의 입장으로 전락하니까. 금자는 입을 가리고 있는데 속을 알 수 없고, 얼굴을 드러내놓고 있어도 가면을 쓰고 있는 것 같은 그런 느낌을 바랐기 때문이다"(http://www.cine21.com/Article/article_view.php?mm=005001001&article_id=32455 참조).

않은 실재와의 강제된 조우였을 것이다. 하지만 백 선생의 범행이
적나라하게 노출되면서 그들은 자신들의 은폐된 죄의식을 안심하고
그에게 투사할 수 있게 되고, 급기야는 그를 죽임으로써 자신들의
외상적 실재를 상징적 질서 속으로 방출해버릴 수 있게 된다. 그러니
프로이트적 '승화'32)의 실연이라고 부를 수 있을 이 의식이 끝나고
나서 그들이 생일축하 파티를 하는 것도 무리는 아니다. 그들은 이제
백 선생이 탈취했던 아이들의 '보물agalma'을 되찾음으로써 상실감
을 만회했고, 이로써 그들의 현실을 교란해오던 그 실재로부터, 그
죄의식으로부터 완전히 방면되어 상징적 질서 속에서 편안하게 재탄
생한 것이니까 말이다. 입금 받을 계좌번호를 적어주고 나서 눈 때문
에 길이 얼까 걱정하며 총총히 떠나는 그들의 뒷모습은 한결 홀가분
해 보이지 않던가. 그러므로 이 영화가 호출했던 '천사'는 상징계의
수호자였던 셈이다.

하지만 금자 씨에게는 그러한 홀가분함이 없다. 물론 백 선생을
매장하기 전, 그녀 또한 그의 시체에다 대고 총을 쏘아댄다. 하지만
그것은 그녀가 백 선생을 처단하여 실재의 상징화를 성공시킨 부모
들의 길을 따라감을 뜻하지 않는다. 오히려 그 이후 그녀의 표정은
형언할 수 없게 일그러진다. 욕망의 주체에게 나타나는 것이 '광채'
라면 충동의 주체를 특징짓는 것은 예외적 실재와 일체화됨으로써
스스로를 비-전체로 만들어 생겨나는 저 "왜곡과 비틀림"33)이다.

---

32) "프로이트의 작업에서 승화는 리비도가 예술 창작이나 지적 작업과 같이 명백히
비성적非性的인 활동들로 경로화되는 과정이다. 승화는 따라서 과잉 성적 에너지를
위한 사회적으로 수용되는 도피로서 기능한다. …… 모든 도착과 신경증의 종결을
의미할 것이다." Dylan Evans, *An Introductory Dictionary of Lacanian Psychoanalysis*,
London and New York: Routledge, 1996, p. 198.

2. 라캉/한국/영화

그렇다면 이제 그녀는 드디어 자신의 순수욕망을 실현하고 충동의
장으로 넘어온 것일까? 그녀가 원모의 영혼과 만났을 때에도 그녀는
원모에게 입을 틀어막혀 버린다. 아마도 그녀는 자신을 버린 엄마를
향해 복수를 다짐하는 제니에게 "납득할 만한 설명"을 해주고 여러
번 "미안하다"고 말함으로써 용서를 빌었던 때처럼 해보려 했겠지만,
원모는, 아니 원모의 모습으로 이중화된 금자 씨 자신은 스스로에게
그러한 '속죄'의 기회를 허용하지 않는다. "충동이 스스로를 주체화
할 때, 주체가 자신을 두려운 사물로서 볼 때, 이 다른 주체화는
갑작스런 침묵의 개시에 의해 신호된다"[34]는 것을 떠올리건대, 이러
한 '입 닥침' 또한 '금자 씨는 정녕 충동의 주체가 된 것일까' 자문자답
해보게 한다.

　하지만 여기서 우리는 다시 한번 오대수와 금자 씨의 차이를 상기
해야 한다. 그녀의 '반성'은 복수의 무익함에 관한 것이었지, 결코
선악 판단의 가변성 혹은 우연성에 관한 것이 아니었다는 것을 말이
다. 따라서 저 악의 화신 백 선생에게 복수를 하는 게 소용없는 일일
수 있다는(그런다고 죽은 아이가 돌아오는 건 아니니까) 그녀의 결론
은 백 선생과 금자 씨의 자리가 뒤바뀌는 충격적인 경험, 그리하여
자기 자신을 외상적인 대상-사물인 실재로서의 타자와, 다시 말해
백 선생의 저 악마성과 동일시하게 되는 충동의 경험과는 전혀 상관
이 없다. 그것은 오히려 복수극의 관객이 됨으로써 확보된 심리적
거리 속에서 자기 욕망을 타자의 욕망에 비추어, 상징적 법에 견주어
판별해보는 경험이고 그 죽음-충동적 무모함을 의문에 부쳐보는

---

33) 『실재의 윤리: 칸트와 라캉』, 388쪽.
34) 『까다로운 주체』, 499쪽.

경험이다. 그러니 금자 씨의 얼굴이 자기 욕망을 양보 없이 추구하는
자에게서 나타나는 윤리적 존엄의 '광채'로 빛나지 않고 오히려 코트
로 절반쯤 가려져버리는 것도 당연한 일이다. 그렇다면 금자 씨의
결론은?

박찬욱 감독은 그녀가 그러한 회의를 통해 "이 모든 것이 다 그릇되
었다"는 깨달음을 얻는다고 설명한다.[35] 하지만 영화 속에서 그러한
결론은 명시적으로 발화되지 않는다. 오히려 영화가 주는 정보에만
기초해서 따져보면 그녀의 선택이란 아무것도 선택하지 않기를 선택
하는 것이다. 만일 그녀가 '이것은 그릇된 일'이라고 판정했다면
복수를 다짐하는 부모들에게 '그만두자'라거나 '이쯤에서 됐다'고
말하는 것이 선택하는 자의 태도일 것이다. 하지만 그녀는 부모들의
복수를 권하지도 말리지도 않는 채 다만 묵묵히 그 뒤치다꺼리를
해줄 뿐이다. 총을 쏜 다음에는 그저 우는 듯 웃는 듯 형언할 길
없는 일그러진 표정만을 지을 뿐이다. 그리고 원모에게도 끝내 아무
말도 건네지 못한다(원모의 표정에는 '당신은 당신 자신의 욕망을
추구하기 위한 핑계로 날 이용했을 뿐'이라는 책망도 섞여 있는 듯
보이지만, 금자 씨가, 혹은 우리가 원모의 언어를 제대로 이해한

---

35) "박찬욱: 무방비상태의 인물을 놓고 벌이는 그들의 행동을 보는 금자는 구경꾼이
된다. 복수를 막 수행하려는 사람, 오랜 세월 준비해서 이제 막 잡아놓고 죽일
수 있는 그 단계에서 금자는 이 모든 복수극의 구경꾼, 관객이 되는 거다. 그제야
금자는 어떤 깨달음을 얻는 거다. 금자가 직접 복수를 수행했다면 좀 달랐을 거다.
내가 했을 법한 걸 남이 하는 걸 지켜볼 때 이 모든 것이 다 그릇되었다는 걸
깨달을 수 있다. 고지식한 인물이라고 할 수 있는 금자 씨가 그 과정을 거쳐서
뭔가 자책하고 괴로워하는 제스처가 바로 두부 모양의 케이크를 먹으려고 할 때다"
(http://www.cine21.com/Article/article_view.php?mm=005001001&article_id=32455 참
조).

것인지는 알 수 없다). 그렇다면 금자 씨의 저 일그러진 표정은 어쨌든 총을 쏘는 행동으로써 자신의 '선택'이 외화되고야 말았다는 사실 자체에 대해 그녀가 느꼈던 형언할 길 없는 당혹과 두려움의 표현은 아니었을까. 원모 앞에서의 침묵은 부모들의 '승화'가 또 하나의 환상에 기초한 것임을, 그녀 자신 또한 "객관적으로 필연적인 것"[36] (백 선생 같은 악마는 죽여 마땅하다는 상식적 동의)을 이용해먹었음을 영리하게도 알고 있었기 때문이 아닐까. 그러나 죄의식은 그것을 '안다'는 사실로부터 생겨난다. 그래서 끝내 구원받지 못한 그녀는 두부 케이크에 얼굴을 처박을 수밖에 없었다. 모든 것을 알고 있는, 그렇지만 알면서도 (행위)하지는 못하고 욕망의 실현을 피해, 죽음-충동을 피해 달아나는 금자 씨는 분명 (후)근대적 남성의 표상이다. 우리는 그들을 "오이디푸스의 아이들"[37]이라고 부른다.

이제 금자 씨는 자신 역시 상징적 법의 테두리 안에서, 욕망의 층위에서 살아가기를 선택한다. 하지만 역설적이게도 선택을 회피하는 태도는 어느 한 쪽을 잃게 되리라는 두려움 때문이라기보다는 "모든 것이 아직 가능하고 그 어떤 선택항들도 제외되지 않은 열린 상태"[38]를 두려워하기 때문이다. 어떤 의미에서 욕망과 충동은 "주체'인' 부정성의 곤궁을 피하는 두 가지 방법"[39]이기도 하기 때문이다. 그러므로 이제 우리는 결국 금자 씨가 순수욕망을 실현하여 충동

---

36) "주체는 타자의 욕망이 주체의 욕망이 되는 순간, 다시 말해서 주체가 객관적으로 필연적인 것을 이용해먹고 거기서 자신의 잉여-향유를 발견하는 순간, 유죄가 된다." 『실재의 윤리: 칸트와 라캉』, 182쪽.

37) 같은 책, 316쪽.

38) 슬라보예 지젝, 「코기토와 성적 차이」, 『성관계는 없다』, 187-88쪽.

39) 『까다로운 주체』, 486쪽.

의 장으로 나아간 게 아니라 오히려 그 반대 방향으로 퇴각했다고, 순수욕망의 층위로부터 욕망의 층위로 뒷걸음질쳤다고 말할 수 있을 것이다.

이제 금자 씨는 새로운 욕망, 새로운 환상의 구조 속에서 살아갈 것이다. 그리고 이를 위해 그녀가 한 일은 딸의 상실이라는 처벌을 자신에게 가한 것이다. "엄마의 죄는 너무 크고 너무 깊어서 너처럼 사랑스런 아일 가질 자격이 없어. 너는 아무 잘못이 없는데 네가 엄마 없이 자라게 해서…… 그것까지도 내가 받아야 할 벌이야"라는 말 속에서 우리는 금자 씨가 재확립한 욕망의 구조를 눈치챌 수 있다. 아마도 금자 씨는 다시 호주로 떠나버린 자기 딸을 예외적 욕망의 대상으로 삼고 그 상실된 대상을 대체할 다른 대상들로 끊임없이 자신의 욕망을 옮겨가는 수동적 선택 속에서, 그 불확정성 속에서 살아갈 것이다. 그리고 그 대상들 사이의 환유적 관계는 그녀를 치명적인 선택('행위!')의 의무로부터 최대한 떼어놓을 것이다. 그러므로 이 경우, 모성은 남성성의 알리바이일 뿐이다.

욕망을 넘어 충동으로……!

지금까지 우리는 <친절한 금자 씨>가 결코 복수 연작을 완결하지 못했으며 이는 금자 씨가 결국 여성-주체화에 실패하고 욕망의 주체인 남성으로 살기를 선택했기 때문임을 살펴보았다. 그렇다면 이런 이유로 우리가 감독 박찬욱을 타박할 수 있을까? 왜 여성을 진정 행위에 이르는 영웅적 주체로서 형상화하지 않았느냐고? 하지만

2. 라캉/한국/영화

만일 감독의 의도가 본시 그런 데 있지 않았다면? 실제로 박찬욱은 『영화언어』와의 인터뷰[40]에서 자신은 "특별한 개인보다는 모든 사람들의 얘기"를, "숭고한 인물보다는 오판과 실수로 점철된 불쌍한 사람"을 그리고 싶었노라고, 아울러 "복수나 속죄의 과정에서 등장인물들은 모두 영웅적인 행위를 하고 있다. 다만 그들은 자신의 실수나 오판을 만회하지 못하고 실패하는 영웅들일 뿐"이라고 밝혔다. 그렇다고 해서 박찬욱이 그들의 실패를 타박하고 있는 것도 아니다. 그는 그런 실패하는 영웅들에게 "모두 다 수고하셨습니다"라고 인정해주고 싶은 심정이라고 했으며,[41] 실제로 영화 속에 간간이 등장하는 희극적 요소들은 결코 냉소가 아니라 "자신의 인물들을 사랑스럽게 만드는" 장치이며 "어떤 인물과 친해진 후의 거리 없음"에서 나오는 것이라고도 했다.[42] 그러므로 복수 연작 전편을 타고 흐르는 슬픔의 정조(오오, 저 폐부에 스미던 음악!)는 그러한 실재의 침입 앞에 무방비 상태인, 급기야 그처럼 폭력적인 선택을 할 수밖에 없는 사람들에 대한 품 넓은 호의와 속 깊은 연민에서 샘솟는 것이었으리라.

그러면 이걸로 끝인가? 모든 영화가 필히 여성-주체를 내세워야 할 필요도 없고 또 그러라는 법도 없으니까? 어쨌든 극중 인물들과 관객들을 욕망의 실재와 대면하지 않을 수 없는 상황 속으로 이토록 '세게' 몰아붙였던 한국영화는 드물었으니까? (그러니 그가 국경을 넘나들며 '수고하셨습니다'라는 인사를 받는 것도 당연한 일일 것이

---

40) <친절한 금자 씨>가 개봉되고 나서 『영화언어』 편집위원들과 가졌던 이 인터뷰 원고는 이 잡지가 휴간에 들어감에 따라 결국 출판되지 못했다.

41) http://www.cine21.com/Article/article_view.php?mm=005001001&article_id=32455.

42) 『영화언어』와의 인터뷰에서.

다.) 그렇다면 이 허전함의 정체는 뭘까? 현실이 아닌 실재의 층위와 접선하였으되 여전히 욕망의 층위에서 떠도는 저 남자들(금자 씨를 포함하여)에게 어쩔 수 없이 느끼고 마는 이 안타까움의 정체는?

박찬욱의 영화들은 2000년대 한국영화산업이 허락하는 풍요와 빈곤의 경계선 상에 있다. 그의 영화가 정녕 새로운 '선언'의 주체가 되는 순간, 진정 섬뜩한 '사건'의 주체가 되는 순간, 어쩌면 우리는 그의 영화를 더 이상 대형 스크린으로는 관람할 수 없게 될지도 모른다. 그러니 계속해서 줄타기하고 끊임없이 물타기하는 것이야 말로 작가인 동시에 감독이기 위한 탁월한 생존의 책략일 터이다. 그렇다면 우리 (후)근대인들에게 촉구되는 저 엄중한 윤리의 문책에 그는, 또 우리는 어떻게 응할 것인가. 가능한 대답은 하나. '박찬욱의 것은 박찬욱에게, 관객들의 것은 관객들에게.' 우리는 박찬욱 자신이 이미 이 진실을 단 두 마디, '너나 잘 하세요'라는 미니멀리즘 윤리학 으로 훌륭하게 재탄생시켰음을 알고 있다. 요컨대 박찬욱의 영화들 에서 지연된 선택의 숙제는 이제 다름 아닌 관객들의 발등에 떨어져 있다는 뜻이다. 영화의 성취가 한낱 예외의 영역으로 밀려나지 않고 현실의 질서를 재상징화하는 계기가 되기 위해서는 영화가 던진 질문을 자신의 현실 속에서 되묻는 관객들이 절대적으로 필요하다는 뜻이다. 물론 관객들의 윤리적 결단은 자신에게 그 결단의 대가로 상(그것이 명예가 됐든 천국행 티켓이 됐든)을 줄 타자는, 혹은 신은 없다는 것을 '알면서도 행하는' 것이어야 할 것이다. 그럼으로써 비로소 근대적 윤리의 주체로서 살게/죽게 될 수 있도록……!

한국어판 ⓒ 도서출판 b, 2008

라캉과 한국영화

초판 1쇄 발행_2008년 4월 28일

엮은이_김소연 / 지은이_김소연 외 / 기획_이성민, 조영일
편집_백은주 / 표지디자인_미라클인애드 / 인쇄_상지사
펴낸이_조기조 / 펴낸곳_도서출판 b

등록_2003년 2월 24일 제12-348호 /
주소_151-899 서울특별시 관악구 신림11동 1567-1 남진빌딩 401호
전화_02-6293-7070(대) / 팩시밀리_02-6293-8080
홈페이지_b-book.co.kr / 이메일_bbooks@naver.com

정가_13,000원
ISBN 978-89-91706-12-5   03680

* 이 책 내용의 일부 또는 전부를 재사용하려면 저작권자와
도서출판 b 양측의 동의를 얻어야 합니다.
* 잘못된 책은 교환해 드립니다.